Frank Niess
Am Anfang war Kolumbus

Frank Niess

Am Anfang war Kolumbus

Geschichte einer Unterentwicklung – Lateinamerika 1492 bis heute

Mit zehn Abbildungen

Piper
München Zürich

Bildnachweis:

Alle Abbildungen bis auf S. 74 und S. 112 (oben) aus:
Jean-Paul Duviols, L'Amérique espagnole vue et rêvée. Les livres de voyages de Christophe Colomb à Bougainville, Paris 1985.
Erstgenannte Abbildungen aus:
Frank Niess, Das Erbe der Conquista. Geschichte Nicaraguas, Köln ²1989

ISBN 3-492-03490-2

Umschlag: Federico Luci
unter Verwendung des Gemäldes
»Ciudad de Mexico«
von Juan O'Gorman, 1942
Gesetzt aus der Janson-Antiqua
Gesamtherstellung: Clausen & Bosse, Leck
Printed in Germany

Inhalt

Den Opfern der Entdeckung

Ⅽ La lettera dellisole che ha trouato nuouamente el Re dispagna

Das große Abenteuer

Der Entdecker und die Macht des Goldes

Der Kolumbus der Legende nimmt sich imposant aus. Ein Mann, den die geschichtliche Vorsehung zur Entdeckung Amerikas bestimmte, wie es scheint. Einer, der von frühester Kindheit an am Hafen stand, durchdrungen von Abenteuerlust und Fernweh. Ein geborener Seefahrer, der den Geruch des Meerwassers liebte. Verzückt vom Anblick der Karavellen, die jenseits der Kais ächzend Fahrt aufnahmen und auf rätselhafte Weise am Horizont entschwanden, ließ er seine Phantasie um den Erdkreis schweifen. Den jungen Genueser schien es mit magischer Kraft über die Scheidelinie zwischen dem festgefügten Kosmos der spätmittelalterlichen Gesellschaft und der in Mythen und Utopien imaginierten Welt hinauszuziehen. Und was er hinter dem westlichen Horizont entdeckte, wurde ihm in den Annalen der Geschichte als Frucht des reinen Entdeckergeistes gutgeschrieben. Er nahm in der Historiographie die Statur des »großen Mannes« an, der durch das Wagnis seines Aufbruchs ins Unbekannte der Alten Welt die Neue Welt erschlossen hat. Indem er die atlantische Expansion vorantrieb, hat er der in Europa eingeschlossenen christlichen Zivilisation das Tor zur Ausbreitung über den Globus aufgetan. Von seinem gloriosen Beitrag zum spanischen Selbstverständnis ganz zu schweigen.

Die Devotion kannte und kennt keine Grenzen: Kolumbus immer und überall – zumal in Spanien und Lateinamerika. Die Erinnerung an Cristóbal Colón ist allgegenwärtig, an den Christusträger (Cristóbal) und den Neubesiedler (Colón), der schon im Namen die Aspirationen des Hispanismus repräsentierte. *Columbus Day* heißt der 12. Oktober, der »Geburtstag« der Neuen Welt. Auf spanisch begeht man ihn, feiertäglich, als *Día de la raza*. Wobei der Wandel der politischen Kultur den Ausdruck der blanken ethnischen Arroganz in dieser Nomenklatur zu dem einer bloß nationalen Überheblichkeit gemildert hat. Heute ist nicht mehr vom »Tag der Rasse«, sondern vom »Tag der Hispanität« die Rede.

12. Oktober in Ayamonte, der Hafen- und Grenzstadt an der Mündung des Guadiana, deren Ausläufer, weißgetünchte Häuser, holprige Straßen, sich gemächlich die Anhöhe über dem Fluß hinaufziehen. Über das gleißende Weiß des Orts hinweg hat man am 3. August des Jahres 1492 vielleicht die Schiffe des Kolumbus dem großen Abenteuer entgegensegeln gesehen. Jetzt, am 12. Oktober 1989, 90, 91 ..., am *Día de la hispanidad*, sind die Spanier auf Prosaischeres eingestellt. Es ist Feiertag. Eine schier endlose Autoschlange windet sich mühsam durch den Stadtkern zur Fähre hin. Die Ausflügler wollen den »Tag der Hispanität« in Portugal, an der Algarve, feiern, Jahrmarkt und Gelegenheitskäufe eingeschlossen. Fast so, als wollten sie den armen Vettern im Westen der Iberischen Halbinsel demonstrieren, daß sie beim großen *descubrimiento*, dem Wettlauf um Entdeckungen und Eroberungen, den kürzeren gezogen haben.

Die historische Analogie zu Ehren des Kolumbus wird im wahrsten Sinne des Wortes ins Überirdische gesteigert. *Columbus* heißt die geplante europäische Raumstation, die ursprünglich 1992, fünfhundert Jahre nach der Ankunft des Admirals, Gouverneurs und Vizekönigs in den »indischen Landen« die Erde, die Alte und die Neue Welt, in einer fünfhundert Kilometer hohen Erdumlaufbahn umkreisen sollte, als Bestandteil der US-Raumstation *Freedom*. Daraus ist aus Zeit- und Kostengründen nichts geworden. Auch nichts aus der Intention, die Komponenten der Raumstation *Niña*, *Pinta* und *Santa María* zu nennen, nach den Schiffen des Kolumbus. Die beiden Karavellen und die eine Karracke, ein etwas schwerfälligeres Schiff, mit ihren hundert Tonnen waren trotz mancher Mißhelligkeiten und Hindernisse schneller finanziert und ausgerüstet, als es bei einem Raumschiff des 20. Jahrhunderts möglich ist. Kolumbus mußte seinen Plan nur ausdauernd genug vor Königsthronen darlegen, bis die Katholischen Majestäten von einem Tag auf den anderen qua absolutistischer Gewalt geruhten, Geschmack daran zu finden und ihren Weltsegen dazu zu geben. Die Forschungspolitiker von heute sind gezwungen, die Milliarden für die Raumstation *Columbus* gegen mancherlei Zweifel, ob die bemannte Raumfahrt, dem Unternehmen Kolumbus ähnlich, zu neuen Ufern führt, in einem langwierigen parlamentarischen und bürokratischen

Prozeß loszueisen. So wird denn *Columbus* im Orbit erst vom Ruhm des großen Entdeckers künden, wenn die Fünfhundertjahrfeiern verrauscht, vielleicht auch schon vergessen sind.

»Columbus« allerorten: Columbus (Alabama) Columbus (Georgia), Columbus (Nebraska), Columbus (Ohio). Nicht zu vergessen das US-Städtchen Columbus, das am 9. März des Jahres 1916 zum Schauplatz eines Überfalls des mexikanischen Revolutionsgenerals Pancho Villa wurde, wenige Meilen westlich von El Paso, einen Steinwurf von der Grenze zu Mexiko entfernt. In den USA zeugen alle möglichen geographischen Varietäten wie Flüsse, Berge, Ebenen und so weiter von der Verehrung für den Admiral: der Columbia River, das Kap Columbia, der Mount Columbia, das Columbia Plateau, aber auch der District of Columbia. Und in Lateinamerika trägt gar ein Land seinen Namen: Kolumbien, die República de Colombia. Darüber hinaus sind Städte, Plätze und Straßen nach ihm benannt: Colón, die Hauptstadt der gleichnamigen Provinz in Panama; die Plaza de Colón in San Juan auf Puerto Rico, ein Beispiel unter vielen; oder der Paseo de Colón in San José, der Hauptstadt Costa Ricas, wo der Colón auch Landeswährung ist. Nur haben die Insignien der »zweiten Conquista« schon den Firnis der ersten überwuchert. Der *American way of life* ist dominanter als das spanische Ambiente. Beispiel: der Autoservice Colón, ein profanes Amalgam der Alten und der Neuen Welt.

Die Unsterblichkeit, der Kolumbus vom Tage seines Todes an anheimgegeben worden ist, hat den sterblichen Überresten des Entdeckers eine makabre Ruhelosigkeit eingetragen. Ihre Geschichte ist so rätselhaft und kompliziert wie die Lebensgeschichte des Kolumbus. Im Leben wie im Tode hat der Entdecker vier Reisen absolviert. Aber im Unterschied zur problemlos nachvollziehbaren Chronik der Entdeckungsreisen ist das »Itinerar« seiner Gebeine so dubios, daß es der literarischen Phantasie eines Gabriel García Márquez in seinem Roman *Die Liebe in den Zeiten der Cholera* Raum für Spekulationen über »das wahre Grab von Christoph Kolumbus« läßt, das fünfte, im Palais eines Marqués de Casalduero, nicht weit von den wichtigsten Lebensstationen des großen Navigators, irgendwo in der Tropenschwüle der kolumbianischen Karibikküste.

Gestorben am 20. Mai 1506 in Valladolid, fand Kolumbus dort in der Kirche San Francisco seine (vorläufig) letzte Ruhestätte. Sein Sohn Diego ließ den Leichnam ein paar Jahre später exhumieren und nach Sevilla überführen. Am Mittwoch, dem 11. April 1509, bestattete man ihn in der Krypta der Kapelle Santa Ana im Kloster Santa María de las Cuevas zum zweitenmal, wo sich Kolumbus zwischen seiner dritten und vierten Amerika-Reise aufgehalten hatte. Um das Jahr 1544 ließ Doña María de Toledo, die Witwe des Diego Colón, dessen Gebeine und die sterblichen Überreste ihres Schwiegervaters nach Santo Domingo bringen. Nachdem Spanien im Vertrag von Basel Frankreich den östlichen Teil der Insel Hispaniola abgetreten hatte (1795), ordnete der Herzog von Veragua, Don Mariano Colón de Toledo y Larreátegui, an, die Urne oder den Sarg nach Kuba zu überführen. In der Kathedrale von Havanna, nahe der Plaza de Armas, dem Zentrum der verbliebenen spanischen Kolonialmacht, fand der »Admiral des Ozeanischen Meers« seine vorletzte Ruhestätte. Als die Spanier 1898/99 die »ewig treue Insel«, die sich als so untreu erwiesen hatte, ihr letztes Bollwerk in Lateinamerika, verlassen mußten, nahmen sie das, was von Kolumbus geblieben war, als weltliche Reliquie, als Symbol ihres einstigen Weltreichs, nach Sevilla mit.

Bei genauerer Betrachtung schrumpft die überlebensgroße, von Dichtern und Historikern idealisierte, ins Genialische überzeichnete Figur Kolumbus auf menschliches Maß zusammen. Eine Korrektur, die sich auch ohne Lust an der Demontage und Häme aufdrängt. Der kubanische Schriftsteller Alejo Carpentier läßt ihn, der Heldenverehrung abhold, in seinem Roman *Die Harfe und der Schatten* als eitlen, larmoyanten und devoten Buhler um die Gunst des Königspaars erscheinen, als Hochstapler und Intriganten, der seinem übersteigerten Ehrgeiz frönt. Auch als »grausamen, unaufrichtigen, völlig prinzipienlosen Betrüger und überaus perfekten Schwindler« (A. Hyatt Verrill) hat man ihn bezeichnet.

Notlügen mögen beim Descubrimiento durchaus im Spiel gewesen sein, Flunkereien, ohne die Kolumbus lange vor dem erlösenden Ausruf »Land in Sicht!« kläglich gescheitert und wohl auch zu Tode gekommen wäre. Dann nämlich, wenn er in der kritischen Phase der Entdeckungsreise den Seeleuten offenbart hätte, wie weit sie in Wirklichkeit schon gesegelt waren, ohne das verheißene Land zu finden und endlich wieder Boden unter die Füße zu bekommen. Ohne den psychologischen Trick, der darin bestand, den Männern vorzumachen, man hätte sich noch gar nicht so dramatisch weit von den heimischen Küsten entfernt und noch längst nicht den *point of no return* erreicht, den Punkt der Unumkehrbarkeit des Unternehmens, hätte sich die latente Rebellion unweigerlich in einer offenen Meuterei entladen. Aber hat sich Kolumbus, von derlei läßlichen Betrügereien abgesehen, nicht auch entgegen der Wahrheit die Belohnung für den ersten Blickkontakt mit der Neuen Welt erschlichen auf Kosten eines anderen, der die von den Königen für diese Pioniertat ausgelobte Prämie hätte besser gebrauchen können? Wie dem auch sei. Die Erkenntnisse der modernen Politik-, Wirtschafts- und Sozialgeschichte lassen den Entdecker par excellence trotz seiner unbestrittenen Meriten jedenfalls in einem etwas anderen, eher ungünstigen Licht erscheinen als die bisherige Historiographie.

Cristóbal Colón kam womöglich mit einem sozialen Handikap zur Welt: als Abkömmling (zwangs)bekehrter Juden. Paradoxerweise befanden sich diese im Spanien der Inquisition in größerer Gefahr als jene, die nicht bereit waren, ihrem Glauben abzuschwören. Hals über Kopf mußten die Neuchristen – als *marranos* (Schweine) beschimpft, weil man ihrer Konversion nicht traute – Spanien verlassen und sich eine neue Heimat in Italien oder sonstwo suchen. Auch die Colóns, so die Version des Kolumbus-Biographen Salvador de Madariaga. Es gibt freilich daneben andere, quellensicherere Lesarten der Herkunft des Kolumbus. Darunter jene gängige, die besagt, daß er aus Genua stammt, daß er aber diesen Geburtsort bewußt verheimlichte, um seine schamvoll empfundene soziale Abkunft als Sohn eines Genueser Wollwebers, Schankwirts und Torwächters zu vertuschen.

Daß er diese Spur verwischte, weil ihm der Sinn nach Höherem stand, läßt auf mangelndes Selbstbewußtsein und Charakterschwäche schließen, auf die Unredlichkeit des Parvenüs, der seinesgleichen aus Scham vor denjenigen verleugnet, denen er ebenbürtig sein will. Die Selbstzweifel an seinem sozialen Status brachte Cristóbal Colón mit der Hypertrophie zum Schweigen, als Mann der Vorsehung zu Besonderem auserwählt zu sein. Und nachdem er sich einer unsteten Existenz als Seefahrer und Kaufmann verschrieben hatte, »infizierte sich Kolumbus am nördlichsten Rand des Ozeanischen Meers« (Stephen Marlowe), in den Randzonen der bekannten Welt, mit jener Ruhmsucht, die ihn nicht ruhen ließ, bis er diese Grenze überschritten hatte.

Ehrgeiz, Forscherdrang und Abenteuerlust vermischten sich. Als Sohn des Doménico Colombo und der Susanna Fontanarossa war

Kolumbus 1451 in die Zeitenwende zwischen Mittelalter und Neuzeit hineingeboren worden. Er schien mit »zwei Seelen« begabt, schien vom Zeitgeist beider Epochen beeinflußt zu sein. »Er war ein Homo religiosus, mittelalterlich sein Glaube, seine Ethik, sein Kreuzzugsgeist, sein Weltbild, in dem eine neue Welt keinen Platz hatte. Zugleich war er ein Mann der Renaissance mit ihrer Herausarbeitung der Subjektivität des bürgerlichen Individuums. Ohne wiederum die Bildungsstufe der Renaissance erklommen zu haben, war er ein Meister der Seefahrt und der Kunst des Kartenzeichnens, wißbegierig, aktiv, mit Erfindergeist, Golddurst und dem visionären Vorschlag einer großen Lösung« (Jürgen Hell).

Die Vision der großen Lösung, des großen Abenteuers, das den Gold- und Wissensdurst gleichermaßen stillen sollte, keimte in Kolumbus bei der Lektüre der alten Schriften auf. Nach allem, was er auf seinen Seereisen in die Ägäis, in tunesische Gewässer, nach England und Island, nach Madeira und Westafrika, von arktischen bis in tropische Gebiete erlebt hatte, ging es Kolumbus wie anderen abenteuerlustigen Männern seiner Zeit. Er ließ sich von überkommenen Mythen, geographischen Weltbildern und religiösen Imaginationen zum – erst einmal geistigen – Aufbruch zu ferneren Zielen inspirieren. Vor allem die Schriften des Marco Polo (1254–1324) weckten die Neugier des Kolumbus. 1271 war der Venezianer auf der Route Türkei-Persien-Pamir-Lopnor nach Peking gereist und hatte zwanzig Jahre im mongolisch-chinesischen Reich des Kublai Khan gelebt.

Mochte seine berühmte Reisebeschreibung, die den Europäern erste genauere Kenntnisse über den Fernen Osten vermittelte, in ihrer faszinierenden Mischung aus eigenen, empirischen Beobachtungen und Anekdoten vom Hörensagen Kolumbus auch insgesamt in Bann geschlagen haben, eine Passage mußte Leser wie ihn besonders anziehen und zum Nachvollzug der China-Reise anregen, nämlich die Beschreibung des Palasts des Großkhans: »Das Dach ist sehr hoch, und die Mauern der Zimmer und Säle sind vergoldet und versilbert. Darauf finden sich schöne Darstellungen von Frauen und Männern, Vögeln, wilden Tieren und vielen anderen Dingen. Auch am Dach kann man nur Gold und Silber feststellen.« Das sagenumwobene Dorado, wo die Dächer aus purem Gold erglänzten oder, nach einem anderen Mythos, die Könige in Goldstaub badeten: im Reich des Großkhans schien es Marco Polo entdeckt zu haben. Und wenn nicht dort, dann auf der Insel Zipa(n)gu, von der er fast noch Märchenhafteres zu berichten wußte: »In diesem Reich gibt es viel Gold, aber da keine Händler dort erscheinen, wird mit Gold auch nicht gehandelt. Der Palast ihres Herrschers ist trotz seiner Größe völlig mit Gold ausgestattet, so wie bei uns die Kirchen mit Blei gedeckt werden. Zwei Finger dick ist die Goldschicht in den einzelnen Zimmern. Die Decken, Wände, Fensterrahmen, kurz: alles ist mit Gold überzogen. Der Gesamtwert ist gar nicht zu beziffern. Außerdem gibt es auf dieser Insel Perlen, die von rötlicher Farbe, groß und sehr rund sind. Sie sind wertvoller als die uns bekannten weißen. Dann kommen noch die vielen Edelsteine hinzu, die die Schätze der Insel ins Unermeßliche erhöhen.«

Die Tatsache, daß Kolumbus während seiner ersten Entdekkungsreise (3. August 1492 bis 15. März 1493) kaum einen Tag vergehen ließ, ohne in seinem Bordbuch die Hoffnung auf Goldfunde vermerkt zu haben, ist gewiß ein Reflex dieser überaus verlockenden Beschreibung. Der Admiral brach 1492 auch gar nicht auf, um wirklich Neues zu *entdecken*, sondern er wollte auf der Suche nach Gold, Silber, Seide, Gewürzen und Edelsteinen die Schätze Katheis und Zipangus *wiederfinden*. Daß er dieses Ziel auf dem Seeweg Richtung Westen und nicht, wie Marco Polo, auf dem Landweg Richtung Osten zu erreichen suchte, steht auf einem anderen Blatt. Diese gleichermaßen aus theoretischen Überlegungen und praktischen Zwängen getroffene originelle Wahl der Reiseroute ändert nichts daran, daß Kolumbus sich keineswegs aus purer Neugier, sondern zugleich von blankem Gewinnstreben in seinem Entdeckergeist beflügeln ließ. Was nicht bedeutet, daß persönliche Habgier das Hauptmotiv des großen Abenteuers gewesen sei.

Kolumbus fungierte als Vorreiter derer, die Spanien im Glanz des Goldes schimmern sehen wollten. Die Seeleute, die den Navigator eher beklommen als wagemutig auf der Reise in die unbekannte Weite begleiteten, wollten reich werden. Und die Katholischen Majestäten, sie vor allem, wollten es nicht minder. Freilich war der Geschäftsmann Kolumbus 1492 gewieft genug, um nach all den Jahren einer demütigen Odyssee vor Königsthronen und durch die Vorzimmer der Macht den spanischen Herrschern höchst eigennützige Konditionen zu unterbreiten. Von 1483 an hatte Kolumbus für seine geniale Idee geworben. Vergeblich. Jetzt, im Frühjahr 1492, war er am Ziel. Er hatte mit seinem gewinnverheißenden Plan

Ferdinands und Isabellas ökonomischen Instinkt geweckt. Geschickt nutzte Kolumbus die Gunst der Stunde, sprich: ihre ständige Geldnot wegen der Kriegskosten der Reconquista, aus und handelte ihnen für die Aussicht auf baldigen finanziellen Segen mit der Dreistigkeit eines Erpressers langfristige Konzessionen und Privilegien ab.

Nicht nur daß er in den erblichen Adelsstand erhoben werden wollte, um damit ein für allemal den Makel des niedrigen sozialen Status loszuwerden. Er wollte auch Vizekönig und Gouverneur der fernen, fremden Länder werden, die er entdecken würde, und damit Gebieter über satte wirtschaftliche Pfründen. Überdies verlangte er den spanischen Königen eine stattliche Provision für sämtliche ökonomischen Transaktionen zwischen den potentiellen neuen Besitzungen und Spanien ab. Zehn Prozent des Warenwerts, auf den der Außenhandel sich belaufen würde, sollten in seine Taschen fließen. Und, Gipfel der unternehmerischen Attitüde des Entdeckers: Zehn Prozent der Edelmetalle, die auf den Karavellen Richtung Spanien verfrachtet würden, sollten ihm gehören.

Dem Königspaar und seinen Schranzen verschlug es vor soviel Dreistigkeit, die Kolumbus eher nachlässig mit höfischer Courtoisie kaschierte, schier die Sprache. Eine Weile sah es so aus, als würde aus dem am Ende so folgenreichen weltgeschichtlichen Handel nichts. Kolumbus wurde mit seinen Forderungen abgewiesen. Die Könige gingen, sichtlich brüskiert, in schroffer Etikette auf Distanz – um nach kurzer Denkpause doch einzulenken. Es war eine simple Rechnung, die sie dazu bewog, Cristóbal Colón am 17. April 1492 in den Kapitulationen von Santafé alles zuzugestehen, was er verlangte. Wenngleich der Terminus »Kapitulation«, der aus der Diplomatensprache stammte, nichts anderes als Transaktion, Gewährung von Privilegien bedeutete, kapitulierten die Könige hier gleichwohl im gängigen Sinne des Wortes. Sie taten es wohlweislich. Gingen sie doch nur ein geringes Risiko ein für den Fall, daß Kolumbus mit seinem Unternehmen scheitern sollte. Die königlichen Investitionen hielten sich in Grenzen. Sie würden aber eine reiche Ernte bringen, falls der goldgierige und ruhmsüchtige Genueser reüssierte und das verlockende Dorado fand. Neunzig Prozent aller Einkünfte würden dann in die königlichen Schatullen oder gleich in die kostspielige Hofhaltung fließen. Von dem Gewinn für die teure Kriegführung gar nicht zu reden. Gemessen daran schien der zehnprozentige Anteil des »Unternehmers« Cristóbal Colón eine läßliche Konzession zu sein.

Kolumbus hatte, am 12. Oktober 1492, kaum die Insel San Salvador als ersten Trittstein auf dem Weg in die Neue Welt erreicht, als er bei der nächsten Station, der Insel Santa María de la Concepción, schon mit dem erklärten Ziel vor Anker ging, nach Gold zu suchen. Auch wenn er den Eingeborenen, die er als Lotsen, Führer und Dolmetscher von San Salvador mitgenommen hatte, nicht vorbehaltlos trauen mochte: Vielleicht war an ihrem Bericht, daß es nahebei Inseln mit goldbereiften Bewohnern gebe, doch ein wahrer Kern. Jedenfalls wollte sich Kolumbus die Chance, solche goldenen Armreifen und damit vielleicht auch die Quelle des Goldes zu finden, nicht entgehen lassen.

Der so auf Irdisch-Allzuirdisches erpichte christliche Seefahrer hetzte von Insel zu Insel und hielt sich auf keiner länger auf, wenn kein Gold zu finden war. Lieber ließ er die entdeckten Inseln unerforscht zurück, als die Goldsuche aufzuschieben. »Die Inseln sind sehr grün und fruchtbar, und das Klima ist sanft«, notierte er am 15. Oktober 1492, »und es kann dort viele Dinge geben, von denen ich nichts weiß, denn ich will mich nicht aufhalten, weil ich viele Inseln besuchen und erforschen will, um Gold ausfindig zu machen.« Ihn interessierten weder die insulare Fauna und Flora noch die Bevölkerung, erforschen wollte er die Inselwelt um des Mammons, des Goldes willen. Kolumbus war bei seinen Explorationen, die vor allem oder ausschließlich dem Golde galten, jedes Mittel recht. Er verstieg sich sogar zu der Blasphemie, von höheren Mächten Erfolg bei der Suche nach dem begehrten Edelmetall zu erflehen. Am Tag vor Heiligabend, am 23. Dezember 1492, betete er: »Gott helfe mir in seiner Barmherzigkeit, dieses Gold oder besser jene Goldminen zu finden...«

Die christliche Missionsidee und das Goldmotiv verwoben sich im Denken des Admirals. Eine Verquickung, die er in einem Brief aus Jamaika vom 7. Juli 1503 unnachahmlich dokumentierte, als er schrieb: »Gold ist höchst vortrefflich. Aus dem Gold wird ein kostbarer Schatz. Wer ihn besitzt, macht mit ihm in der Welt, was er will. Mit ihm kann er sogar Seelen ins Paradies bringen.« Kein Zweifel, daß dem Entdecker als inbrünstigem Christen, der sich in dem Bewußtsein auf den Weg begeben hatte, von Gott für diese Mission auserwählt zu sein, auch das Seelenheil der Entdeckten am

Herzen lag. Und es mag wohl sein, daß der Admiral das Gold, dieses »königliche Metall«, nicht götzendienerisch um seiner selbst willen anbetete, sondern als Mittel zu einem höchst religiösen Zweck in seine Gebete einschloß. Trieb ihn doch die reichlich anachronistische Idee um, mit einem Teil des Goldes die mittelalterlichen Kreuzzüge fortzusetzen. »Ganz besonders ergriffen war er von dem Gedanken, und er betete fromm dafür, daß Gott ihn würdig finden möge, zu seinem Teil bei der Wiedergewinnung des Heiligen Grabes zu helfen und beizutragen. Das gleiche Vertrauen und dieselbe Frömmigkeit, mit denen er überzeugt gewesen war, daß Gott ihn leiten werde, um jenen neuen Weltteil zu entdecken, den zu finden er versprochen hatte, wendete er an jene Aufgabe. Er bat die gnädigste Königin Dona Isabella, sie möge geloben, alle Reichtümer, die den Königen aus seinen Neuentdeckungen zukommen würde, für die Wiedergewinnung des Heiligen Landes und des Heiligen Hauses von Jerusalem beiseite zu legen und auszugeben« (Salvador de Madariaga).

Am 26. Dezember 1492 beflügelte ihn schon die Hoffnung, daß binnen drei Jahren ein ganzes Faß Gold beisammen wäre, genug, um den Feldzug zur Eroberung Jerusalems mitsamt dem Heiligen Grab vorzubereiten und mit Aussicht auf Erfolg ins Werk zu setzen. Eine überholte, für das Jahr 1492 aber durchaus zeitgemäße Idee: die Reconquista, den Sieg der Christen über die Ungläubigen im eigenen Lande, auf dem Boden Spaniens, mit einem Sieg über die Ungläubigen im fernen Jerusalem zu krönen. Bei näherem Hinsehen erwies sich indes die Dominanz des Goldmotivs über die Missionsidee. Am Golde hing, ums Gold drehte sich buchstäblich alles beim großen Abenteuer des Kolumbus.

Mag der Admiral selbst auch nicht der Prototyp des Spaniers mit den legendären Herzbeschwerden gewesen sein, die sich nur mit Gold kurieren ließen. Subjektiv überwog seine Frömmigkeit vermutlich seine Habgier. Aber im Endeffekt nährte seine »Entdekkungspolitik« den fatalen Komplex von Goldfieber, Völkermord und Verwüstung, wie ihn der Dominikanermönch Bartolomé de Las Casas beredt beschrieben und beklagt hat. Der Vorrang des Goldes ergab sich allein schon aus dem psychologischen Zwang, den Katholischen Königen mit einer eindrucksvollen Erfolgsbilanz des großen Abenteuers das Plazet zur Finanzierung weiterer Expeditionen abzunötigen.

Die Gedanken kreisten indes nicht nur in diesem abstrakteren betriebswirtschaftlichen Sinne um die Edelmetalle Gold und Silber, das Motiv persönlicher Bereicherung spielte durchaus eine gleichwertige Rolle, insbesondere bei den »Kompagnons« des Kolumbus, die ohne missionarischen Eifer auf die Reise gingen. Die Desertion des Martín Alonso Pinzón, der sich, von Goldgier getrieben, mit der *Pinta* aus dem Staube machte, um als erster die Insel Babeque, in der Nähe von Kuba, zu erreichen, wo die Eingeborenen den verbreiteten Mythen nach das Gold am Strand auflasen und mit großen Hämmern zu Barren schlugen, war nur der Anfang. Andere sollten diesem Beispiel folgen. Die Figur des *Entdeckers*, wie sie Kolumbus verkörperte, ist schwerlich von der des Konquistadoren zu unterscheiden. Der eine dachte und arbeitete dem anderen vor. Die Conquista folgte der Entdeckung logisch nach, hatte Kolumbus doch alles Entdeckte, Land und Leute, jeweils förmlich mit großer Geste, im Schatten des aufgepflanzten Kreuzes und des spanischen Banners, in Besitz genommen. »Kolumbus und nachfolgende Entdecker entrollten Fahnen, nahmen eine Handvoll Erde auf, hieben Kerben in Bäume, tranken Wasser des Bodens, den sie betreten hatten, um mit solch althergebrachten Gesten die Inbesitznahme des Bodens zu versinnbildlichen« (Felix Becker). Akte, die nur als Präliminarien zur faktischen Ausbeutung der Neuen Welt, allem voran ihrer Goldvorräte, zu deuten sind. Daß sich die kleine Flotte der ersten Reise des Kolumbus nur für die Entdeckung der »indischen Lande«, nicht aber für deren Eroberung eignete: dieses Handikap schob die Expansion nur auf. Tatsächlich verschwammen bei der zweiten Reise, die Kolumbus mit 17 Schiffen und 1200 Mann antrat, darunter viele potentielle Kolonisten, schon die Konturen zwischen Entdeckung und Eroberung. Beides vollzog sich jetzt in einem.

Die Neue Welt als Garten Eden

In den Tagträumen und Visionen des Kolumbus nahmen die neu zu entdeckenden Länder den Zustand eines irdischen Paradieses an. Daß er mit und in der Neuen Welt zugleich den Himmel auf Erden entdecken wollte: dieser Griff nach den Sternen entsprach der Mentalität und Ideenwelt der Zeit, der Erwartung eines goldenen Zeitalters, dem Fernweh nach der Insel der Seligen und der Sehnsucht nach dem irdischen Paradies. Irgendwo auf dem Scheitelpunkt der Erde, an der Spitze der pyramidalen Weltordnung, dachte man sich den Garten Eden. Der Bischof und Kirchenlehrer Isidor von Sevilla (ca. 560–636) hatte dieses Paradies gedanklich mit all dem ausgestattet, was die Mühseligen und Beladenen von ihren irdischen Fesseln zu entbinden versprach: mit einem Lebensbaum, ewigem Frühling, ewiger Jugend und so weiter.

Mit diesem Bild vor Augen verließ der künftige Entdecker am Freitag, 3. August 1492, um acht Uhr morgens Palos. Und mit der Vorstellung des Auserwählten, den Garten Eden lokalisiert zu haben, langte er auf den Inseln jenseits des Atlantiks an. »Im Imago Mundi des Pierre d'Ailly hat er gelesen, daß sich das irdische Paradies in einer gemäßigten Region jenseits des Äquators befinden muß« (Tzvetan Todorov). Der extreme Osten Asiens war der unbekannteste, sagenumwobenste Teil der Welt, in den die »Theologen und philosophischen Weisen« das irdische Paradies projizierten, nicht zuletzt des milden Klimas wegen, das dort herrschte. Da Kolumbus auf der Suche nach den östlichen Ausläufern Asiens, vor allem Zipangus (Japans), war und bei seiner vermeintlichen Ankunft dort ein mildes Klima genoß, lag für ihn nichts näher als die Vermutung, im Vorgarten des irdischen Paradieses angelangt zu sein. Begierig deutete er vieles von dem, was er sah und hörte, als untrügliche Anzeichen für seine Nähe zu paradiesischen Gefilden.

Auf der ersten Reise glaubte er jene männerbetörenden Sirenen wahrzunehmen, die er aus den Mythen kannte. In Wirklichkeit waren es Seekühe, die mit ihren fast ein wenig menschenähnlichen Stimmen den Admiral zu halluzinatorischen Ausschweifungen verführten. Als ihm seine indianischen Begleiter beim Anblick der Insel Matinino berichteten, daß dort nur Frauen lebten, fühlte er sich bestärkt in der Hoffnung, auf den Spuren Marco Polos und Sir John Mandevilles das aus der klassischen Welt der Griechen bekannte Reich der Amazonen aufzufinden. Mögen die Indios seine Fragen auch falsch verstanden haben und mag, was wahrscheinlich ist, Kolumbus ihre Gesten gröblich mißdeutet haben: er erlegte sich keinerlei Skepsis auf. In seinem Rapport an die königlichen Gönner fabulierte er: »... er sei der festen Überzeugung, daß es diese Frauen gebe, und zu einer bestimmten Zeit des Jahres kämen zu ihnen die Männer von der Insel *Carib*, die, wie er sagt, zehn oder zwölf Meilen von ihnen entfernt sei, und wenn sie einen Knaben zur Welt brächten, so schickten sie ihn auf die Insel der Männer, und wenn es ein Mädchen sei, behielten sie es bei sich«. Unbekümmert von dem Unvermögen der Indianer, ihm den Weg zur Insel der »Brustlosen« zu zeigen, kündigte er den Königen zuversichtlich an, daß er ihnen bei der Heimkehr fünf oder sechs der Amazonen präsentieren würde. Was für den heutigen Ferntouristen exotische Souvenirs sind, scheinen für den entdeckungsreisenden Admiral Trophäen aus dem mythischen Raritätenkabinett gewesen zu sein.

Er sah die Neue Welt offenbar nicht, wie sie wirklich war, sondern betrachtete sie gemäß seinem vorgeformten Weltbild. Er war weniger darauf vorbereitet, das Neue an dieser Welt, insbesondere an ihren Bewohnern, wahrzunehmen, vielmehr schien er in seiner Phantasie so sehr auf biblische Überlieferungen wie die Schrift des Propheten Esra und die Kosmographie eines Pierre d'Ailly (1352–1420) festgelegt zu sein, daß er nur das Alte in sie projizieren konnte. So war er zum Beispiel darauf gefaßt, eine Fabelwelt mit Zwitterwesen zwischen Mensch und Tier zu finden: »Wesen, die aufgrund ihrer monströsen Gestalt nicht mehr eindeutig der menschlichen Spezies zuzuordnen waren: neben den Pygmäen und Giganten die Monocoli und Monopoden, die nur ein Auge bzw. einen Fuß besaßen; die Astomi, die mundlos waren und sich vom Duft bestimmter Früchte ernährten; die Acephali, die kopflos waren und das Gesicht auf der Brust trugen; die Cynocephali, hundsköpfige Wesen, die sich durch Bellen miteinander verständigten; die Phanesi, die so große Ohren hatten, daß sie sich darin einwickeln konnten; oder die Skiapoden, die Schattenfüßler, deren einziger Fuß so groß war, daß sie ihn, wenn sie auf dem Rücken lagen, als Sonnenschirm benutzen konnten« (Frauke Gewecke).

Diese psychische Disposition, die Objekte der Entdeckung nur durch das Prisma der eigenen Vorkenntnisse und Vorurteile sehen zu wollen, statt sie mit dem ungetrübten Blick des Empirikers wahrzunehmen, konnte für die Begegnung zwischen Europäern und »Indianern« nicht ohne Folgen bleiben. Deren Eigenart wurde schnell als Abart wahrgenommen – und daraus die Legitimation für die Unterdrückung abgeleitet.

Die von den Händeln der Alten Welt zermürbten und von ihren Hierarchien eingeengten Europäer hofften, sich in der Neuen Welt ein irdisches Paradies nicht nur im natürlichen, sondern auch im politischen Sinne zu erschließen. Eines, das als Refugium und als Soziallabor nach dem Muster der großen Utopien dienen konnte. Daher von Anfang an die schwärmerische Idealisierung der »indischen Lande«, wie sie Kolumbus in seinem Tagebuch vornahm. Daher die blumige Beschreibung der Natur. Wobei der »hochmögende Señor Don Cristóbal Colón«, der nach einhelligem Urteil der Chronisten zu Ausschweifungen der Phantasie und zu Übertreibungen neigte, mit einigem taktischen Hintersinn an seine potentiellen Leser, die Katholischen Majestäten, gedacht haben dürfte. Es war nicht der pure Reiz des Neuen und des Schönen, der ihn in immer neuen Superlativen schwelgen ließ, bis ihm der Überschwang schließlich selbst peinlich wurde, weil ihm seine inflationäre Wortwahl gar keine Möglichkeit mehr ließ, den Ausdruck des Enthusiasmus über die paradiesischen Buchten, Flüsse, Wälder und Gebirge noch zu steigern. Er pries eine Landschaft, wie sie sich seinen Augen an der Nordküste Kubas bot, auch deshalb in höchsten Tönen, um die Könige vom Erfolg des großen Abenteuers zu überzeugen und sie auf weitere Subsidien für seine Entdeckungen einzustimmen: »Er versichert, jene Insel sei die schönste, die Menschenaugen jemals erblickt hätten, voller ausgezeichneter Häfen und tiefer Flüsse.«

Aber Kolumbus war zu sehr Mann der Tat und des ökonomischen Kalküls, um kontemplativ in seinen euphorischen Naturbeschreibungen zu verharren. *L'art pour l'art* war seine Sache nicht. Er neigte vielmehr dazu, hinter dem Angenehmen gleich das Nützliche zu entdecken. Die natürlichen Häfen boten sich in seinen Augen als Ausgangspunkte für künftige Entdeckungen und Eroberungen an. Die Pinien, deren Höhe und geraden Wuchs er lobte, als Material, um daraus »unendlich viele Planken und Masten für die größten Schiffe Spaniens« herzustellen.

Wenn es denn eine Hierarchie der Werte und Motive gibt, die Kolumbus zu seinem Unternehmen bewogen und zu seinen Entdekkungen beflügelt haben, ist der Vorrang des Materiellen vor dem Spirituellen unverkennbar: der Primat des Ökonomischen, speziell des Goldes, vor dem Abenteuer, dem christlichen Missionsdrang, der Sehnsucht nach dem Garten Eden und schließlich dem Sinn für die Natur. Keine moralisch verwerfliche Rangfolge freilich; denn Kolumbus hätte vergeblich an den Höfen antichambriert und als verschrobener Projekteschmied geendet, wäre es ihm nicht gelungen, das große Abenteuer als lukratives Geschäft, als Investition mit stattlicher Rendite auszugeben und seine potentiellen Partner auf dem Pfad des Nützlichkeitsdenkens dazu zu verlocken. Das galt für die zweite Reise in weit höherem Maße als für die erste, weil jetzt die Dividende schon zu besichtigen war: »Für Abenteuerlustige und Erfolgssüchtige waren die durch den Großadmiral am Hof vorgezeigten Trophäen – Indianer und Federwerk, bunter Tand aus den tropischen Gebieten sowie Wertgegenstände – der verlockendste Köder, den man anbieten konnte, und die Spanier bissen bald an« (Luis Arranz Márquez).

Daß die Ökonomie vor der Mission, allerdings in pervertierter Form, und ganz am Ende die Natur kam: diese Rangfolge prägte die Beziehungen der Alten zur Neuen Welt – zu deren Nachteil. Das gilt genauso für die Devise der Spanier: »Erst beherrschen, dann bekehren«. Der verkappte Eroberer im Entdecker: ein Bild, das die gängigen Klischees, die hehre Kolumbus-Ikonographie nicht unerheblich revidiert. Während der »zweite Entdecker« Amerikas, Alexander von Humboldt, als *Forscher* den Subkontinent bereiste und beschrieb, hatte der erste Entdecker, Cristóbal Colón, als potentieller *Besitzer* und *Herrscher* seinen Fuß auf den Boden Amerikas gesetzt. Auch wenn er tatsächlich dann als Vizekönig und Gouverneur weniger taugen sollte denn als Admiral und Navigator: die spanischen Könige hatten ihn doch in dieser Doppeleigenschaft mit seiner Flottille über den Atlantik ausgesandt, ihnen neue Länder zu entdecken und sogleich untertan zu machen. Zu einer Begegnung zweier Welten, »die sich vielleicht nie hätten begegnen sollen« (Gianni Granzotto).

I. ANTILLE
HISPANIOLA
CUBA
I. S. DOMINGO
Porto Rico
Jamaica
DEL
MAR DEL NORT
Martinique
I. ANTILLE
La Trinita I.
G. du Orinoque
Cartagena
Golfo Darien
C. de la Vella
Venezuela
Maracaibo
Vacaracas
S. Marta
Venezuela
N. Segovia
NOVA ANDALUSIA
Aromaja
Suriname
Caribes
Sebay
GUIANA
I. et Rio de la Cayene
C. et R. Amazones
TERRA FERMA
Gotoguanea
R. Granada
PARIA
Cataparato
Popajan
Madrigal
Urraba
Morchego
DORADE
Pirionaux
MARE
Para o Belem
Maragnan
Siara Cap.
Macapa
Apanta
Toupinambas
C. DE PARA
C. DE MARAGAN
Quixos
Omaria
Aparia
Tecunes
Cacygares
S. Jean de la Frontiera
REGIO AMAZONUM
AMERICA
MERIDIONALIS
PERU
Los Reies
Cassamarca
Guamanga
Lima
P. de Lima
P. de Sonoola
C. S. Nicola
C. S. Laurent
P. d'Arquipa
Campopalla
P. d'Arica
Kikaik
C. de Tacama
P. de Morro Moreno
Cusco
Arica
Potosi
Laguna de los Xarayes
Nation de Tapoyes
BRASILIA
Tamoyes
Vayana
Wasons
Tupinambas
Tabaxares
Tapuyas
Paraiba
PARANAMBUC
Olinda
CAP. DE TODOS LOS SANCTOS
Rio Real
S. Salvador
Baja de Todos Sanc
C. Sugariba
Rio dos Ilheos
S. Giorgio
Porto Seguro
C. DE PORTO SEGURO
Tapuyas
Spirito Santo
R. de Paraiba
C. de S. Thome
S. Salvador
I. Acemcaon
CAPIT. DE RIO JANEYRO
Cabo Frio
PARAGUAY
GUAIRA
Paraguas
S. Cruz de la Sierra
Atacama
Copiapo
Coquimbo
Tucuman
S. Jago
Assumption
C. S. Miguel
C. Rioja
Corduba
CS. Fe
Marchados
Santo Charuas
RIO DELL URAGUAY
Guanoas
Juries
Quirandies
Buenos Ayres
C. Mendoza
Cerro Nivado
CHILI
La Conception
Imperial
Desaguadero
MAGELLANICA
PATAGONES
TERRA MAGELLANICA
Lago de Parnagua
I. S. Catarina
I. S. Sebastian
Porto S. Pedro
Rio Grande de Lagoa
Rio Paraguay o della Plata
Cabo S. Antonio
Baya et Rio S. Anna
Costa deserta
Punta de Tierra Lana
Baya de S. Mathias sin fondo
C. de S. Elena
Baya de los Camarones
Spiring Baye
Baya de S. Julian
C. de la Barreras
C. Virgines
Estrecho de Magellan
C. de S. Sebastian
Fret de Lemair
I. des Etats
Terra del Fuego o Magellanica
C. Horn
I. d'Anycan detecta Anno 1707
MARE DI PARAGUAY
MARE MAGELLANICUM
S. Ambregio
I. S. Felix
Chiloe

Der verkannte Kontinent

Osten im Westen

Es war ein schlechtes Omen für Lateinamerika, daß Christoph Kolumbus es im Grunde *en passant* entdeckt hat: bei seinem Versuch, den Osten auf dem Weg nach Westen zu erreichen. Genaugenommen hat er nicht Amerika an sich entdeckt, zumal er die Territorien, auf die er im Westen stieß, als Annex eines bekannten Kontinents, Asiens nämlich, angesehen hat. Die Ausläufer »Indias« waren das Ziel seiner Entdeckungsreise, wozu die europäischen Zeitgenossen China, Korea, Indien, Birma, Japan und die Molukken zählten. Nicht einmal von *Entdeckung* kann die Rede sein, bestand doch die Obsession des Admirals darin, dort Land zu finden, wo es »seines Wissens nach«, mit anderen Worten: den geographischen Kenntnissen seiner Zeit nach, sein mußte.

Er setzte seinen Fuß, davon war er unbeirrbar überzeugt, in Kuba, Hispaniola oder sonstwo rund um das karibische Becken nicht auf unbekanntes Terrain, *terra incognita*, sondern auf im Prinzip bekanntes, das nur neu zu benennen und den großen fernöstlichen Ländern wie Zipangu (Japan), Kathei (China) und den »indischen Landen« insgesamt zuzuordnen war. Er brauchte auch in seinem Wagemut gar nicht so heroisch über sich hinauszuwachsen, wie man es ihm nachgerühmt hat, um in Richtung Westen über den Horizont hinauszusegeln. Jeder Seefahrer seiner Zeit mußte vor Grauen erschauern bei dem Gedanken, in der unbekannten Weite des Atlantischen Ozeans der absoluten Leere zuzusteuern und irgendwo von der Erde herunter ins Nichts zu stürzen. Im Unterschied zu anderen Routen, die schon vielfach erprobt und befahren waren, nahm sich der konsequente Westkurs jedenfalls wie ein Wagnis ohnegleichen aus. Ob Kolumbus mit seinen Männern jemals zurückkehren und die Küste Andalusiens wiedersehen würde, schien mehr als ungewiß.

Anders in der Sicht des Admirals. Er ging das große Abenteuer in der felsenfesten Überzeugung ein, daß er im Westen auf die Gestade der fernöstlichen Länder stoßen würde. Die Frage war nicht, *ob* der Osten im Westen zu erreichen wäre, sondern nur, *wie weit* sich der Ozean bis dahin erstreckte. Denn danach bemaß sich das Wagnis. Kolumbus schaffte diese hinderliche Ungewißheit aus der Welt. Mit der Unbefangenheit des Autodidakten, der er war, reimte er alle seine Lesefrüchte, seine Kenntnisse der Naturgesetze, der Urteile höchster theologischer und sonstiger Autoritäten sowie der Erfahrungen der Nautik zu dem Schluß zusammen, daß die »indischen Lande« entgegen der allgemein verbreiteten Skepsis sehr wohl auf dem Seeweg erreichbar waren. Ob er sich selbst bewußt in die Tasche log und anderen einen Bären aufband, nur um den Zuschlag für das Unternehmen Kolumbus zu bekommen, sei dahingestellt. Tatsächlich aber manipulierte er den Seeweg nach Osten via Westen auf ein erträgliches Minimum herunter.

Er verkleinerte den Erdumfang auf drei Viertel seiner wirklichen Länge, während er zugleich die Größe und östliche Ausdehnung Asiens überschätzte. Dabei hatte schon Eratosthenes von Kyrene (284 oder 274–202 v. Chr.) den Erdumfang ziemlich genau bestimmt, indem er aus der bekannten Länge der Strecke Assuan–Alexandria und dem Einfallswinkel der Sonnenstrahlen an dem einen Ort, wenn die Sonne am anderen im Zenit stand, auf einen Kreis von 360 Grad hochgerechnet hatte. Sein Ergebnis: 40000 Kilometer. »Leider berechnete etwas später der berühmte Ptolemäus einen erheblich kleineren Wert: 29000 Kilometer. Und zur Zeit des Kolumbus war diese Frage immer noch strittig. Die Größe der Erdkugel aber mußte man wissen, wenn geklärt werden sollte, wie weit es, westwärts segelnd, bis nach Asien ist. Seit den Reisen des Marco Polo nach China, zweihundert Jahre zuvor, schätzte man die Entfernung von Europa nach Asien auf etwa 21000 Kilometer. Der Rest war eine simple Rechenaufgabe: Denn wenn der ganze Erdumfang, laut Ptolemäus, nur 29000 Kilometer ausmachte, so war Asien schon nach 8000 Kilometern zu erreichen. Kolumbus tippte sogar auf 5000 Kilometer, etwa dreitausend Meilen« (Werner Biermann). So paßte es ihm besser ins Konzept.

Kolumbus hatte mit seiner Absicht, den Seeweg nach Asien aus psychologischen Gründen zu verkürzen, Glück. Sehr zupaß kamen ihm die Überlegungen des italienischen Arztes, Mathematikers und

Astronomen Paolo Toscanelli, der nicht nur empfohlen hatte, einen kürzeren Weg zu den Gewürzländern zu suchen als den um die Südspitze Afrikas herum, sondern für ein solches Vorhaben auch gleich geographische Argumente geliefert hatte. Waren im 14. Jahrhundert Gelehrte noch dem Verdammungsurteil der Häresie verfallen, wenn sie von der Kugelgestalt der Erde überzeugt waren, hatte sich diese Vorstellung im 15. Jahrhundert im Zeichen des Humanismus allenthalben durchgesetzt. Die ganze zivilisierte Welt ging davon aus. Jedermann im Umkreis der Höfe wußte, daß die Erde rund ist, nicht nur Gelehrte, die sich auf Aristoteles, Eratosthenes oder Ptolemäus beriefen, auch Praktiker, Nautiker wie Cristóbal Colón. Denn anders war das Phänomen nicht zu erklären, daß Schiffe beim Auslaufen erst mit dem Rumpf, dann mit den Segeln und der Mastspitze hinter dem Horizont verschwanden und, umgekehrt, daß erst die Segel, dann der Rumpf am Horizont erschienen, wenn die Schiffe zurückkehrten, gleichgültig, in welche Richtung sie davonsegelten, und ungeachtet der Himmelsrichtung, aus der sie dann wiederkamen.

»Falsch an den Vorstellungen war nur, daß Asien allein den halben Erdumfang bedecke, Europa also von ›Indien‹ nicht weit entfernt sei. Zu ›Indien‹ gehörte nach der Weltbeschreibung des Ptolemäus das ganze südliche und östliche Asien, also auch Indonesien und China« (Jürgen Hell). Fasziniert las Kolumbus in seinem Lieblingsbuch dem Traktat *Imago mundi* des Pierre d'Ailly, einer Kompilation antiker und mittelalterlicher Weltbeschreibungen, aus denen er sein Weltbild formte, den Satz: »Der Ozean, der sich von Afrika bis zur Ostküste Indiens erstreckt, ist nicht von großer Breite. Das Meer kann in wenigen Tagen durchschifft werden, wenn der Wind günstig ist.«

Der Osten lag also westwärts keineswegs aus der Welt. Im Gegenteil. Man mußte bei weitem nicht solche Entfernungen wie auf dem Landweg überwinden, bis der Westen quasi zum Osten wurde. Eine sympathische Vorstellung für Kolumbus, daß das Ende des bewohnten Westens, also Portugal, dem Anfang des bewohnten Ostens so nahe lag. Er wälzte »Geschichtswerke, Chroniken und philosophische Abhandlungen« zuhauf, um diese Vorstellung zu belegen. Selbst die Heilige Schrift durchforschte er nach Zitaten, die im Geiste den Westen und Osten bis auf ein leicht überwindbares Stück Ozean zusammenwachsen ließen.

Aber erst der Kontakt mit dem Florentiner Gelehrten Toscanelli ließ in Kolumbus den festen Vorsatz reifen, die Theorie der geographischen Nähe für ein gewinnbringendes Unternehmen zu nutzen. 1474 hatte Toscanelli eine Weltkarte angefertigt, auf der er den Ozean zwischen »Indien« und Europa auf 130 Grad zusammenschrumpfen ließ, während er, in Umkehrung der tatsächlichen geographischen Verhältnisse, die Landmasse zwischen Lissabon und den östlichen Ausläufern »Indiens« nach Ptolemäus auf 230 Grad bezifferte. Ein Irrtum von weltgeschichtlicher Bedeutung. Hätte Toscanelli Meer und Landmasse den tatsächlichen Verhältnissen adäquater proportioniert: ein Kolumbus hätte mutlos den Gedanken fahren lassen müssen, den Osten auf dem Seeweg nach Westen zu erreichen. Und ohne einen Irrtum im Irrtum, der Toscanelli beim Stand des damaligen Wissens unterlaufen mußte, da man nur von der Existenz der Kontinente Europa, Asien und Libyen/Afrika ausging, hätte die Westfahrt sicher mit der Katastrophe im atlantischen Nichts geendet. Dann nämlich, wenn nicht eine »gnädige« Geographie die nicht nur 8000 Kilometer große Entfernung zwischen Lissabon und Zipangu, wie Kolumbus dachte, sondern die in Wirklichkeit gewaltige Distanz von 19000 Kilometern durch den Kontinent Amerika unterbrochen hätte. »Durch eine Kette von Irrtümern verschob sich bei ihm Asien, das er ›Indien‹ nannte, fast genau auf den Platz, an dem die amerikanische Atlantikküste liegt. Hierin liegt einer der großen Zufälle der Geschichte. Es ist daher wirklich nicht zu verwundern, daß Colón, als er genau dort Land antraf, wo er es erwartete, sich nun ganz auf seine Idee versteifte, er sei in Asien an Land gegangen« (Salvador de Madariaga).

Unter dem Einfluß seines jüngeren Bruders Bartolomeo und Toscanellis verdichtete sich der Plan des Kolumbus um 1480 zur Obsession. Martin Behaim, der Astronom, Mathematiker und Kartograph aus Nürnberg (1459–1506), unterstützte Kolumbus mit seinem Globus, der auf der Toscanelli-Karte von 1474 beruhte, in seinem Vorhaben.

Noch war die Zeit nicht reif für seine Verwirklichung. Der portugiesische König Dom João II., dem Kolumbus das Projekt 1484 unterbreitete, ließ den Genueser durch eine Gelehrtenkommission haarspalterischer Dogmatiker negativ bescheiden. Zum einen, weil der Vertrag von Alcaçovas (1479) Portugal das Monopol über die Kaproute nach Indien gesichert hatte. Für Kastilien waren die Länder und Gewässer südlich von Kap Bojador seit diesem mißlichen Friedensvertrag tabu. Zum anderen versagte der portugiesische König seinen Beistand, weil Kolumbus sich Privilegien und Subsidien in einem Maße ausbedungen hatte, das im umgekehrten Verhältnis zum geographischen Wirklichkeitssinn des in Lissabon ziemlich unbekannten Genuesers zu stehen schien.

Seitdem Konstantinopel im Jahre 1453 unter dem Ansturm der Türken gefallen war, blockierte das neue Imperium die Gold-, Gewürz- und Seidenstraße nach Fernost, die Route, die für den Handel und Wandel der europäischen Mächte, insbesondere für Spanien, so bedeutsam war. Was lag näher, als die gesperrten Regionen auf dem Seeweg zu umgehen. Auf der Kaproute oder, besser noch, auf dem Westkurs über den Atlantik, wie Toscanelli mit bestechender Logik empfahl.

Von dem Tag an, da Kolumbus sich mit seinem Sohn Diego nach Kastilien und in die Obhut der Mönche des Klosters La Rábida, nicht weit von Palos, begeben hatte, vergingen sieben lange Jahre, bis der Genueser mit seiner Obsession, den Osten westwärts zu erreichen, höchsten Orts Gehör fand. Jahre des demütigenden, ja oft genug erniedrigenden Wartens. Jahre der ehrerbietigen Bittstellerei in den Vorzimmern von Äbten, Bischöfen und Herzögen. Auf endlose Dispute, die Kolumbus devot und geduldig über sich ergehen lassen mußte, folgten Aufschübe, quälende Wartezeiten. Die kirchlichen und höfischen Würdenträger erwiesen sich als amtliche Bedenkenträger. Sie wiegten skeptisch ihre Häupter, wenn der Möchtegern-Entdecker Gelegenheit bekam, seine überspannten Pläne zu unterbreiten. Am 20. Januar 1486, als Kolumbus im Palast des Erzbischofs von Alcalá de Henares zur ersten Audienz vor den Königen erscheinen durfte, begann das kräftezehrende Verhandlungsmarathon. Ein aus Gelehrten und Praktikern der christlichen Seefahrt bestehender Sachverständigenrat, der sich um Hernando de Talavera scharte, den Beichtvater der Königin und künftigen Erzbischof von Granada, übernahm es, den spanischen Herrschern die nötige Expertise zu dem Jahrhundertprojekt des Kolumbus zu liefern. Ein Auftrag, der erst nach unendlichen scholastischen Erwägungen des Für und Wider zu erfüllen war.

Kolumbus mußte sich quasi an die Fersen der Gutachter heften, um im Wortsinn auf dem laufenden zu bleiben. Nomadenhaft zogen die Experten mit dem Hof von einem Ort zum anderen, von einer

Residenz zur nächsten. Und mit ihnen durchquerte Kolumbus die Iberische Halbinsel, immer in der Erwartung, daß ein Bote ihm das königliche Plazet brächte. Statt dessen schmetterte ihn fürs erste das kategorische »Nein« des Talavera-Ausschusses nieder. Dieser Rat der Weisen tat das Projekt des Kolumbus als absurd ab, und zwar nicht mit der Attitüde verknöcherter Greise, die sich neuen Ideen und Bewegungen widersetzen. Als die königlichen Ratgeber den Plan zum großen Abenteuer verwarfen und widerlegten, siegte keineswegs das »finstere Mittelalter« über den innovativen, der Zukunft zugewandten Forscher- und Entdeckergeist. Ganz im Gegenteil setzte sich die wissenschaftliche Erkenntnis gegen den Irrtum und Spleen des Autodidakten Kolumbus durch.

Kühl beschieden die Weisen den Emporkömmling, er gehe von falschen Maßen der Erde aus. Sie fielen nicht auf das Wunschdenken des Kolumbus herein, der die Erde, aus welchem Grund auch immer, für seine Zwecke um ein Viertel kleiner machte. Im tatsächlichen Erdumfang erkannte der Talavera-Ausschuß ein unüberwindliches Hindernis für das Kolumbus-Projekt. Die überzogenen Forderungen des Genuesers an die Könige taten ein übriges, die Gelehrtenkommission ungnädig zu stimmen.

Daß für Kolumbus doch noch die große Stunde kam, hatte er der Gunst der politischen Konstellation zu verdanken. Die Königin hatte das Projekt Kolumbus trotz des negativen Votums der Gelehrten nicht gänzlich abgeschrieben, sondern nur aufgeschoben. Man alimentierte den mittellosen Pläneschmied, der wegen seiner fixen Idee vom See- zum Landfahrer geworden war. Beweis genug, daß er sich Hoffnungen machen konnte, eines Tages aus dem Staatsschatz die nötigen Mittel für seine große Reise zu bekommen.

Kein Zufall, daß Kolumbus im Jahr 1492 reüssierte. Ein bemerkenswertes, historisches Jahr auch nach dem Urteil des spanischen Geschichtsschreibers Gonzalo Fernández Oviedo y Valdés (1478–1557): »...ein Jahr, in dem am 2. Januar die Katholischen Könige Don Fernando und Doña Isabel die berühmte und große Stadt Granada einnahmen. Im selben Jahr, Ende Juli, vertrieben sie die Juden aus ihren Königreichen. (...) Und im selben Jahr entdeckte Kolumbus die Indias.« Das erstgenannte Ereignis bedingte das letztgenannte. Und der ökonomisch-intellektuelle Aderlaß, der mit der Vertreibung der Juden aus Spanien verbunden war, mag indirekt den Zug nach Westen mit seinen Aussichten auf

Kompensation für die wirtschaftlichen Defizite in Spanien gefördert haben.

Als sich am 2. Januar 1492 die Stadt Granada nach achtmonatiger Belagerung als letzter Teil des Emirats dem Feind ergeben hatte und damit 700 Jahre maurischer Herrschaft in Spanien zu Ende gegangen waren, griff die Reconquista binnen kurzem von der Iberischen Halbinsel auf Nordafrika, auf die Reiche von Tlemcen und Marokko über. Und von dort war es nur ein kurzer Schritt zu dem Gedanken, die Reconquista auf die Kanarischen Inseln auszudehnen, die man als Teile des nordafrikanischen Westgotenreichs betrachtete.

Es lag in der Logik der Reconquista, der Wiederherstellung der christlichen Herrschaft über Land und Leute, daß sie nahtlos in die Conquista überging, daß sich die Abwehr der Mauren, der Exodus der Fremden, in die Expansion über die Iberische Halbinsel hinaus, in die Kreuzzugs- und Missionsidee verwandelte. Die *Reconquista* hatte die finanziellen Mittel der Katholischen Könige aufgezehrt. Die *Conquista* sollte den Staatsschatz wieder füllen. »In Amerika führte der Spanier den Krieg auf gleiche Weise durch wie während der ›Reconquista‹: als ein Mittel, um an Kriegsbeute, Reichtum, Länder, Adelsstand und Titel zu gelangen und in Amerika außerdem an Indianer und Lehen« (Luis Arranz Márquez). Nach dem Fall Granadas kam Kolumbus wie gerufen, versprach er doch, zwei Missionen auf einmal zu erfüllen: den Reichtum der Könige zu mehren und den christlichen Glauben zu verbreiten.

Die zufällige Entdeckung

Kolumbus war kein Gelehrter, schon gar kein moderner, der seine Hypothesen in einem Prozeß von Versuch und Irrtum zu falsifizieren sucht. Er war vielmehr fast starrsinnig bestrebt, die einmal als unverrückbar angenommenen Wahrheiten zu bestätigen. Er sah in die Natur Amerikas hinein und hörte aus der Sprache der Bewohner der Neuen Welt heraus, was er sehen und hören wollte. Daß es kein menschlich-allzumenschlicher, sondern ein genialischer Irrtum war, dem er seinen Erfolg verdankte, änderte nichts an dessen Verewigung in der Bezeichnung »Indianer«, die er den Ureinwohnern der vermeintlichen »indischen Lande« aufgeprägt hat. Kolumbus unterlag der selbstgemachten, wissenschaftlich aufbereiteten Fiktion, auf unbekannten Wegen ein bekanntes Land erreicht zu haben. Dabei war er nur über die Ausläufer eines Kontinents gestolpert, der in seinem Weltbild gar nicht existierte: Amerika. So war die Entdeckung Amerikas ein reiner Zufall.

Hörte Kolumbus die Indianer von *Cibao* sprechen, assoziierte er mit diesem arawakischen Wort sogleich Zipangu. War von *Cuniba* die Rede, dachte er voreilig an den Großen Khan, den er in fast kindlicher Besessenheit zu finden hoffte. Gleichsam elektrisiert horchte er auf, als seine unfreiwilligen indianischen Begleiter in Kuba auf eine Haupt- und Handelsstadt mit dem Namen *Cubanacan* hinwiesen. Kolumbus war in seinen Irrtum tief genug verstrickt, um sich der Hoffnung hinzugeben, er könnte die kulturellen und die Sprachbarrieren, die den Zugang zu dem verlockenden Ort vielleicht versperrten, mit Bordmitteln überwinden. Er schickte Luis de Torres als Gesandten und Dolmetscher vor, der in einer der Sprachen, die er beherrschte – Arabisch, Hebräisch oder Aramäisch –, dem Kaiser von China seine Aufwartung machen und Grüße des Admirals entbieten sollte. Cubanacan mußte einfach die Stadt mit den goldenen Dächern und das Idiom, das dort gesprochen wurde, ein orientalisches sein. Etwas anderes kam dem Gelegenheits-Entdecker, der die Neue Welt zeitweilig mit Scheuklappen zu durchstreifen schien, gar nicht in den Sinn.

Jedes geographische Faktum deutete Kolumbus als unmittelbare Annäherung an Zipangu oder Kathei. Alle Informationen, die dieser Gewißheit zuwiderliefen, blendete er aus. Als die viele Tage und Nächte währende Reise entlang der Südküste Kubas Zweifel am Inselcharakter des 1492 gleich nach den Bahamas entdeckten Landes weckten, dekretierte er das Neuland, im Einklang mit seinen Wunschvorstellungen, flugs zum Festland. Und um diesen Akt der Willkür, der einfachsten empirischen Bemühungen Hohn sprach, als erfahrungswissenschaftlichen Tatbestand zu sanktionieren, ließ er seine Männer zum Befehlsempfang in Sachen Geographie antreten. Sie mußten bei Strafe von 10000 Maravedís oder bei Strafe, die Zunge abgeschnitten zu bekommen, schwören, Kuba als Teil des asiatischen Festlands erkannt zu haben.

»Uns erscheint das als ein absurder Schwur«, merkt Gianni Granzotto dazu an, »als der verrückteste Akt des Hochmuts, den

Kolumbus je vollzogen hat. Wir fragen uns, ob es mit seinem körperlichen und geistigen Zustand zusammenhing, mit dem Hauch von Wahnsinn, der in seinem phantasierenden Kopf umherspukte.« Hätte dieses merkwürdige Dekret nicht exakt seiner unumstößlichen Kosmographie entsprochen, läge es durchaus nahe, in der beklemmenden tropischen Schwüle, der Flaute, die das Vorwärtskommen so erschwerte, und der nicht ganz ungefährlichen Unruhe unter den Mannschaften auf den Schiffen die Ursachen für diesen schwarzen Tag zu sehen, an dem Kolumbus offenbar den Verstand verlor.

Er hätte nur ein paar Meilen weitersegeln müssen. Dann hätte er Punta Cajon erreicht, das Westkap Kubas. Jeder Zweifel über Kubas topographische Anatomie wäre ausgeräumt gewesesen. Und vielleicht hätte diese Erkenntnis Kolumbus die entdeckten Länder mit ganz anderen Augen sehen lassen, als das, was sie wirklich waren: Teile eines eigenen Kontinents, von dem damals niemand etwas wußte, dessen Existenz die Gelehrten nur erahnen konnten, eben Amerika. So aber vergingen noch einmal vierzehn Jahre, bis die geographischen Tatsachen offen genug zutage lagen, um den Irrtum des Kolumbus zu korrigieren. Es mußte erst Sebastian de Ocampo kommen, der die Westspitze Kubas im Jahre 1508 umsegelte und erkannte, daß es eine Insel ist.

Auf seiner vierten Reise (1502) unternahm Kolumbus einen letzten angestrengten Versuch, seine festgefügten Wahrheiten zu bestätigen. Von frischen Brisen ließ er sich im September vom Kap Gracias a Dios (Gott sei Dank!) an der Grenze zwischen dem heutigen Honduras und Nicaragua die Atlantikküste südwärts hinuntertreiben, bis seine Flottille den Río San Juan erreichte, die heutige Südgrenze Nicaraguas. Hier lag Kolumbus mit seinen Schiffen eine Weile vor Anker, ohne zu ahnen, daß er auf der Suche nach Ostindien dem Ziel seiner Träume so nahe war: jener »ungewissen Meerenge«, wie die Konquistadoren die schmale Landsperre, den Übergang zwischen Atlantik und Pazifik, nannten. Der Fluß und das »süße Meer«, der Nicaragua-See, dem er entströmte, entsprachen dieser Vision des *estrecho dudoso* wie kaum eine andere Landenge auf der Brücke zwischen Nord- und Südamerika. Statt nun ins Landesinnere vorzustoßen, gab sich Kolumbus damit zufrieden, die Gastfreundschaft der Indianer auszukosten, die ihn reich beschenkten, bevor er sich auf den weiteren Weg nach Süden machte.

Er segelte an der Karibikküste von Costa Rica bis nach Panama, mit Argusaugen jede Flußmündung auf die Möglichkeit hin prüfend, daß das Gewässer das Hinterland durchschneiden und den endgültigen Seeweg nach Zipangu und Kathei eröffnen könnte. Aber keiner der Flüsse, weder der Río San Juan noch der Río Colorado, der Río Banano oder der Río Sixaola, der Grenzfluß zwischen Costa Rica und Panama, erfüllten seine Erwartungen. Es fand sich keine Wasserstraße durch den Isthmus – ein Mißerfolg, der Kolumbus aber keineswegs entmutigte, der ihn nicht einmal stutzig machte und über die Möglichkeit sinnieren ließ, daß er vielleicht doch woanders angelangt war, nicht im Weichbild Asiens. Da, wo das heutige Puerto Limón, an der Karibikküste von Costa Rica, auf halber Strecke zwischen Nord und Süd, nach besseren Zeiten, vor allem ökonomisch lebhafteren Phasen, in einer Art tropischen Siesta vor sich hinkümmert, berührte Kolumbus mit seiner Flottille die Provinz von Cariari. Gleich verfiel er wieder in seinen Tick, indem er sie mit der asiatischen Provinz Ciamba identifizierte. Die Indianer der Region, die noch heute ihren Namen trägt, die Talamancas, waren für Kolumbus die in alten Geschichtswerken zitierten Masaguetas, die gar nicht mehr existierten. »Bald darauf verwandelt er mit derselben Geschicklichkeit oder philologischen Unfähigkeit, die ihm 1493 erlaubte, aus Cibao Zipangu zu machen, Quiriquetana in Ciamba. Und an der Lagune von Chiriquí glaubt er, daß Ciguare zehn Tagesreisen vom Ganges entfernt ist« (Francisco Morales Padrón). Seine Monomanie zwang ihn wieder einmal, den Königen zu demonstrieren, daß er in Asien angekommen war, nicht weit von märchenhaften Minen.

Merkwürdig, daß sich Kolumbus in der Gegend von Chririquí die Suche nach der »ungewissen Meerenge« aus dem Kopf schlug. Von einem Tag auf den anderen, wie es scheint. Bald darauf, bei Puerto Mosquitos, am Nordbuckel des heutigen Panama, befahl er, die Segel für die Heimreise zu setzen. Seine Gesundheit, die physische wie die mentale, war angeschlagen genug, um diesen Aufbruch aus den Tropen zu diktieren, wo die Krankheitskeime gleichsam vor aller Augen brüteten. Kolumbus war müde. Die wenigen Schiffe, die dem einst so stolzen »Admiral der Ozeanischen Meere« geblieben waren, nahmen sich wie abgewrackte Seelenverkäufer aus. Man mußte Gott auf den Knien danken, wenn sie die Besatzung noch bis zur nächsten Station, nach Kuba, trugen. Und dazu breitete sich unter den Mannschaften eine gefährliche Mißstimmung aus. Man war die eintönige Suche nach Gold und Wasserstraßen leid.

Kolumbus machte in dem Glauben kehrt, die Meerenge müsse weiter im Süden liegen. Bis zu seinem Tode hielt er an dem Irrtum fest, Indien entdeckt zu haben. Ein Starrsinn, der den »Indianern« alias »Amerikanern« eine falsche Identität aufstülpte. Mit Folgen auch für Kolumbus selbst, der damit den Ruhm verspielte, als Entdecker von »Columbia«, nicht von »Amerika« in die Geschichte einzugehen. Es blieb dem Kollegen des Kolumbus, dem italienischen Seefahrer und Entdecker Amerigo Vespucci (1454?–1512), vorbehalten, die *terra nova*, das Neuland als solches zu erkennen. Nach ausgedehnten Reisen in die mittel- und südamerikanischen Küstengebiete wurde Vespucci klar, daß die neu entdeckten Länder zu einem besonderen zusammenhängenden Kontinent gehörten. Kolumbus, der sich dieser Einsicht hartnäckig verschlossen hatte, wäre wohl vor Zorn und verletzter Eitelkeit vergangen, hätte er noch miterleben müssen, wie der deutsche Kartograph Martin Waldseemüller (Waltzemüller, Walzenmüller, 1470?–1518?) den neu entdeckten Kontinent auf seiner Globuskarte und seiner Weltkarte im Jahre 1507 zu Ehren Vespuccis »America« nannte.

Der Untergang der indianischen Kultur

Gute Wilde und Kannibalen

Das Jahr 1492, die Ereignisse vom Fall Granadas bis zur Ankunft des Kolumbus in Guanahaní (nach den neuesten Erkenntnissen der Kolumbus-Forschung: Samana Cay/Bahamas, nicht Watling Island, wie bisher angenommen) veränderten die Welt: machten sie in den Augen der Entdecker und Eroberer kleiner. Der Erdkreis schien geschlossen, die Heraufkunft einer Universalmonarchie spanischer Prägung nahe. Es war, als verschmolzen Heils- und Weltgeschichte in einem Punkt, womöglich Endpunkt. Als sei die Geschichte schon zu ihrem Ziel gekommen. Kaum ein Entdecker, der den Boden Amerikas nicht in dem legitimatorischen Wohlgefühl betrat, als Sendbote der Zivilisation und des Christentums die primitiven Heiden zu beglücken. Und sei es nur, um den barbarischen Umgang mit den vermeintlichen Barbaren in den Schein der Rechtfertigung zu hüllen.

Bei Kolumbus kam zu diesem selbstgerechten Anspruch noch die vorgestanzte Erwartung hinzu, die ihn daran hinderte, das andere als anderes wahrzunehmen. Wie das Land selbst, Amerika, so erschienen dem sendungsbewußten Admiral auch die Indianer gewissermaßen als weiße Blätter, die der christlich-spanischen Beschriftung harrten (Tzvetan Todorov). Er trat mit europäischen Klischees in die amerikanische Realität ein. Er machte seinen Nachfolgern, den künftigen Entdeckern und den Konquistadoren, vor, wie man die Substanz des täglichen Lebens der Alten Welt, ihre Traditionen, ihre Mythologien und ihre Religion, ungefiltert auf die Terra Nova projiziert. Er nahm das Unbekannte als Funktion des Altbekannten wahr und ein. Um sich nicht in der unbekannten Welt zu verlieren, sah man sie als Verlängerung Europas oder als Vorposten Asiens, jedenfalls als Anhang des Bekannten an (Francisco Morales Padrón).

Die Okkupation begann schon mit der nomenklatorischen Besetzung der neu entdeckten Länder. Man deckte die autochthone Namens- und Begriffswelt einfach usurpatorisch mit der eigenen zu. Obwohl sich Kolumbus allenthalben von Eingeborenen umringt sah, wo immer er auch hinkam, in Guanahaní, Kuba, Hispaniola und Costa Rica gleichermaßen, kam es ihm gar nicht in den Sinn, sie zu fragen, wie sie die Inseln, Buchten, Flüsse, Kaps, Riffs und dergleichen geographishe Orte in ihrer Sprache nannten. Er überfremdete die Geographie und Kultur aus eigener Machtvollkommenheit kurzerhand mit spanischen Namen, streng nach der theologischen und weltlichen Hierarchie: Die erste Insel taufte er nach dem Erlöser (San Salvador), die zweite nach der Mutter Gottes (Santa María de la Concepción), die dritte nach dem König (Fernandina), die vierte nach der Königin (Isabella) und die fünfte nach der wahnsinnigen Kronprinzessin (Juana).

Kuba bekam gleich mehrere Namenswechsel aufgezwungen, zu Ehren Gottes und der Könige! Nachdem die Insel Juana geheißen hatte, benannte man sie nach dem Tode Ferdinands II. (1516) in Fernandina um. Später tauften die neuen Herren sie in Santiago um, eine Art Kniefall vor dem Nationalheiligen der Spanier. Danach hieß sie Ave María, bis sich, in diesem Falle ausnahmsweise, der indianische Name Kuba eingebürgert hat, was übersetzt soviel wie »ein Krug mit Öl« bedeutet. Andernorts prägten die Spanier, der Einfachheit und des Herrschaftsanspruchs halber, der Neuen Welt Namen der Alten auf: Española (Klein-Spanien), Neuspanien (für Mexiko und Mittelamerika), Neugalicien (Nordwest-Mexiko), Granada, Guadalajara und so weiter. Mal ließ sich Kolumbus beim Akt der Namensgebung vom Eindruck des Augenblicks und seiner Stimmung leiten, wenn er zum Beispiel eine Insel La Amiga (die Freundin, die Geliebte) nannte. Ein andermal gaben die Spanier schon in der geographischen Nomenklatur unverhohlen zu erkennen, wonach ihnen eigentlich der Sinn stand: nicht von ungefähr nannten sie einen Landstrich Mittelamerikas Costa Rica (Reiche Küste), einen anderen Goldenes Kastilien.

Das Bordbuch des Kolumbus erweckt den Eindruck, als hätten sich Entdecker und Entdeckte nach den ersten stummen, symbolischen Kontakten verbal verständigt und als hätten die indianischen Wegbegleiter von den zuerst entdeckten Inseln als Dolmetscher gedient. Eine Version, bei der wohl der Wunsch der Vater des Gedankens war, angesichts der Tatsache, daß Amerika als isolierter Kontinent, mit Hunderten von Sprachen und Dialekten, dem Kontakt mit euro-asiatischen Kulturen bis dahin total verschlossen gewesen war. Auch sprachlich muß sich Amerika den Entdeckern folglich als *terra incognita* dargeboten haben. Naheliegend, daß sich die Kommunikation anfangs auf Gebärden- und Zeichensprache reduziert hat und auf die archaischen Akte des Gebens und Nehmens, auf den sattsam bekannten Auftakt zum ungleichen Tausch zwischen erster und dritter Welt: Glasperlen, Messingringe und Glöckchen gegen Gold.

Obwohl der weitgereiste und sprachgewandte Admiral, der freilich keine der Sprachen, die ihm zu Gebote standen (Portugiesisch, Spanisch, Italienisch, Lateinisch), fehlerfrei beherrschte, ein polyglotter Mensch war, legte er doch ein auffallendes Desinteresse für die Sprache und Kultur der Eingeborenen an den Tag. Frucht des providentiellen Mythos, daß er den aktiven Part zu spielen habe, das Evangelium und die abendländische Zivilisation in der Neuen Welt zu verbreiten. Die Wahrnehmung des anderen litt unter der Projektion des Eigenen, nahm unter dem Deckmantel der Nächstenliebe opportunistische Züge an. So wohl auch, wenn die Entdecker den Indianern wohlgefällig den Glauben attestierten, die Spanier seien vom Himmel herabgestiegen als die seit ewigen Zeiten prophezeiten weißen Götter. Einen besseren Beweis für die heilsgeschichtliche Disposition der Indianer zum Christ-Sein und Amerikas zur Missionierung schien es nicht zu geben.

Kolumbus vermochte bei seinem vom eurozentrischen Weltbild bestimmten patriarchalischen Habitus die Eingeborenen nicht als Subjekte, sondern nur als Objekte der Bekehrung und der Integration ins spanische Weltreich wahrzunehmen. Und danach kategorisierte er sie auch: je nachdem, ob sie sich diesem Ansinnen lammfromm fügten oder dagegen rebellierten.

Auffallend, daß der Entdecker sich nach den ersten Kontakten mit den Eingeborenen nicht genug tun konnte, sie wegen ihrer Freigebigkeit, ihrer Friedfertigkeit und Botmäßigkeit in höchsten Tönen zu loben: »Weil er sie schon als Christen betrachtet, die den kastilischen Königen ergebener sind als die Kastilier selbst; und er sagt, es fehle nichts weiter, als daß man ihre Sprache kenne und ihnen befehle, denn alles, was man ihnen befehle, würden sie widerspruchslos tun« (Schiffstagebuch, 21. Dezember 1492). Das waren sie also, die geborenen sanften Schafe und kindlich-willigen Untertanen, die man nur in die vorgefügte Ordnung der Spanier einzupassen brauchte, *ad maiorem gloriam dei!* Der Mythos des guten Wilden, der hier, auch in der arglosen Nacktheit der Indianer, seine offenkundigste Bestätigung zu finden schien, diente nicht nur dem exotischen Entzücken. Er erwies sich zudem politisch als höchst opportun. Beseitigte er doch die Zweifel an der Legitimation des Eroberungszugs in der Neuen Welt. Potentielle Untertanen der Katholischen Majestäten, die sich der Bekehrung willig fügten oder ihrer gar freudig harrten, legten das stimmigste Zeugnis dafür ab, daß die Heidenmission – für die Zeitgenossen unumstrittene Rechtfertigung der Inbesitznahme Amerikas – ein gottgefälliges Werk war. Die Eingeborenen, wie Kolumbus sie anfangs schilderte, warteten offenbar demütig darauf, der überlegenen Kultur der Spanier assimiliert zu werden. Ihretwegen brauchte man sich nicht den Kopf über die Rechtmäßigkeit der Invasion der Alten in der Neuen Welt zu zerbrechen. Philosophisch-juristische Dispute schienen sich in diesem Falle offenbarer Unterwerfung zu erübrigen.

Anders die Fälle von Widerstand. Da stellte sich die Frage, ob man die widerborstigen Indianer zu ihrem Heil zwingen und sie gewaltsam ihres Territoriums berauben dürfe. Um eine Antwort waren die Entdecker und Eroberer nicht verlegen. Die Kirchenväter wie der heilige Augustinus (354–430) hatten sie vorgegeben. Ursprünglich war Augustinus zwar der Überzeugung, »zur Einheit in Christus dürfe niemand gezwungen werden«. Aber in einem Brief an den Donatistenbischof Vicentius schrieb er später: »Du meinst, niemand dürfe zur Gerechtigkeit gezwungen werden, obwohl du doch liest (Lukas 14,23), daß der Hausvater zu den Dienern gesagt hat: Alle, die ihr findet, nötigt hereinzukommen (compelle intrare)...! Hoffentlich siehst du nunmehr ein, daß es nicht darauf ankommt, ob einer gezwungen wird, sondern allein darauf, wozu er gezwungen wird, ob es nämlich etwas Gutes oder etwas Böses ist.« Mit anderen Worten: Der Zweck heiligt die Mittel (Norbert Greinacher und Benno Dittrich).

Mochten die Gelehrten noch so heftig über die naturrechtliche Ausstattung der Indianer streiten, darüber, ob ihnen das Recht auf Leben, Freiheit und Eigentum in gleicher Weise wie den Abendländern zukam. Daß Gewalttaten gegen Christen die gewalttätige Unterwerfung rechtfertigten: darüber war man sich im Geiste des christlich-spanischen Universalismus einig. Wenn sich der *casus belli* nicht von selbst einstellte, mußte man eben die Rechtfertigung für den dauernden Kriegszustand mit den Heidenvölkern künstlich schaffen. Nichts leichter als das! Die Entdecker brauchten den Indianern nur im Einklang mit den geläufigen Ethno-Mythologien kriegerisch-barbarische Eigenschaften anzudichten. Und schon war der Kriegsgrund da, auch die Legitimation für den gnadenlosen Umgang mit den Gegnern. Die Spanier waren wahre Meister in der Kunst, die Objekte ihrer Erwartungen und Wahrnehmungen bis zur Unkenntlichkeit zu verzeichnen, ja zu karikieren. Alles zum Ruhm der Könige und im Namen Christi.

Nicht nur, daß der große Geschichtsschreiber Oviedo in seiner *Historia General y Natural de las Indias* von magischen indianischen Zauberkräften zu berichten wußte, die Menschen in Tiere verwandelten. Es war auch allgemein Usus, jene Indianer, die sich nicht kniefällig ihrem Schicksal, sprich: dem Doppelakt von Taufe und Versklavung fügten, als vertierte Menschen anzusehen. Die Spanier charakterisierten die Indianer als wilde Bestien, als Kannibalen oder Untermenschen und gaben sie damit zum Abschuß frei.

Als Prototypen solcher tierischen Ureinwohner sprach man vor allem den Kariben, vermeintlichen Menschenfressern, die auf den Großen Antillen die Siedlungsgebiete der Tainos unsicher machten, wegen ihrer kannibalischen Bräuche und ihrer kriegerischen Wildheit die menschliche Ureigenschaft, im Sinne der Kirche, ab: nämlich Ebenbilder Gottes zu sein. Damit entbehrten sie der Rechtsnatur des Menschen. Juristisch hatten die Entdecker und Eroberer mit widersetzlichen Eingeborenen leichtes Spiel, wenn sie ihnen nur das Etikett aufklebten, als »böse Wilde« des Satans zu sein, vielleicht sogar seelenlos auf Gottes Erde zu wandeln.

Kolumbus begann bei seiner zweiten Reise, als die Missionsidee offenbar diesseitigeren Zielen dienstbar gemacht wurde, die Indianer aus diesem Blickwinkel zu sehen. Als die Indianer den Entdekkern bei ihrer Ankunft in der Neuen Welt in Guanahaní Süßwasser geschöpft und in einer Kalebasse zum Trinken gereicht hatten, hatten die künftigen Gebieter ihren künftigen Sklaven erstmals, jedoch noch milde und geduldig, dabei zugesehen, wie sie ihnen dienten. Der erste Schritt zur Versklavung der Eingeborenen war getan. Der zweite sollte folgen. Der Wind drehte. Das Klima wurde rauher. Aus der Begegnung der Alten und der Neuen Welt, die in der naiv apologetischen Literatur noch immer als solche ihren Nachhall findet, wurde ein gewaltsamer Zusammenstoß, eine Orgie der Unterwerfung und Versklavung. Und das scholastische Naturrecht, eigentlich Inbegriff ewiger und absoluter ethisch-politischer Normen, verlieh der alltäglichen Unmenschlichkeit den Schein der Legitimität, weil es mit seinen Leerformeln nach dem Motto: »Jedem das Seine, jedem Herrn seinen Sklaven, jedem Skalven seinen Herrn« Manipulationen in jedwedem Sinne offenstand.

»Im ›Goldenen Zeitalter‹ der spanischen Konquistadoren, im 16. Jahrhundert, lehrte – im Gegensatz zum spanisch-österreichischen Hof und seinem großen wie heiligen Theologen Las Casas – die spanische Scholastik, die Naturrechtsschule der Dominikaner Bannez und Soto, der Jesuiten Molina, von Valentia und Suarez, daß die ungläubigen Kriegsgefangenen, die widerspenstigen Eingeborenen, die Indianer, nebst ihren an sich unschuldigen Frauen und Kindern versklavt und als Sklaven verkauft und verschenkt werden dürfen. Im Vordergrund ihrer Diskussionen standen nicht Maßnahmen zur Behebung der Sklaverei, sondern – zur Milderung dieser« (August M. Knoll).

Als Kolumbus nach den ersten »sanften« Akten der Nötigung, Erpressung, Geiselnahme und Verschleppung der Indianer rauhere Saiten aufzog, konnte er sich dabei, theoretisch, sogar auf Thomas von Aquin (1225?–1274) als Kronzeugen für die Rechtmäßigkeit seines Tuns berufen. Sah der doch in der Gefolgschaft des großen Heiden Aristoteles den Sklaven als »ein beseeltes Werkzeug seines Herrn« an wie auch als »Nicht-Mitglied der Gesellschaft«. Die »Natur« schien diesen Status vorgesehen zu haben. »Thomas von Aquin postulierte, daß es minderwertige Menschen gebe, denen gegenüber nur Zwang und Gewalt am Platze sei; sie seien geborene Sklaven« (Norbert Greinacher und Benno Dittrich). Im Alten Testament hatte es schon geheißen: »Nehmt Sklaven aus den Heiden und behaltet sie für immer!« Und im Neuen Testament war den ihrer Freiheit Beraubten fürsorglich empfohlen worden: »Sklaven, seid gute Sklaven!« Wenn die Versklavung der Gegner im Zuge eines »gerechten Kriegs« gleichermaßen gottrechtens und naturrechtens war, konnte es nur als gottgefällig und segensreich empfunden werden, böse Wilde unter dem Signum von Kreuz und Schwert in gute Sklaven zu verwandeln.

Im November 1493 traf Kolumbus auf seiner zweiten Entdekkungsreise an der Spitze des größten kolonisatorischen Unternehmens der bisherigen Weltgeschichte mit 17 Schiffen und 1200 Kolonisten wieder in Hispaniola ein. Dort hatte er nach dem Schiffbruch der *Santa María* ein Jahr zuvor 39 Männer in der Siedlung La Navidad zurückgelassen. Als er zurückkehrte, waren alle tot. Mag sein, daß die im Grunde ihres Herzens friedlichen Tainos auf den Kriegspfad gegangen waren, weil die Spanier ihnen die Frauen weggenommen hatten. Es konnten aber auch die Kariben gewesen sein. Unzweifelhaft jedenfalls begann mit dem Gemetzel von La Navidad eine Wende im Procedere der Kolonisierung. Vorbei die »friedlichen« Anfänge der Versklavung. Vorbei das patriarchalische Wohlgefallen an den guten Wilden.

Irische Wolfshunde wurden zur Jagd auf die Indianer abgerichtet. Sie sollten ihre Opfer nicht nur zähnefletschend in Todesangst versetzen, sondern in Stücke reißen. »Drei Jahre nach der Entdeckung führte Christoph Kolumbus persönlich den Feldzug gegen die Eingeborenen Santo Domingos an. Eine Handvoll Ritter, zweihundert Fußsoldaten und ein paar eigens für den Angriff dressierte Hunde dezimierten die Indianer. Mehr als fünfhundert von ihnen wurden nach Spanien verfrachtet, in Sevilla als Sklaven verkauft und gingen elend zugrunde« (Eduardo Galeano). Es half den Ureinwohnern nichts mehr, daß sich »aufgeklärte« Missionare und Theologen der menschenfreundlicheren Seite der Naturrechtslehre besannen und den Konquistadoren ins Gewissen redeten mit der Frage: »Sind die Indianer keine Menschen? Haben sie nicht vernunftbegabte Seelen?« In einer Bulle verkündete Papst Paul III. im Jahre 1537 *ex cathedra*, »daß die Indianer wirkliche Menschen seien und frei über sich selbst und ihr Eigentum verfügen können«.

Aber da war es schon zu spät. Die Versklavung der Indianer war perfekt, der größte Völkermord der Geschichte fast vollendet. Das von dem Kronjuristen Juan Palacios Rubios 1514 verfaßte *Requerimiento* (Ersuchen, Aufforderung, Mahnung) hatte seine Funktion erfüllt. Diese »Gebrauchsanleitung« der Conquista, bei jedem ersten Kontakt den Indianern wie eine monotone Litanei auf Spanisch vorgetragen, hatte diesen nur die makabre Wahl zwischen Pest und Cholera gelassen, zwischen freiwilliger Leibeigenschaft oder erzwungener Sklaverei. An beiden Übeln gingen sie zugrunde.

Der Eilmarsch der Conquista

Die Spanier haben die Gewalt in die Neue Welt gebracht. Nicht daß sie damit etwas völlig Neues, Ungewohntes importierten. Gewalt spielte auch in den sozialen und politischen Beziehungen der Ureinwohner schon vor Beginn der dem Wortsinne nach mit Gewalt verbundenen Conquista eine Rolle. So waren die beiden Großreiche der Azteken und der Inkas kraft militärischer Expansion entstanden. Despotische Regime wie die der Inkas hatten fast totalitäre Züge im modernen Sinne angenommen. Das extreme Gewaltverhältnis der Sklaverei war in einigen Regionen und Gesellschaften durchaus bekannt. »Die in Amerika entdeckenden und kolonisierenden Europäer stießen überall auf Gegensätze, Feindschaften und Kämpfe zwischen Stämmen oder Völkern verschiedener Lebensbedingungen und verschiedener Kulturhöhe« (Georg Friederich). Von den in Massen dargebrachten Menschenopfern ganz zu schweigen, die zum Beispiel bei der Weihe des Haupttempels in der Stadt Mexiko in nur vier Tagen etwa 20000 Menschen das Leben kosteten.

Über diese kriegerische und rituelle Gewalt hinaus führten die Spanier jedoch ein Novum ein: die alltägliche, vielleicht schon strukturelle Gewalt, die um ökonomischer und politischer Interessen willen die Individualität, das Lebensrecht des einzelnen, barbarisch wie ein existentielles Nullum überging. Die Grausamkeit, die während der Jahrhunderte der Reconquista zum System entartet war, hatte sich in der Conquista ungebrochen fortgesetzt. Das »kollektive Vergnügen an der Gewalt«, eine psychische Konstante der Menschen des 16. Jahrhunderts (Frauke Gewecke), war mit denen, die es empfanden, in die Neue Welt gekommen: eine Disposition, Gefallen an den Torturen, die andere erlitten, oder am sinnlosen Töten zu finden, kein individuelles Fehlverhalten. Die Dichotomie zwischen gut und böse, zivilisiert und barbarisch oder gläubig und heidnisch ließ jenen, die auf der »richtigen Seite« standen, ein monströses Gewaltmonopol zuwachsen. Von der Conquista, die ihre Gewalt und ihren Schrecken unter dem Etikett des »gerechten Krieges« mit dem Segen der Kirchenoberen und Rechtsgelehrten verbreitet hatte, tradierte sich die *violencia* über die Befreiungskriege des 19. Jahrhunderts und die Bürgerkriege der vergangenen Jahrzehnte bis in die heutigen Sozialkonflikte fort.

In Lateinamerika herrschte sie in ihrer besonders horrenden Gewaltform, zum Beispiel in Kolumbien während des »Bogotázo« Ende der vierziger und Anfang der fünfziger Jahre unseres Jahrhunderts, in Nicaragua zur Zeit der Somozas, vor allem während der siebziger Jahre, im Chile Pinochets nach 1973, im Argentinien der Generäle nach 1976, und in El Salvador/Guatemala werden noch heute Mindestnormen des Menschlichen so gründlich ignoriert, daß fast nur noch psychologisch-psychiatrische Phänomene wie Destruktivität, Aggression und Todestrieb sie zu erklären vermögen.

Den Spaniern fiel es leicht, die Indianer mit einer beispiellosen Welle der Gewalt zu überspielen, sie zu überwältigen. Sie hatten der Conquista kein geeintes, politisch und kulturell homogenes Imperium entgegenzusetzen. Eine Vielfalt von Völkern, Stämmen, Ethnien, politischen Verbänden, zentralen, föderativen, dezentralen, solchen, die sich auf lokale Stammesherrschaften beschränkten, und anderen, die schon einheitsstaatliche Züge angenommen hatten, luden die Spanier geradezu ein, nach dem Grundsatz des *Divide et impera*, des Teile und herrsche!, zu handeln. Von den offenen Flanken, die solche heterogenen Gemeinschaften dem militärischen Zugriff boten, ganz zu schweigen.

Geschickt konnten sich die Spanier zudem die Rivalitäten und Konflikte innerhalb eines Großreichs wie des aztekischen zunutze machen, indem sie die Unterworfenen, die Heloten, mit einer Mischung aus Gewalt und Belohnung als Bundesgenossen gewannen. Ohne diese listenreiche Taktik wäre es ihnen kaum gelungen, mit einigen hundert Soldaten in einem Sturmlauf einige hunderttausend Krieger des Moctezuma in die Knie zu zwingen. Die Spanier bildeten in ihrem Vernichtungsfeldzug gegen die Azteken gelegentlich nur noch den strategischen und logistischen Kern der Truppe.

Hernán Cortés (1485–1547), ein unbekannter Hidalgo aus dem niedrigen Adel Estremaduras, schaffte es, binnen zwei Jahren Mexiko zu erobern. Das war der spektakulärste Coup der Conquista, »das glänzendste Unternehmen der spanischen Eroberungen in Amerika«. Bei der erstbesten Gelegenheit, als es auf dem Weg von der Küste ins Herz des Aztekenreichs, nach Mexiko-Stadt, Widerstand zu überwinden galt, spielte Cortés verfeindete Indios geschickt gegeneinander aus. »Gleich hinter Zempoala mußte er die hohen Berge, die das Hochland von Anáhuac in Zentralmexiko begrenzen, überqueren. Dort fand er eine Befestigungsmauer, die den Weg nach Tlaxcala versperrte, einer unabhängigen, aztekenfeindlichen Stadt, die aber wegen ihrer militärischen Unterlegenheit verarmt war. Die Tlaxcalteken als Feinde der Mexikaner müßten eigentlich die natürlichen Verbündeten von Cortés gewesen sein, aber sie weigerten sich, die Vorschläge des Spaniers anzunehmen, und rückten gegen diesen mit einem tausendköpfigen Heer, das sich dreimal Tag und Nacht zum Kampf stellte, vor. Hernán Cortés siegte, aber die Zahl der Gefallenen war derart groß, daß ihm die eigenen Leute den Rückzug vorschlugen, was auch vernünftig gewesen wäre: der ruhmsüchtige Spanier lehnte es aber ab. Tlaxcala bot dann den Frieden an, unterwarf sich Kaiser Karl und wurde zu einem der treuesten Verbündeten der Spanier in Mexiko« (Luis Navarro García).

Mit Riesenschritten ging, nach der Usurpation der Inseln, der Vormarsch der Spanier auf dem Kontinent vonstatten. Den Informationen seiner eingeborenen Verbündeten hatte es Vasco Nuñez de Balboa zu verdanken, daß er nach der Durchquerung des Isthmus von Panama entdeckte, was Kolumbus zu entdecken versagt geblieben war: den Pazifischen Ozean. Endgültig ließen sich die Spanier in Nicaragua im Jahr 1524 nieder, im heutigen Costa Rica 1539 und im westlichen Panama 1558. Einer der Veteranen, die schon bei der Entdeckung und Besetzung der Landenge von Panama dabeigewesen waren, Francisco Pizarro, machte sich im Januar 1531 nach Peru auf. Geschickt nutzte auch er den Umstand aus, daß das Reich, das er erobern wollte, in sich zerfallen war. Der letzte große Kaiser von Peru, der Inka Huayna Cápac, hatte Jahre zuvor das Zeitliche gesegnet. Zwei seiner Söhne, Atahualpa und Huascar, stritten in einem blutigen Bruder- und Bürgerkrieg um die Herrschaft über das Inkareich.

»Francisco Pizarro, der die Politik des Hernán Cortés in Mexiko kannte, die Feindschaft zwischen Azteken und anderen Völkern auszunutzen, versuchte diese innere Lage in Peru für sich zu verwerten, um die Unterwerfung des Inka zu erreichen. Er stellte sich als Vermittler im Bruderkampf zur Verfügung, wollte aber später die rachsüchtigen Anhänger des Huascar, wenn nötig, gegen Atahualpa einsetzen. Diese Situation im Inkareich sollte es Francisco Pizarro erlauben, mit einer winzigen Schar, nicht einmal 200 Mann, das riesige, gut organisierte Reich mit seiner großen Bevölkerung zu erobern, obwohl Atahualpa drei erfahrene, große Armeen führte« (Luis Navarro García).

Die starke Armee konnte die Schwäche ihres Führers Atahualpa, der im Umgang mit den fremden Eindringlingen zwischen Angst und Geringschätzung schwankte, im falschen Moment mal zu der einen, mal zu der anderen Gemütsverfassung neigte, nicht kompensieren. Ähnlich war zuvor schon die Ausgangssituation in Mexiko gewesen. Daß Cortés die Azteken innerhalb von zwei Jahren (1519–1521) besiegen konnte, ist nicht zuletzt mit der Mentalität und ethnischen Eigenart seiner Gegner zu erklären. Trotz des Schreckens, den die Spanier mit ihren Hakenbüchsen, Pferden, Kanonen und Brigantinen, vor allem mit den feuerspeienden Waffen unter den Azteken verbreiteten, wäre ihnen die Conquista nicht so leichtgefallen, hätte nicht ein tief verwurzelter Fatalismus die Handlungsfreiheit Moctezumas eingeschränkt. Die Azteken waren zu sehr in ihrem traditionellen, der Vergangenheit zugewandten System von Riten, Mythen und Prophetien befangen, um dem Einbruch der Spanier in ihre Kultur frontal zu wehren. Der Determinismus, der die Ordnung der Azteken prägte, der das Leben in hohem Maße durch die postulierte Übereinstimmung mit Voraussagen bestimmte, ließ sie um so mehr in Passivität verfallen, als die Ankunft der Spanier wie kaum ein anderes Ereignis den Prophezeiungen zu entsprechen schien. Vom Priesterkönig Quetzalcoatl, dem legendenumwobenen Herrscher der Tolteken im 8. Jahrhundert, den die Azteken als mächtige Gottheit verehrten, mutmaßte man, daß er von Osten kommen und »dem Regiment der blutigen Götter ein Ende bereiten« würde (Richard Konetzke). Moctezuma unterwarf sich im Geiste und auch faktisch den Spaniern als den neuen Herren aus dem Osten.

Mit den Waffen der Zivilisation

Es war eher diese psychisch-religiöse Disposition, die die Widerstandskraft der Azteken gegen die Eindringlinge lähmte, als ihre waffentechnische Unterlegenheit, die Tatsache, daß sie, da ihnen die Metallverarbeitung fremd war, dem höllischen, feuerspeienden Kriegsgerät der Spanier nur Pfeil und Bogen entgegenzusetzen hatten. Auf die hochgerüsteten Spanier machte das Waffenarsenal der Azteken, wie es der Soldat und Chronist Bernal Díaz del Castillo

(1498–1582) in seinem Bericht *Die Eroberung von Mexiko* beschrieb, wenig Eindruck: »Außer Trompeten und Trommeln hatten sie große Bogen und Pfeile, Lanzen und Schilde, mächtige Schlachtschwerter, die nur mit zwei Händen geführt werden konnten, und eine Menge Schleudern und Keulen mit, die im Feuer gehärtet waren.« Die Indianer fügten den Spaniern zwar einige Verluste zu: »Aber wir blieben ihnen nichts schuldig mit unseren Armbrüsten, Musketen und Geschützen und mit unseren Degenhieben«, resümierte Díaz del Castillo stolz nach geschlagener Schlacht.

Daß Hernán Cortés mit seinen Männern auf »geflügelten Türmen« (Schiffen) an den Ufern Mexikos anlangte, wie Moctezuma berichtet wurde, und auf »Hirschen« (Pferden) dahergeritten kam, verwirrte und verstörte die Azteken. Diese seltsamen, gleichermaßen ungewohnten wie unerklärlichen Erscheinungen mußten bei ihnen das Gefühl der schicksalhaft bestimmten Unterlegenheit verstärken. Und die Spanier beflügelten die ersten schnellen Siege in ihrem Überlegenheitsgefühl. Ein Überlegenheitsgefühl im wahrsten Sinne des Wortes, das auch mit dem militärischen Vorteil zusammenhing, daß sie ihre Feinde »vom hohen Roß« herab bekämpfen konnten. Sie hatten es trotz mancher Niederlagen und Verluste an Pferden und Reitern insgesamt nicht allzu schwer, das Fußvolk der Indianer, wenn es in Panik auseinanderstob, »auszustechen«, indem sie mit ihren Lanzen auf die Köpfe, auf die Augen zielten. Neben dem taktischen Einsatz ihrer Kavallerie erleichterte der Horror, den die Eindringlinge damit verbreiteten, den Sieg: »Die Indianer hatten noch nie Pferde gesehen und glaubten, daß Roß und Reiter ein Körper seien. Entsetzt räumten sie das Kampffeld und flohen auf einen benachbarten Hügel.«

Cortés erkannte sehr bald, mit welchen beiden Mitteln er die Indianer in den Frieden und in die Unterwerfung zwingen konnte. Er meinte süffisant, an seine Gefolgsleute gewandt: »Meine Herren, mir scheint, daß die Indianer große Angst vor unseren Pferden haben. Sie sind wohl der Meinung, daß unsere Pferde und unser Geschütz den Krieg allein führen« (Díaz del Castillo). Und diese Beobachtung nutzte Cortés schamlos-trickreich aus. Als er zu Beginn der Conquista die Kaziken der Region zu einer Versammlung zusammenrufen ließ, traf er einfache, aber psychologisch um so wirkungsvollere Vorkehrungen, um seine Rhetorik schauerlich zu untermalen. Er weckte Furcht vor dem »großen König und Herrn«, als dessen Vasall er den Indianern die Unterwerfung abverlangte, indem er den Donnerhall des größten Geschützes über ihre Köpfe dröhnen ließ. Und nicht genug damit: Man brachte einen hitzigen Hengst in die Nähe einer für die Kaziken unsichtbaren Stute, die kurz zuvor geworfen hatte. Der Hengst, der, auch das war schelmisch inszeniert, die Witterung der Stute hatte, »fing sehr bald an zu wiehern, mit den Hufen zu stampfen und sich aufzubäumen. Seine Augen waren unaufhörlich auf die Indianer gerichtet; denn sie standen vor dem Zelt des Cortés, in dem die Stute versteckt war. Die Kaziken aber mußten glauben, daß der Hengst alle diese Bewegungen nur um ihretwillen mache, und sie waren deshalb in großer Furcht. Cortés ließ die Szene auf die Indianer wirken.«

Die Azteken, die mit ihrem zyklischen Zeitverständnis eher auf die ewige Wiederkehr des Gleichen eingestellt waren, mußten vor dem Überraschungseffekt der Conquista und vor ihren Wunderwaffen versagen. Auch die Raffinesse des »Psychokriegs« verurteilte sie zur Niederlage. Und letzten Endes trug der »bakteriologische Krieg«, den die Spanier in der Neuen Welt ahnungslos vom Zaun brachen, zum Untergang der indianischen Kultur und zum Aussterben der Indianer bei. Gegen die Viren, die die Europäer nach Mexiko, Mittelamerika oder Peru einschleppten, war das Immunsystem der Eingeborenen nicht gewappnet. Die Bewohner eines bis dahin isolierten Kontinents waren stammesgeschichtlich-genetisch nicht zur Bildung von Antikörpern gegen diese unsichtbaren Eindringlinge disponiert. Die erste Berührung der Neuen mit der Alten Welt ging nicht nur mit einer kulturellen Infiltration einher, sondern kam einer Masseninfektion mit den »Zivilisationskrankheiten« gleich.

»Die Europäer brachten neue Krankheiten mit (Pocken, Masern, ›Influenza‹, ›Pest‹), gegen die die amerikanischen Indianer, die viele tausend Jahre vom Rest der Menschheit isoliert gewesen waren, keine Abwehrmöglichkeiten hatten. Bereits 1519 war der Widerstand der Azteken durch die Pocken-Epidemie geschwächt worden, die während der Belagerung von Tenochtitlan ausbrach. Die Seuche breitete sich dann über Mittelamerika hin aus und vielleicht sogar bis hinunter zu den Anden. Noch vor Pizarros erster Expedition, 1524, verursachte eine fremdartige Krankheit, als eine Art Pocken oder Masern beschrieben, Tausende von Todesfällen im Inkareich. Auch der Inka Huayna Cápac starb daran. In den Jahren 1529–34 suchten die Masern erst wieder die Karibik heim, dann Mexiko und Zentralamerika. Die berüchtigte Krankheit *Matlazahuatl* wütete 1545 in Neu-Spanien, während des darauffolgenden Jahres dann in Neu-Granada und Peru. 1557 war Zentralamerika mit einer ›Influenza‹-Epidemie geschlagen, die direkt aus Europa kam. 1558/59 breiteten sich die Pocken wieder nach Peru aus. Matlazahuatl tauchte 1576 wieder in Mexiko auf. Und während der Jahre 1586–89 verheerte eine Dreifach-Epidemie aus Pocken, Pest und ›Influenza‹, die von Quito, Cuzco und Potosí ausging, die gesamte Anden-Region« (Leslie Bethell).

Das 16. Jahrhundert, der Beginn der »atlantischen Epoche der Geschichte«, war für die Indianer eine Ära der Plagen. Jene, die das Unglück hatten, die ersten Gemetzel zu überleben oder von den Krankheiten verschont zu bleiben, verfielen in großer Zahl in Resignation und Depression, bis hin zu dem verzweifelten Entschluß, den Tod von eigener Hand dem Leben unter dem Kreuz und Schwert der Fremden vorzuziehen. Schwangerschaftsverhütung, Abtreibung und Selbstmord wurden zu den Mitteln der Wahl, um sich und die potentiellen Nachfahren der unheilvollen Konfrontation mit der fremden Kultur in stillem Aufbegehren zu entziehen – insonderheit der fremden Unkultur, der Doppelzüngigkeit der Spanier, die nicht »ja, ja« und »nein, nein« sagten, wie es ihr Gott von ihnen verlangte, sondern mit Lug und Trug den Willen der Indianer brachen.

Den Indianern wurde die Arglosigkeit, mit der sie den Ankömmlingen begegneten, zum Verhängnis. Dem anfänglichen Erschrekken folgte in der Regel Staunen. Mit der Neugier von Kindern, die darauf aus sind, die fremde Umwelt zu begreifen, näherten sich die Indianer den fremdartigen Wesen. Und dieses Interesse schloß schon einen Gestus ein, den man im herkömmlichen Sinne als Ausdruck der Gastfreundschaft deuten könnte: die Bereitschaft, das Vorhandene nicht nur zu *tauschen*, sondern auch zu *teilen*. Die buchstäblich entwaffnende Offenheit lieferte die Indianer den gepanzerten und kampfbereiten Spaniern hilflos aus.

Und die bedienten sich ihrer geistigen Waffen genauso skrupellos wie ihrer Pferde, Schwerter und Kanonen. Sie konnten, schon von Kolumbus an mit der sicheren Erwartung des Fremden, Andersartigen gewappnet, diesem offensiv begegnen. Sie konnten *agieren*, während die Cubeños, die Einwohner Hispaniolas, die Azteken oder Inkas nur *reagieren* konnten (Tzvetan Todorov). Über das Überlegenheitsgefühl hinaus, das jede Schandtat zu rechtfertigen schien, wenn sie nur im Namen der heiligen Mission und im Zeichen des Kreuzes begangen wurde, entband offenbar auch die räumlich-intellektuelle Distanz zu Spanien die Eroberer von den heimischen Normen und Werten. Dafür spricht jedenfalls das Pathos, mit dem einzelne Gelehrte und Geistliche wie Bartolomé de Las Casas deren Beachtung einforderten.

Mit wenig Erfolg, wie die Geschichte der Conquista auf beklemmende Weise erkennen läßt. Diese Geschichte begann mit beispielloser Tücke und Verschlagenheit, als die Spanier die Bewohner der heutigen Bahamas, die Lucayer, unter Mißbrauch ihrer Mythen auf die Großen Antillen lockten, weil sie auf Hispaniola und Kuba Arbeitskräfte brauchten. Diese Legenden der Lucayer besagten, daß die Seelen nach dem Tode in verheißungsvolle südliche Gefilde gelangen würden. Die Spanier gaben vor, von dort zu kommen, und versicherten den gutgläubigen Lucayern, daß sie im Süden ihre verstorbenen Eltern, Kinder, Freunde und Verwandten wiedersehen könnten. Die Genarrten mußten ihre Naivität mit brutaler Zwangsarbeit bezahlen, der sich viele von ihnen durch Suizid entzogen. Es mag dies auch ein stummer Protest gegen die Niedertracht der Spanier gewesen sein.

Nicoya, Nicaya oder Nicarao, der Häuptling der Tolteken, nach dem die Spanier den großen See und das neu entdeckte Land auf dem mittelamerikanischen Isthmus Nicaragua nannten, ließ den weißen Fremden mit den schwarzen Bärten, als Reverenz an die Prophetie von den weißen Göttern, wertvolle Friedensgeschenke überreichen. Und er nahm gelassen hin, daß die Spanier sein Land für den König von Kastilien requirierten. Er ließ sich über das Evangelium, über die Schöpfungsgeschichte, über Himmel und Hölle belehren und sich zum Christentum bekehren. Vor die Wahl gestellt, entweder als Vasall dem spanischen König treu zu dienen oder *al campo de guerra*, auf dem Schlachtfeld, zu erscheinen und zu kämpfen, entschied er sich, Frieden mit den Neuankömmlingen zu halten. Anders der Kazike Diriangén, der den Spaniern, nach ersten Erfahrungen damit, in ihrer Scheinheiligkeit schon ebenbürtig schien. Er ging zum Schein auf die Taufe ein, wiegte die Spanier so in Sicherheit, um ein paar Tage später dann mit einigen tausend Indios über sie herzufallen. Aber der Umgang des einen, Nicarao, wie des anderen, Diriangén, mit den Spaniern machte keinen Unterschied. Weder der eine noch der andere ersparte den Ureinwohnern Nicaraguas das Schicksal, von den Spaniern versklavt und massenmörderisch dezimiert zu werden.

Ein ausgemachter Betrug und Wortbruch war es auch, der den Konquistadoren letztlich die Herrschaft über das Andenreich der Inkas und ihre Schätze brachte. Erst verlockte man Atahualpa, eine Bibel, für ihn ein unbekannter Gegenstand, mit dem er nicht umzugehen wußte, zu »malträtieren« und damit den Vorwand für einen Überraschungsangriff zu liefern. Und als er den Spaniern nach der raschen Niederlage auf Gnade oder Ungnade ausgeliefert war, wiegte man ihn in dem Glauben, er könnte seine Freiheit mit viel Gold erkaufen, um ihn dann, als er auf den Handel eingegangen war, eines Schlechteren zu belehren. »Mit stoischer Ruhe ergab sich Atahualpa in sein Schicksal. Als er den Goldddurst seiner Feinde kennengelernt hatte, bot er ihnen als Lösegeld an, einen Raum, der sechs Meter breit und sieben Meter lang war, bis zu einer Höhe mit Gold zu füllen, die ein erwachsener Mann mit seiner Hand noch erreichen könne. Zunächst waren die Spanier von diesem Angebot wie hypnotisiert. Als dann aber wirklich Goldladung auf Goldladung eintraf, als der Raum höher und höher mit Gold gefüllt wurde, da sahen sie, daß mit allen Schätzen ihre Lage immer gefährlicher und gefährlicher wurde. War der Inka frei, so saßen sie wieder eingekesselt im Hochgebirge, abgeschnitten von der Heimat, einem Feinde gegenüber, dessen zahlenmäßige Überlegenheit fast unendlich war.«

Trotz des Versprechens, »Freiheit gegen Gold«, mußte Atahualpa sterben – einer kruden Staatsräson zuliebe, die auf Gold beruhte. Ein Vorwand für den Wortbruch war schnell gefunden: »Ihm wurde Verrat, heimliche Verschwörung und geplanter Aufruhr vorgeworfen. Die Ermordung seines Bruders Huascar wurde hervorgezerrt, und ein klägliches Gericht verurteilte ihn zum Flammentode. Die Bekehrung zum christlichen Glauben verschaffte dem unglücklichen Herrscher die Gnade, den qualvollen Tod in den durch Erdrosselung umgewandelt zu erhalten. Ob Atahualpa als überzeugter Christ gestorben ist, bleibt dahingestellt« (Ernst Samhaber).

Die Indianer konnten sich verhalten, wie sie wollten. Sie entgingen ihrem Schicksal nicht. Gegen die Gewalt und die Rabulistik der Spanier hatten sie keine Chance. Mit den Heilsbringern, deren

Worte und Taten so weit auseinanderklafften, wollten Eingeborene wie die Lucayer nicht im irdischen Dasein vereint sein, manche nicht einmal im Himmel. Als der kubanische Kazike Hatuey nach einer Art Guerillakrieg gegen die Spanier diesen durch Verrat in die Hände gefallen war und vor dem Scheiterhaufen in Aussicht gestellt bekam, durch die Taufe Eingang in den Himmel zu finden, wollte er lieber zur Hölle fahren, als mit den wortbrüchig-räuberischen Christen im Jenseits wieder zusammenzutreffen.

Die Ureinwohner Kubas bekundeten schon in ihrem Namen Altruismus und Offenheit: *Taino!*, *Taino!* war das Eingeborenenwort für Frieden. »Wir sind Freunde«, wollten sie damit auch sagen. Eine Offerte, die ihnen die Spanier mit grausamer Vernichtung lohnten.

Der Völkermord

Alexander von Humboldt, der »zweite Kolumbus«, der mit friedlicheren Absichten über den Atlantik kam als der erste, schätzte die Zahl der Cubeños für das Jahr 1511, als die Conquista in Kuba begonnen hatte, auf eine Million Köpfe. Sechs Jahre später, 1517, sollen es nur noch 14000 gewesen sein. Andere Schätzungen kamen zu ähnlichen Ergebnissen. Fünfzig Jahre nach der Entdeckung Kubas waren so gut wie keine Indianer mehr am Leben. In Hispaniola löschten die Gewalt und die Zwangsarbeit die Urbevölkerung binnen zwanzig Jahren aus. Mexiko hatte am Vorabend der Conquista etwa 25 Millonen Ureinwohner. Im Jahr 1600 waren es noch eine Million Menschen. Und in Nicaragua wirkten die christlichen Spanier nicht wie die Hirten einer ihnen in gutem Glauben anvertrauten Herde, sondern fuhren wie die reißenden Wölfe unter die sanftmütigen Indianer. Von der auf etwa eine Million Menschen geschätzten Urbevölkerung waren um das Jahr 1540 herum nur noch 30000 bis 40000 am Leben.

»Wenn das Wort Völkermord jemals wirklich zutreffend verwandt worden ist, dann zweifellos in diesem Fall. Es handelt sich dabei (...) nicht nur in relativen Zahlen (Vernichtung in einer Größenordnung von 90 Prozent und mehr) um einen Rekord, sondern auch in absoluten, da wir es mit einer Dezimierung der [Gesamt-,

F. N.] Bevölkerung um schätzungsweise 70 Millionen Menschen zu tun haben. Keines der großen Massaker des 20. Jahrhunderts kann mit diesem Blutbad verglichen werden. Man wird verstehen, wie vergeblich die Bemühungen mancher Autoren sind, die sogenannte ›Schwarze Legende‹ zu widerlegen, die Spanien für diesen Völkermord verantwortlich gemacht und damit seinem Ruf schwer geschadet hat« (Tzvetan Todorov).

Der universalistische, absolute Geltungsanspruch ihrer Religion und der ökonomische Expansionstrieb ließen die Spanier diesen Genozid begehen. Nicht daß sich der Kolonialismus der Spanier grundsätzlich von demjenigen der Portugiesen, Engländer, Holländer, Franzosen oder Deutschen unterschieden hätte. Im Ziel der Unterdrückung und Ausbeutung waren sich diese Systeme alle gleich. Auch in der Bereitschaft, dafür einen Völkermord in Kauf zu nehmen. »Der Terror der Kolonisatoren resultiert nicht aus irgendwelchen national-psychologischen Faktoren oder Idiosynkrasien, sondern aus der Entscheidung bestimmter Machteliten, gewisse gesellschaftliche Gruppen oder ganze Nationen für die eigene Bereicherung arbeiten zu lassen. Wenn diese Entscheidung gefällt ist, finden sich in jeder Gesellschaft Henker und Folterer in ausreichender Zahl, um das gewünschte Ziel zu erreichen. Dieser Zusammenhang erklärt auch die Kontinuität der historisch praktizierten Terrormechanismen in den gegenwärtigen, zum Teil verwissenschaftlichten Folterpraktiken des neokolonialen Klientelregimes« (Heinz Dieterich).

Die in der Seefahrt und Entdeckungs»politik« vorgepreschten Portugiesen hatten den Spaniern vorgemacht, wie man die Unterworfenen in fremden Ländern ohne Rücksicht auf Leib und Leben vermarktet. Wo immer sie ihre mit dem Wappen des Königs gezierten steinernen Säulen aufstellten, »nahmen sie nicht nur Waren der besuchten Länder an Bord, sondern auch Menschen, die sie als Sklaven aus ihrer Heimat entführten« (Fritz Winzer). Die Holländer behandelten die Eingeborenen der Gewürzinseln, der Molukken, auch nicht gerade mit Glacéhandschuhen. Kaum weniger grausam und repressiv war die Herrschaft der Briten in Indien, die auf die einigermaßen friedliche Periode der *Pax Britannica* (1818–1857) auf dem Subkontinent folgte. Nicht zu vergessen das Wüten der Franzosen in Algerien und die völkermörderische Politik der verspäteten Kolonialmacht Deutschland gegen die Hereros in Südwestafrika.

Der frühen spanischen Kolonialherrschaft in Lateinamerika

kommt keinesfalls eine solche Singularität zu wie dem industriell betriebenen Massenmord der Deutschen an den Juden. Dafür war der treibende Komplex aus Ideologie, Machtpolitik und ökonomischen Interessen nicht homogen und strikt genug.

Historisch einmalig war der Völkermord an den Indianern nicht. Der Sache nach zumindest nicht, wohl aber was die Vorläuferschaft und die Ausmaße anbelangt. Die Conquista war der Auftakt zum europäischen Kolonialismus größeren Stils, zu einem Kolonialismus mit System. Und sie erstreckte sich auf ein Territorium von einer Größe und Bevölkerungszahl wie keine Variante des Kolonialismus nach ihr.

Es war ein fatales Zusammenspiel von Motiven und Eigenschaften auf seiten der Eroberer, die das Schicksal der Eingeborenen, besser: der Indigenen, besiegelten. Einmal die Raffgier, das »Hecheln nach Gold«, wie es Las Casas nannte. Zum anderen die groteske Überheblichkeit der »Zivilisierten«, die das Recht zu implizieren schien, unzivilisiert mit den »Primitiven« umzugehen. Die Spanier durchstreiften die Karibik und die Tropenwälder, bis hinunter nach Peru und Chile, auf der Suche nach dem schnellen Reichtum. Die Konquistadoren waren, schon von ihrem Namen her, über den Gedanken weit erhaben, sich mit ihrer Hände Arbeit diesen Wohlstand zu erwerben. Verächtlich wischte Cortés, der sich vom bloß räuberischen Konquistador zum kühl kalkulierenden Unternehmer entwickelte, diese Vorstellung mit einer Handbewegung weg, indem er schroff bekundete, man sei nicht in die Neue Welt gekommen, um Landwirtschaft zu treiben, sondern um Gold zu finden.

Das Gold als Äquivalent für alles, wonach der Sinn stand, versprach mehr als materielle Sicherheit. »Der Eroberer betrachtete den Reichtum nicht als Ziel, sondern als Mittel, um zu Macht und Ehren zu gelangen. Umfassende materielle Mittel ermöglichten ihm den Besitz von Ländern und die Herrschaft über Menschen; er stieg sozial auf; ihm wurden öffentliche Anerkennung und Bewunderung zuteil; sein sozialer Stand verbesserte sich, sein Ansehen wuchs. (...) ›Geld bedeutet Qualität‹, schrieb Quevedo. Alle, die sich in der Neuen Welt aufhielten, wußten sehr wohl, daß man mit größeren wirtschaftlichen Mitteln mehr Qualität besaß, das heißt, daß die gesellschaftliche Position und das, was an Luxus, Prunksucht, Haus und Dienerschaft damit verbunden war, um so größer waren« (Luis Arranz Márquez). Über das materielle Wohlleben hinaus eröffnete das Gold Chancen, in der sozialen Hierarchie aufzusteigen. Und es schien sogar die Perspektiven fürs Jenseits zu verbessern.

Für Gold gingen die Spanier über Leichen. Sie preßten den Indios unter grausamen Foltern Informationen darüber ab, wo Gold zu finden war. Da sie trotz aller Torturen ihren Opfern meist unterstellten, nicht alles, was sie wußten, preisgegeben zu haben, bestraften sie die Unglückseligen dazu noch mit dem Martertod. Zahllose Indianer wurden im Zusammenhang mit dem ersten Raubzug umgebracht, wie Las Casas empört beklagte: »Der Grund, warum die Christen so endlos viele Seelen getötet und vernichtet haben, war letztendlich nur das Gold und sich in wenigen Tagen gewaltige Reichtümer anzueignen und in hohe Verhältnisse aufzustreben, die in keinem Verhältnis zu den Personen standen.«

Zu Beginn der Conquista war nur die Ressource Gold, nicht aber die Ressource Arbeitskraft gefragt. Wenn überhaupt vorhanden, bezog sich das Interesse an letzterer auf die Goldgewinnung. In betriebswirtschaftlicher, kurzsichtiger Fixierung auf den Augenblickserfolg setzten sich die Konquistadoren, die ja in gewisser Weise als Unternehmer an die Spitze der Expeditionen traten, über langfristige volkswirtschaftliche Interessen der Krone hinweg. Die Sucht nach dem schnellen Reichtum mußte, verbunden mit Raubbau und Gewaltexzessen, zwangsläufig »Flurschäden« hinterlassen, die für die Opfer den Tod bedeuteten, für die Täter ökonomische Verluste implizierten.

Was die Opfer der direkten Gewalt unter den Indios angeht, wirkte sich die Selbstgefälligkeit der Spanier, die mit dem Anspruch auf Gottgefälligkeit changierte, verheerend aus. Fielen doch die Konquistadoren über die »grausamen, ungebildeten und unmenschlichen Menschenkinder« in dem alles entschuldigenden Dünkel her, im Auftrag Gottes und des Stellvertreters Christi auf Erden zu handeln. Der Kontrahent von Las Casas in dem berühmten Disput von Valladolid, Juan Ginés de Sepúlveda, lieferte den Massenmördern 1547 in seiner *Abhandlung über die gerechten Gründe des Krieges gegen die Indios* in gelehrtem Latein noch die billigen rassistischen Argumente nach: »Mit vollem Recht üben die Spanier ihre Herrschaft über diese Barbaren der Neuen Welt und der angrenzenden Inseln aus, die in Geist und Verstand, in allen menschlichen Tugenden und Empfindungen den Spaniern so unterlegen sind wie Kinder den Erwachsenen, wie Frauen den Männern, und die sich so voneinander unterscheiden wie grausame Unmenschen von ausgesprochen Sanftmütigen (...) ich möchte fast sagen, wie die Affen von den Menschen.«

Da war schon, in einem einzigen Satz, die ganze Arroganz des weißen Mannes fixiert, die so viel Unglück über Spanisch-Amerika, die Neue Welt, gebracht hat: der Rassismus, der die Indios zu tierähnlichen Untermenschen deklassierte, der rigide Herrschaftsanspruch der »Entwickelten« und die dumpfe Frauenfeindlichkeit. Indem sie die Indianer zwischen Mensch und Tier einordneten, enthoben sich die Spanier, wenn sie derlei überhaupt empfanden, der moralischen Pflicht, mit den Bewohnern der Neuen Welt menschlich umzugehen.

Den Siegern fällt das Etikett des »gerechten Kriegs« für ihre Untaten in der Regel in den Schoß, was mit der Verunglimpfung, zumindest Degradierung der Besiegten gleichbedeutend ist. Ein Beispiel dafür lieferte der Theologe und Jurist Francisco de Vitoria (1483/1493?–1546), der eigentliche Begründer des modernen Völkerrechts, Professor an der Universität von Salamanca, der sich zwar nicht dazu hergab, die Raubzüge der Spanier in Amerika mit der üblichen Blankolegitimation zu versehen, der ihnen aber nicht zuletzt wegen ihrer vermeintlichen Superiorität das Recht zusprach, die »schwachsinnigen« Indianer, die Barbaren, zu bekriegen: »Sie sind nicht einmal besser als Vieh und wilde Tiere, denn sie nehmen weder feinere noch kaum bessere Nahrung als diese zu sich.«

Der berüchtigte Kardinal Rodrigo de Borja, der just im spanischen Schicksalsjahr 1492 als Papst Alexander VI. auf den Heiligen Stuhl gelangt war, hatte diesen Freibrief, unmenschlich mit den »Untermenschen« umzugehen, in päpstlichen Bullen vom 3. und 4. Mai 1493 noch apostolisch abgesegnet: »... beruht die päpstliche Politik in dieser Frage«, tat er zu wissen kund, »im wesentlichen auf folgendem Prinzip: daß die Heiden und Ungläubigen kein rechtmäßiges Eigentum an ihren Ländern und Gütern geltend machen können und die Kinder Gottes das Recht haben, es ihnen zu nehmen.« Gut zehn Jahre später, 1504, erklärte die Krone die Kariben offiziell zum Freiwild, ein Verdikt, das der 1524 gegründete *Consejo de Indias*, der Indienrat, eine Art Oberbehörde für die Neue Welt, im Jahre 1525 bestätigte, sechs Jahre nachdem die Kolonien von Karl V. offiziell ins spanische Weltreich eingegliedert worden waren.

Die »Kinder Gottes«, die Spanier und Portugiesen, konnten ohne Gewissensbisse rauben und massakrieren, was und wen sie wollten. Der Entdecker und Eroberer Chiles, Pedro de Valdivia, ging noch milde mit den gefangenen Indianern um: Er ließ ihnen *nur* die Nase und die rechte Hand abschneiden. Anders seine Landsleute auf Kuba und Hispaniola, die sich offenbar einen Sport daraus gemacht hatten, die Eingeborenen zu Tode zu quälen: »Sie drangen unter das Volk, schonten weder Kind noch Greis, weder Schwangere noch Entbundene, rissen ihnen die Leiber auf, und hieben alles in Stücke, nicht anders, als überfielen sie eine Herde Schafe, die in den Hürden eingesperrt wäre. Sie wetteten mit einander, wer unter ihnen einen Menschen auf einen Schwertstreich mitten von einander hauen, ihm mit einer Pike den Kopf spalten oder das Eingeweide aus dem Leibe reißen könne« (Bartolomé de Las Casas).

Im Einklang mit theologischen Lehrmeinungen wie der des Sepúlveda, wonach die Wilden in der Pflicht waren, »die Herrschaft der Spanier wie ein Naturgesetz anzunehmen«, behandelten die Spanier die Indios wie die Tiere, genaugenommen: schlimmer als die Tiere. So führten sie zum Beispiel bei ihrem Eroberungszug über die Insel Kuba Indianer mit, um sie den Hunden zum Fraß zu lassen. Diese menschenverachtende Auffassung hat sich bis in das grausige Motto fortgesetzt, das noch heute in Guatemala für den Umgang mit der indigenen Bevölkerung gilt: »Wer einen Indio tötet, tötet keinen Menschen«.

Die Indianer mußten sterben, weil sie anders waren: weil sie keine Bärte trugen, weil sie »Läuse, Spinnen und Würmer« aßen, wie es mit Abscheu hieß, und weil sie in ihrer Nacktheit die Sittlichkeit und Zivilisation – der Europäer – verhöhnten. Sie mußten sterben, weil man ihnen alle Laster, Untugenden und Sünden dieser Welt andichtete: Dummheit, Verlogenheit, Verschlagenheit, Feigheit, Gewalttätigkeit und so weiter. Und sie mußten sterben, weil sie, wie der Dominikaner Tomás Ortiz schrieb, im Alter »wahrhaft zu rohen Tieren« entarteten: »Die Indianer sind dümmer als Esel und wollen sich in keiner Weise bessern.« Was lag näher, als diese Inkarnation des Bösen vom Erdboden zu tilgen. So verkündete der Geschichtsschreiber Oviedo hochzufrieden über das gottgefällige Vernichtungswerk: »Wer will leugnen, daß das Pulver, das man gegen die Heiden verwendet, für unseren Herrn Weihrauch ist?«

Unter dem Vorwand, den Menschenopfern und dem angeblichen

Kannibalismus Einhalt gebieten zu müssen, steigerte sich die Politik der Willkürakte mitunter zu einem System des Terrors. Wieder lieferte Sepúlveda die Legitimation: »Es wäre angebracht«, so riet er, »Lehren und Ermahnungen durch Gewalt und Schreckensverbreitung zu ergänzen, damit sie der Unzucht und dem Götzendienst entsagen.« Während die Spanier, entgegen dem biblischen Verbot, zwei Herren dienten, Gott und dem Geld gleichermaßen, und dem Götzen Gold unzählige Menschenopfer brachten, mußten die Indianer mit dem Tod für ihre inkriminierten Ketzereien büßen.

Der angemaßten Allmacht der Eroberer kontrastierte die Ohnmacht derer, die ihre Riten mit der Selbstverständlichkeit der Überlieferung vollzogen. Mit den Eigenschaften eines Rachegottes versehen, ließen die Spanier ihren Jesus Christus auf die Heiden niederfahren, unchristlich schlechthin, nach dem Motto des Franziskaners Motolinia, der von den Kriegen gegen die Indios als Mittel der Evangelisierung meinte: »Das Wort geht ein mit Blut.« Sie tauften die Heiden mit deren eigenem Blut, ordneten das Sakrament dem Menschenrecht auf Leben unter Berufung auf theologische Autoritäten über: »Denn wie schon der heilige Augustinus sagt, ist der Verlust einer einzigen toten Seele ohne die Taufe schlimmer als der Tod zahlloser Opfer, auch wenn diese unschuldig sind.«

Rühmliche Ausnahmen vom Chor der antiindianischen Exorzisten unter den spanischen Gelehrten und Geistlichen waren bekanntlich Stimmen wie die von Bartolomé de Las Casas, des Bischofs von Chiapas, des »Apostels der Indianer«. Er widerstritt dem einfältigen, aber für die Conquista höchst funktionalen Topos von den dummen, bösartigen und unverbesserlichen Indianern. Er klagte: »Die Indios sterben vor der Zeit.« Mit einem Anflug von Scham und Verbitterung über die grausam vollzogene Bekehrung mahnte er, »ein heidnischer, aber lebendiger Indio sei mehr wert als ein bekehrter, aber toter Indio«. Dem König schrieb er: »Es sei vergebene Mühe, die Indios um den Preis ihres Todes zu christianisieren, da seien sie besser keine Christen, aber noch am Leben« (Gustavo Gutiérrez). Ein Fall für die Heilige Inquisition eigentlich, die auf der Streckbank und mit ähnlichen Marterinstrumenten schon jene zu Tode quälte, die nur im Verdacht standen, vom rechten Glauben abgewichen zu sein! Geradezu lästerlich mußte dagegen der Verzicht auf das irdische Fegefeuer für die Ungläubigen sein, die Toleranz, ihnen nicht den Polytheismus, die Vielgötterei, im Namen des einen Gottes mit Feuer und Schwert auszutreiben.

Las Casas blieb indessen von der Gehirnwäsche und der Folter durch die Heilige Inquisition verschont. Er war auch nicht der einzige, der dem Völkermord an den Indianern Einhalt zu gebieten suchte. Schon 19 Jahre nach der Ankunft des Kolumbus in der Neuen Welt hatte der Missionar Antón de Montesinos seine Stimme gegen das grausige Geschehen in Spanisch-Amerika erhoben. Nicht daß er freigeistig und aufgeklärt genug gewesen wäre, den Indios ihre Identität als andere zu lassen. Für die Wegbereiter der Conquista wie für die Seelsorger, die ihnen folgten, war die Negation der indianischen Identität selbstverständlich. Die Indianer schienen gleichsam Mensch geworden zu sein, um unter dem heilsamen Einfluß der Evangelisierung zum einzigen, wahren Gott sich zu bekennen und zum Christentum zu konvertieren. »Es gibt auf der Welt keine Völker«, so warb Montesinos für die friedliche, nicht gewaltsame Bekehrung der Indios, »die sanftmütiger, weniger widersetzlich und besser geeignet und gerüstet wären, das Joch Christi zu empfangen, als es diese sind.« Das Joch Christi, nicht dasjenige der Conquista.

Selbst ein Konquistador wie Alvar Núñez Cabeza de Vaca, der nach einer mißglückten Expedition in Florida jahrelang gezwungen gewesen war, unter den Eingeborenen zu leben, warb dafür, den Indianern das Evangelium als frohe, friedliche Botschaft, nicht als Strafgericht zu verkünden: »Um all diese Menschen dazu zu bewegen, daß sie Christen werden und Ihrer Kaiserlichen Majestät Gehorsam leisten, muß man sie gut behandeln, und allein dieser und kein anderer ist der richtige Weg.« Der spätere Gouverneur am Río de la Plata »hat diesen Grundsatz nicht vergessen und versucht, ihn auf sein Verhältnis zu den Indianern anzuwenden« (Tzvetan Todorov).

Zerstörung der Identität und Fremdkultur

Aber Cabeza de Vaca gehörte zu den Rufern in der Wüste, der kulturellen Wüste, die überall da zurückblieb, wo die Spanier sich anschickten, ihr Werk der »Pazifizierung« zu vollenden. Nicht von ungefähr überschrieb Las Casas seinen schauerlichen Rapport: *Kurzgefaßter Bericht von der Verwüstung der Westindischen Länder*. Gemeint war damit eher das moralische und kulturelle Desaster, das die Spanier in der Neuen Welt anrichteten. Der Raubbau an der Natur sollte erst später folgen, als vom kulturellen Kosmos indianischen Lebens nichts mehr übrig war oder nur wenige Relikte noch davon zeugten.

Cabeza de Vaca fiel auch insofern aus dem Rahmen der Conquista, als er das kulturelle Eigenleben der Indianer nicht mit einem arroganten Federstrich als nichtig abtat. Mit der Sensibilität eines Ethnologen, der nicht nur sich selbst im anderen wiederzuerkennen sucht, sondern auch das andere in sich, beobachtete und reflektierte er, was er sah, vor allem die indianische Lebensweise und Kultur. Er bewunderte ihre Erfindungskraft und Kunstfertigkeit. Und als wunderlicher Einzelgänger unter den zerstörungswütigen Konquistadoren richtete er sein Augenmerk auf die Riten, Kulte und Bräuche der Indianer, »weil alle Menschen die Sitten und Gepflogenheiten der anderen kennenzulernen wünschen«.

Allenfalls eine Minderheit der Spanier wollte die indianische Kultur kennenlernen. Die Mehrheit wollte sie zerstören, ausgenommen ihre wertvollen kunsthandwerklichen Produkte, die man raubte und als Trophäen nach Europa brachte. Dort bestaunte das Publikum die Schmuck-, Kult- und Gebrauchsgegenstände der überraschend kunstfertigen Barbaren als Kuriosa aus der Neuen Welt. Kaum hatte sich der Reiz des Neuen verflüchtigt, wurden die Zeugnisse der indianischen Kultur, sofern sie aus Edelmetall waren, um des Profits willen der Vernichtung preisgegeben und eingeschmolzen. Mit dem Instinkt geborener Herrscher machten sich die Konquistadoren daran, die präkolumbischen Strukturen bis auf die Grundmauern und bis in die Mentalität hinein zu tilgen, um auf den baulichen wie intellektuellen Stümpfen das eigene Imperium zu errichten.

Es war ihnen intuitiv bewußt, daß sie zerstören mußten, um zu herrschen und ökonomisch zu profitieren. Das galt zunächst für die Identitätsfiguren wie den Aztekenkaiser Moctezuma. Und dann auch für Atahualpa, den »Sohn der Sonne«. Mit dem gewaltsamen

Tod dieser Übermenschen, in denen die Grenzen zwischen profaner Realität und geschichtsmächtiger Götterwelt verschwammen, verloren die indianischen Gesellschaften einen Teil ihrer Identität. Nachdem das Idol an der Spitze der sozialen Pyramide durch äußere Gewalt und nicht durch den Lauf der Welt geschwunden war, reagierten die Azteken und die Inkas wahrhaft kopflos. Obwohl sie den Eindringlingen an Zahl zumindest tausendfach überlegen waren, brach ihre Gegenwehr schon in den Ansätzen zusammen. Was folgte, war meist ohnmächtiger passiver Widerstand.

Die Konquistadoren wußten, daß sie *tabula rasa* machen mußten, wollten sie eine stabile Herrschaft errichten. »Die Auslöschung geschichtlichen Bewußtseins, die Zerstörung der eigenen Phantasie und der Mythen, die Vernichtung der Kultur: dies alles diente dazu, ein Höchstmaß an Herrschaft und Ausbeutung der natürlichen Reichtümer mit Hilfe unbarmherziger Sklaverei zu erreichen. Sie wollten, daß die Indios nicht einmal mehr einen Schatten unter der Sonne werfen« (Luis Cardoza y Aragón). Wie irdische Purgatorien inszenierte man die antiindianischen Autodafés, bei denen mit den Symbolen der präkolumbischen Kultur auch die Identität der Azteken, Inkas, Mayas und anderer Völker in Rauch aufging.

Anschaulich beschreibt Díaz del Castillo, wie die Spanier den Azteken in zwei Akten eine neue Identität aufnötigten: »Sie hatten noch nicht zu Ende geredet, da stürmten schon etwa fünfzig von unseren Leuten den Tempel, rissen die Götzen um, schlugen sie in Stücke und warfen sie die Treppe herunter. Scheußlich anzusehen waren diese Ungetüme, fürchterliche Drachen, große Hunde, Mißgestalten, halb Mensch, halb Tier. Als die Kaziken und die Papas [Priester, F. N.] ihre Idole zerschlagen vor sich liegen sahen, erhoben sie ein schauerliches Geheul, bedeckten ihre Gesichter mit den Händen und flehten ihre Götzen (...) um Vergebung an.«

Was die Azteken als Tod und Verderben bringenden Frevel an ihren Göttern empfinden mußten, sahen die Spanier im Vollgefühl der vollbrachten Mission als friedliche Lösung an, genauso wie den zweiten Akt der Bekehrung: »Nachdem die Götzen verbrannt waren, hielt Cortés eine erbauliche Rede«, berichtet Díaz del Castillo. Er beglückwünschte die bestürzten Indios gleichsam zu dem Akt der Reinigung, der ihr finsteres Seelenleben für die christliche Heilsbotschaft empfänglich gemacht zu haben schien: »Nun erst können wir euch als unsere wirklichen Brüder betrachten. (...) An die Stelle eurer Götzen werde ich jetzt unsere glorreiche und heilige Frau setzen, die Mutter Jesu Christi, welcher der Sohn Gottes ist, an den wir glauben und den wir anbeten. Sie soll eure Vertreterin und Beschützerin im Himmel sein.«

Waren die Indianer im Grunde ihres Herzens bereit, den Christengott neben ihren eigenen Göttern zu dulden, gar anzubeten: die Spanier waren es, umgekehrt, nicht. Sie pfropften in symbolischen Akten den Residuen der indianischen Götterwelt ihre christlichen Bilder, Figuren, Ornamente und so weiter auf: »Die Maurer des Ortes brachten Kalk«, berichtet Díaz del Castillo weiter, »reinigten die verschmutzten Tempelwände und tünchten sie frisch. Dann wurde ein Altar errichtet, mit baumwollenen Stoffen bedeckt und mit herrlich duftenden Rosen- und Baumzweigen geschmückt. (...) Auf einem hohen Postament errichteten Zimmerleute ein großes Kreuz.«

Wenn man wie der große Historiograph Oviedo den Indianern unterstellte, sie hätten die Kenntnis des Evangeliums, über die ihre Vorväter sehr wohl verfügten, im Laufe der Geschichte in den Wind geschlagen und Christus, den Erlöser, sträflich vergessen, dann konnten die Katholischen Könige in der Tat keinen größeren »Gottesdienst« verrichten, als in der Neuen Welt die Erinnerung an Kreuzestod und Auferstehung wieder wachzurufen. Eben, indem sie ohne Rücksicht auf die Rolle der »falschen« Götter im Glauben der Eingeborenen missionieren ließen.

Frappant die Logik, die der Evangelisierungsarbeit noch heute verständnisinnig nachgerühmt wird: »Die Argumente waren zweierlei Art: Erstens zeigten sie ihnen die Falschheit ihrer Gottheiten, indem sie die Götzenbilder zerstörten, und zweitens zeigten sie die Wahrheit des Christentums und bewiesen diese mit Argumenten aus der Bibel, obwohl manchmal schon eine einfache Erklärung genügte« (Paulino Castañeda Delgado). Zu den »einfachen Erklärungen« gehörten jene vollendeten Tatsachen, die man, wären sie im umgekehrten Falle als negative Gottesbeweise gegen den Christengott gerichtet gewesen, als Akte unerhörter Häresie und eines gotteslästerlichen Vandalismus gebrandmarkt hätte. Bei der Evangelisierung Perus waren die Dominikaner besonders erfolgreich. Sie bauten ihr erstes Kloster in Cuzco (1534) genau dort, wo früher der Sonnentempel gestanden hatte. Und was nicht physisch zu zerstören war, wurde mit Verboten ausgetrieben. Als die Bischöfe dem

Ruf von Fray Alonso de Montufar folgten und 1555 zum ersten Konzil zusammentraten, dekretierten sie in missionarischem Eifer, was die Indios zu glauben und welchem Aberglauben sie abzuschwören hatten. Jegliche Hexerei sollte von Stund an des Teufels sein. Auf den kirchlichen Index kamen auch »volkstümliche Tänze und Gesänge in den Kirchen«. Die Missionare waren darauf bedacht, den Medizinmännern das Handwerk zu legen und sie damit ihres Nimbus zu berauben. Indianische Folklore war tabu. Um mit der kulturellen Identität zugleich die historische Erinnerung zu zerstören, das für die Indios lebenswichtige Band zu ihren Toten zu zerschneiden, ordnete das Konzil von Lima an, die Grabstätten der Indianer zu zerstören oder zu christianisieren.

Zu den Mitteln des Kulturkolonialismus, der die geflissentlich übersehene Hochkultur der Indios erst überwucherte und ihre Reste dann zu seltsam verfremdeten Expressionen indianischer Identität verwandelte, gehörten der Katechismus, aber auch Bücher generell, Schulen und Universitäten. Die Formen bestimmten Architektur und Städtebau. Was von der autochthonen Kultur in der »Republik der Indianer« überdauerte, wurde vom Kulturimport in der »Republik der Spanier« überschattet. Sowohl der soziokulturellen Wirklichkeit als auch der Sprache nach zerfiel die Kolonialgesellschaft in diese grundverschiedenen Lebenswelten, die nur das ökonomische Interesse der Spanier an der indianischen Arbeitskraft verband.

Aus lateinamerikanischer Sicht nimmt sich die Begegnung der Kulturen, die in Wahrheit einer schroffen Konfrontation gleichkam, im nachhinein destruktiv und verlustreich aus: »Schon die Eroberer fanden auf unserem Kontinent unterschiedliche oder verwandte Volksgruppen vor, sich ähnelnde oder unterscheidende Religionen, verschiedene Sprachen, Literaturen wie die der Nahuatl, Philosophen wie die der Maya und Quechua und mathematische sowie astronomische Wissenschaften ebenfalls bei den Mayas. Die Eroberer gaben uns unsere heutige lateinamerikanische Identität, indem sie uns ihre Sprache aufzwangen, ihr Ideal von der Kleinfamilie, ihren Glauben, ihren Machismo (denn von einem indianischen Machismo ist nichts bekannt); und die Philosophie der Nahuatl bescherte uns Gedichte von Blumen und Gesängen, Lebenslust und Einsicht in die Vergänglichkeit unseres Daseins auf Erden, in dem auch die Frauen Blumen sind« (Elena Poniatowska).

Mit der Kultur der Indianer wurde ihre ureigene Mentalität zerstört: ihr so wenig materialistisches Weltverständnis, ihre Harmonie mit der Natur. Ein Verlust, der sich im kleinen heute überall dort zu wiederholen scheint, wo die Nachfahren der Kolonisten, zum Beispiel im Amazonasgebiet, mit ihrem Interesse am Gold auf die letzten Indigenen mit ihrem Interesse an einer intakten Umwelt treffen. Was euphemistisch als Begegnung der Alten mit der Neuen Welt gefeiert wird, sich in Wirklichkeit aber als Zusammenprall mit zerstörerischen Auswirkungen auf die indianische Identität und Kultur vollzogen hat, wiederholt sich heute noch tagtäglich innerhalb Lateinamerikas. Unverkennbar durchzieht eine Konfliktlinie zwischen Spanischem und Autochthonem den amerikanischen Subkontinent. Wobei letzteres – gleichfalls Folge der Entdeckung und Eroberung – marginalisiert oder zu bloßer Folklore verkommen ist. Um so entschiedener die Tendenzen in der lateinamerikanischen Literatur und Malerei des 20. Jahrhunderts, die verschüttete Identität wieder freizulegen.

Moderne Sklaverei

Trotz aller Philanthropie, die ihn so berühmt gemacht hat, hat auch Bartolomé de Las Casas die Integration der Indianer in das spanische Herrschaftssystem nicht unterbinden wollen. Ihm war aber daran gelegen, daß Mönche, nicht Soldaten diese Aufgabe übernehmen sollten. Darüber darf nicht vergessen werden, daß der beherzte und wortgewaltige Las Casas aus einer gewissen Affinität zu den Ureinwohnern der »westindischen Länder« diesen das Schicksal der Versklavung ersparen wollte, das er anderen, den Schwarzen, nur zu bereitwillig zugedachte. Ebensowenig läßt sich übersehen, daß nicht christliche Nächstenliebe allein ihn zum Anwalt der Indianer machte. Es floß, vielleicht mit Blick auf das ökonomische Interesse des Königshauses, eine gehörige Portion Pragmatismus in seine Argumentation mit ein. Dahinter stand die Überlegung, daß man die Indianer nicht nur des reinen Gewissens wegen schonen müsse, sondern auch um der wirtschaftlichen Erträge willen. Mit einigem Zynismus kann aus des Las Casas und anderer Geistlicher Empfehlungen an die Krone der Rat herausgelesen werden, die Ressource

Arbeitskraft nicht aus ideologischen Motiven zu vernichten oder aus Kurzsichtigkeit zu verbrauchen, sondern zu strecken, fürsorglich-vorsorglich zu rationieren. Mit wachsendem Ingrimm sah er mit an, wie für den schnellen Profit der Minen und Plantagen Menschen in großer Zahl geopfert wurden.

Nachdem einige der »westindischen Länder« wie Kuba, Hispaniola, Nicaragua oder auch Costa Rica (trotz der euphorischen Bezeichnung Reiche Küste) bei weitem nicht die hochgesteckten Erwartungen der Konquistadoren erfüllt hatten, Gold in Hülle und Fülle zu liefern, wandten diese ihr Interesse den natürlichen Reichtümern der neu entdeckten Länder zu: den anderen Bodenschätzen, Metallen und den Naturprodukten, möglichen landwirtschaftlichen Erzeugnissen. Zu diesem Zweck dehnten sie den Handel mit der Ware Mensch, sprich: den Sklavenhandel, über die Binnenmärkte der jeweiligen Vizekönigreiche oder Generalkapitanate hinaus aus.

Sie exportierten zum Beispiel die Ureinwohner Nicaraguas nach Panama und von dort aus in die Bergwerke Perus. Las Casas prangerte diesen gnadenlosen Sklavenhandel, der nach dem Wüten der direkten Gewalt als Form der institutionalisierten Gewalt den »demographischen Holocaust« mit verursachte, heftig an. »Die ärgste Plage, welche diese Provinz [Nicaragua, F. N.] gleich der Pestilenz verheerte, bestand darin, daß der Gouverneur den Spaniern Erlaubnis erteilte, von den Caziquen und Herren dieser Ortschaften Sklaven zu fordern. Da dies sehr häufig geschah, so war das ganze Reich vom Jahre dreiundzwanzig an, bis zum Jahr dreiunddreißig, durchgehends entvölkert. Denn sechs bis sieben Jahre fuhren allemal sechs bis sieben Schiffe zu Markt, luden alle diese unzähligen Indianer auf und verkauften sie zu Panama oder Peru als Sklaven, wo sie dann sämtlich starben. Hierdurch ward die Erfahrung tausendfältig bestätigt, daß die Indianer sehr schnell dahinsterben, sobald sie aus ihren vaterländischen Gegenden geschleppt werden. Überdies gibt man ihnen nichts zu essen und erläßt ihnen doch die Arbeit nicht; denn sie werden nur deswegen verhandelt und gekauft, damit sie arbeiten sollen.«

Wie später beim Handel mit dem »schwarzen Fleisch« ging ein großer Teil der menschlichen Fracht wegen der unsäglichen räumlichen und hygienischen Bedingungen schon auf der Seereise zugrunde. Die Nachfrage in diesem Menschenhandel war so groß, daß der Nachschub bald erschöpft war, zumal die Eroberer ja im jeweiligen Land selbst noch Arbeitskräfte brauchten, um den natürlichen Reichtum auszuschöpfen und nach Spanien zu transferieren. Hätten die Eindringlinge unter den klimatischen Bedingungen der feuchtheißen Zentralregion Karibik und Mittelamerika schon aus physiologischen Gründen kaum selbst mit Hand anlegen können, verwehrte ihnen ihr Gefühl der Überlegenheit, des Auserwähltseins jede unmittelbare wirtschaftliche Aktivität. Ihre Mentalität als Herrenmenschen war viel zu ausgeprägt, als daß es ihnen in den Sinn hätte kommen können, schnöde Handarbeit zu verrichten. Die sprichwörtliche *deshonor del trabajo*, die Schande der Arbeit, ließ sie über jedwede Verrichtung die Nase rümpfen, die über die Eroberung, Unterwerfung und Verwaltung der »westindischen Länder« hinausging.

Die Indios starben unter der Drangsal der Schwerstarbeit wie die Fliegen. Hatte man sie doch aus einer »Zivilisation der Muße« herausgerissen und sie in das Joch einer Arbeitsgesellschaft gespannt. Für den Anbau von Mais und Maniok, weniger arbeitsintensiven Kulturen als Getreide, hatten ihnen sechzig bis siebzig Arbeitstage im Jahr genügt, um das lebensnotwendige Quantum zu erzielen. Jetzt mußten sie von Sonnenaufgang bis Sonnenuntergang, sieben Tage in der Woche, für die fremden Herren graben, pflügen, säen, schürfen. Und dies, ohne daß ihnen die Spanier eine Atempause zur physischen Reproduktion gelassen hätten.

Die Konquistadoren der ersten Stunde waren aus ideologischer Verblendung und kurzatmiger Profitgier ökonomisch unvernünftig genug, die indianischen Arbeitskräfte der Erschöpfung, der Unterernährung und schließlich dem Hungertod preiszugeben. Während die Geburtenrate, nicht zuletzt aus Protest gegen die Sklaverei, dramatisch sank, stieg die Sterbequote. Auch ohne Einwirkung der Epidemien nahm die Bevölkerung rapide ab. Wen die direkte Gewalt der weißen Männer und die Macht der Mikroben verschonte, den raffte die Sklaverei dahin.

In ihrem Drang nach schnellem Reichtum und sozialem Aufstieg rissen die Konquistadoren die Indianer selbst dann noch von ihrem Boden und ihren Produktionsmitteln los, als die Sklaverei bereits verboten war: eine erste »bittere Frucht der europäischen Übersee-Expansion« (Benjamin Keen/Mark Wasserman). Womit sie, um im Bild zu bleiben, den Keim für die zweite bittere Frucht, mitsamt den üblen Auswirkungen bis in die Gegenwart hinein, legten: die Zerstörung der Subsistenzwirtschaft. Den Indianern, die Alexander von Humboldt noch wegen ihrer materiellen Genügsamkeit als Quasi-Vegetarier rühmte, wurde die Möglichkeit genommen, sich durch Landbau selbst zu versorgen. Ein Bruch in der Wirtschafts- und Sozialgeschichte der Indigenen, der bis heute fortwirkt. So wie die spanischen Herren Bergbau und Landwirtschaft kommerziell, marktorientiert und extensiv zu Lasten der Selbstversorgung der Arbeitskräfte betrieben, verdrängten die späteren »Kolonialherren« in Gestalt der United Fruit Company und anderer expansiver US-Unternehmen die *campesinos* von ihrem Land, um auf den guten, ertragreichen Böden mit agroindustriellen Methoden *cash crops* für den Weltmarkt zu produzieren.

Die Bauern müssen den für die »Bananenrepubliken« unseligen Monokulturen wie eben Bananen, Kaffee oder Baumwolle weichen. So zum Beispiel widerfuhr es den Maya-Indianern, die Anfang der achtziger Jahre unseres Jahrhunderts vor den Militärdiktaturen in ihrem Heimatland aus dem guatemaltekischen Hochland fliehen mußten, weil die Soldaten damals Zehntausende von ihnen unter dem Vorwand vertrieben oder niedermetzelten, sie seien mit den linken Guerilleros im Bunde. Der »Krake« Somoza, der nimmersatte Diktator Nicaraguas, der sein Land wirtschaftlich auspreßte, als handelte es sich um eine Hazienda im Familienbesitz, hatte bereits in den fünfziger Jahren mit seinen zum Pazifik hin gelegenen riesigen Baumwollfeldern exemplarisch vorgeführt, wie man die Kleinbauern ins Hinterland verdrängt. Die Böden, die den Campesinos bleiben, reichen kaum zum Überleben. Wenn es eine Misere Lateinamerikas gibt, deren Wurzeln ganz unverkennbar in die Conquista zurückreichen, dann der fatale Wandel von der landwirtschaftlichen Selbstversorgung hin zu einem Status, der etliche Länder Lateinamerikas zwingt, Nahrungsmittel zu importieren.

Anempfohlen: mit Leib und Seele

Anders als die Negersklaven, bei denen der Kapitaleinsatz eine Art Überlebensgarantie darstellte, weil ja die Arbeitsfähigkeit mindestens bis zur Amortisation des investierten Geldes erhalten werden sollte, fielen die Indios zu ihrem Unglück den Konquistadoren gratis anheim. Sie starben in noch größerer Zahl als die Negersklaven »vor der Zeit«, wiewohl sich beider Schicksal nicht grundsätzlich unterschieden hat. Als Karl V. 1530 »in Erwägung der vielen und unerträglichen Übel, die zu Gottes und unserer Unehre entstanden sind«, den Konquistadoren förmlich untersagte, Indianer zu versklaven, ließ er sich nicht nur von naturrechtlichen Bedenken leiten. Wenngleich noch Jahre später (1547) Sepúlveda die »Knechtung der Feinde und Inbesitznahme ihrer Güter« in den Rang eines Natur- und Menschenrechts erhob. Karl V. wollte mit seinem Verdikt vielmehr auch die Autorität der Krone stärken und der Selbstherrlichkeit der Konquistadoren Grenzen ziehen, zumal diese der Jurisdiktion der Könige zu entgleiten und, ganz gegen die Interessen der Krone, einen kolonialen Feudalismus zu etablieren drohten.

Anders als den einzelnen Konquistadoren mußte den Königen am Schutz und Erhalt der indianischen Bevölkerung gelegen sein entsprechend der Einsicht: *sin Indios no hay Indias*, das heißt, »ohne indianische Bevölkerung gibt es für Spanien keine Herrschaft in den *Indias*, wie Amerika noch lange genannt wurde. Nach dem Willen der Krone sollten die Indianer freie Untertanen sein, also keiner personengebundenen Verfügung und Dienstbarkeit unterliegen und folglich nur als Lohnarbeiter zur Nutzung des Landes herangezogen werden können. Auch wollte die Krone verhindern, daß auf dem Wege über leibeigenschaftsähnliche Verhältnisse im Mutterland bekämpfte feudale Strukturen unter den Kolonisten in den *Indias* wiederauflebten« (Felix Becker).

Da aber die Krone bei der Eroberung der Neuen Welt auf die militärischen Dienstleistungen der Konquistadoren angewiesen war, mußte sie bald den Protesten und dem politischen Druck ihrer Statthalter nachgeben. 1534 hob sie das Sklavereiverbot von 1530 wieder auf. Endgültig obsiegte sie in diesem Konflikt um die Behandlung der Indianer 1542, als ein dezidiertes Verbot erging, diese zu versklaven. Selbst nach einem »gerechten Krieg«, in dem bisher immer Ausnahmerecht gegolten hatte, sollte ihre Vermarktung nicht mehr erlaubt sein. Und es war, umgekehrt, fortan untersagt, Indianer käuflich zu erwerben.

Dennoch verbrämte dieser dem äußeren Anschein nach so menschenfreundliche Akt nur das Elend der Indianer, das unter anderen Etiketten dasselbe blieb. Und dies, obwohl man sich auch in Rom mittlerweile eines Besseren besonnen hatte. Der Stellvertreter Christi auf Erden, Paul III., war theologisch großherzig genug gewesen, in einer Bulle zu verkünden, »daß die Indianer wirkliche Menschen seien und frei über sich selbst und ihr Eigentum verfügen können«.

Beides wurde ihnen jedoch auch fürderhin genommen: das Recht auf Eigentum durch Landraub und wahrhaft halsabschneiderische Steuern; die persönliche Freiheit durch andere Formen des Frondienstes, des *repartimiento* oder der *encomienda*, die ihnen nur formaljuristisch ihr Eigenleben ließen, sie faktisch aber zu Sklaven machten. Die Tatsache, daß es der Krone 1573 beliebte, in einer Verordnung die *conquista* (Eroberung) in *pacificación* (Befriedung) umzutaufen, brachte für die Indianer, die nach dem Eindruck mancher Zeitgenossen in einem Zustand der Unschuld, im Frieden mit sich selbst und der Natur gelebt hatten, keine Verbesserung ihrer Lage. Sie wurden auch nach den großen Metzeleien bis in den Alltag gnadenlos bekriegt.

Schon im Jahre 1503, als Kolumbus auf seiner vierten Entdekkungsreise unterwegs war, hatte es sich eingebürgert, an der jeweiligen vordersten Front der Conquista den potentiellen Kolonisten Land und Leute zuzuteilen. Daher der Begriff Repartimiento, der in der spanischen Kolonialgeschichte immer wieder auftaucht. Er bedeutet nichts anderes als »Verteilung«. Wenn man diesen Vorgang und diese sozialökonomische Institution auch als Encomienda (Auftrag, Empfehlung, Schutz) bezeichnet hat, dann wohl vor allem deshalb, um dem Ganzen eine menschenfreundlichere Fassade zu verleihen. Im Unterschied zum Grund und Boden sollten die Bewohner nicht eigentlich in den Besitz der Kolonisten übergehen. Sie sollten ihnen lediglich mit Leib und Seele anempfohlen sein wie Mündel ihrem Vormund. Wohl durfte der *encomendero* sich ihrer Arbeitskraft bedienen. Dafür hatte er sie im Gegenzug zu beschützen und zu verteidigen. Mehr noch: Er war auch dazu aufgerufen, die ihm Anvertrauten im christlichen Glauben zu unterweisen und sie zu einem friedlichen Miteinander anzuleiten.

Mit den *Leyes de Burgos*, den Gesetzen von Burgos, hatte die Krone im Jahre 1512 das System der Repartimiento und der Encomienda gutgeheißen, zugleich aber eine Fülle von Bestimmungen erlassen, die dem Schutz der Indianer dienen sollten. Und 1536 wurde die Encomienda in ein Tributsystem umgewandelt, das den Druck auf die Indianer mildern sollte. Aber es hatte sich schon frühzeitig auf den Westindischen Inseln als pure Illusion erwiesen, so Gegensätzliches wie den Indianer*schutz* und die Indianer*zwangsarbeit* miteinander vereinbaren zu wollen. Was nutzten die besten Gesetze, wenn der Arm der Könige nicht weit genug reichte, um sie wirklich durchzusetzen? Die Gelehrten, die solche Gesetze formulierten, waren gar zu weit von der kolonialen Wirklichkeit entfernt. Die Encomenderos scherten sich wenig um das Gebot der Protektion, das ihnen im Umgang mit den Schutzbefohlenen auferlegt war. Und sie zeigten wenig Neigung, sich als Laienprediger zu betätigen und den Indianern das Glaubensbekenntnis beizubringen.

Wenn sie überhaupt Anstalten machten, ihre Arbeitskräfte für den knappen Rest ihres Lebens zum christlichen Glauben zu bekehren, dann nur, um eine leidige Pflicht zu erfüllen oder um den eigentlichen Zweck der Encomienda, die Ausbeutung der Zwangsarbeiter, mit christlichem Beiwerk zu bemänteln. Der Mißbrauch der Institution der Encomienda blieb nicht die Ausnahme. Er wurde zur Regel. Nicht wegen der individuellen Schlechtigkeit der Kolonisten, sondern deshalb, weil die zentralamerikanische Kolonialgesellschaft darauf angewiesen war. Alle wirtschaftlichen Aktivitäten hingen davon ab: die Produktion von Nahrungsmitteln ebenso wie die Herstellung von Handelsgütern, der Straßenbau ebenso wie der Bau von Kirchen und andere öffentliche Arbeiten.

Infolgedessen fiel es den Katholischen Königen schwer, die Encomienda wieder abzuschaffen. Ein Zeichen setzten sie mit den Neuen Gesetzen für die Neue Welt. Diese *Leyes Nuevas* vom 20. November 1542 verboten, neue Encomiendas auszugeben, und schlossen die Weitergabe der bestehenden durch Vererbung oder Schenkung aus. Eigentlich hätte diese Institution nun nach und nach aus der Kolonialherrschaft verschwinden müssen. Aber die ökonomischen Interessen der Kolonisten waren stärker als der königliche Wille, dem demographischen Holocaust unter den Indianern Einhalt zu gebieten.

Viele Kolonisten murrten. Andere begehrten offen gegen die Neuen Gesetze auf. Da ihnen das Verdikt über die Encomienda an die Existenz ging, machten sie ihrem Unmut sogar in einem bewaffneten Aufstand Luft. Es dauerte fast zweihundert Jahre, bis der Widerstand gegen diesen schmerzlichen Einschnitt in das Leben der Kolonialgesellschaft gebrochen war. Erst 1720 wurde das System der Encomienda abgeschafft. Wie hartnäckig dieses Privileg dennoch alle königlichen Verbote und kirchlichen Verdammungsurteile überdauerte, beweist der Umstand, daß die Regierung sich 1793 noch einmal bemüßigt fühlte, die Encomienda in aller Form zu ächten. Aus den Indianern wurden nun Tagelöhner. Kein Wandel, der ihr Los verbesserte. Die Frondienste von einst tauschten sie gegen die nicht minder mißliche Schuldknechtschaft ein. Sie haben durch die königlichen Dekrete mitnichten dieselben Freiheiten wie die Spanier erlangt. Auf den Haziendas herrschten die Señores weiter wie die Feudalherren über ihre Arbeitskräfte.

Machismo und Conquista

Jungfrau, Mutter, Hure

Die ersten Spanier, die den Boden der Neuen Welt betraten, kamen ohne Frauen, aber mit dem typischen Frauenbild der Zeit. Zu den importierten europäischen Werten und Normen gehörten jene, die das Verhältnis zum weiblichen Geschlecht betrafen. Ein Verhaltenskodex zwischen den Extremen Anbetung und Verachtung. Sie fielen als Eroberer im doppelten Sinne über die jungfräulichen Territorien her: als beutegierige Machtmenschen und als geltungssüchtige Männer. Es waren ja gerade nicht die Saturierten und die in der gesellschaftlichen Hierarchie ganz oben Plazierten, die es in die Neue Welt verschlug. Den Verlockungen der Conquista folgten die Zukurzgekommenen und die Deklassierten, die Hidalgos, die vom Größenwahn in die Depression und umgekehrt verfielen, weil sozialer Anspruch und Status weit auseinanderklafften. Wollte man ein Psychogramm der Konquistadoren zeichnen, es würde den inneren Zwiespalt der Abenteurer herausstellen, ihr Schwanken zwischen Potenz- und Minderwertigkeitsgefühlen.

Die einen suchten sie in der Neuen Welt auszuleben, die anderen sie loszuwerden. Der Eroberungszug bot ihnen in seiner einzigartigen Vermischung von ideellen mit materiellen Elementen die Gelegenheit, jene Selbstbestätigung zu finden, die ihnen in Spanien versagt geblieben war. Die Gewaltakte und das Gold stärkten offenbar ihr Ego. Und auch dem Männlichkeitswahn kam die Unterwerfung der Neuen Welt zupaß. Mit der Ambition, als Herrenmenschen die Indianer zu versklaven, verknüpften die Konquistadoren den Anspruch, als Herren der Schöpfung Indianerinnen zu besitzen und über sie zu gebieten. Sie ließen sich die Töchter der Tlaxcalteken und Azteken als Morgengabe der Conquista präsentieren. Sie hörten gerne, was die Kaziken nach dem Zeugnis des Díaz del Castillo sagten: »Wir haben (...) beschlossen, euch unsere Töchter zu-

zuführen. Sie sollen eure Frauen werden und uns gemeinsame Nachkommenschaft bringen.« Cortés und die Seinen nahmen das Geschenk der Kaziken unter der Bedingung an, daß sie ihrer Religion entsagten. »Schon sehr bald konnte (...) die erste Messe gelesen und den Kazikentöchtern die Taufe gespendet werden.«

Die Mehrdeutigkeit dieser Geste der indianischen Herrscher, die politische Unterwürfigkeit, religiöse Bekehrung und sexuelle Hingabe in einem bedeuten mochte, hat den Konquistadoren gewiß geschmeichelt. Bescheiden wollten sie sich damit jedoch nicht. Sie nahmen sich, was ihnen nach dem eigenen Besitzanspruch zustand, auch mit Gewalt. Sie raubten und vergewaltigten Indianerinnen, wo immer die Conquista hinkam. Kolumbus, der nach dem Gemetzel von La Navidad, das die Indianer unter den Zurückgebliebenen der ersten Expedition angerichtet hatten, diesen Vorposten in der Neuen Welt 1493 menschenleer vorfand, schrieb dieses Morden vorschnell dem Kannibalismus der Kariben zu. Es war aber allem Anschein nach die unbändige Sexualität der Spanier, die die Verwandlung des guten Wilden in eine Bestie, wie es Kolumbus sah, heraufbeschworen hat; die Gier, nicht nur eine, sondern mehrere Indianerinnen zu besitzen. Daß die Indianerinnen den göttergleichen Weißen mit ihren Männlichkeitssymbolen Bart und Feuerwaffen auch ohne Gewalt zugetan waren, wenn denn die Legende stimmt, konnte ihre Männer nicht versöhnen. Manches spricht dafür, daß diese gewalttätige Episode nichts anderes als ein kollektives Eifersuchtsdrama gewesen ist.

Als die zweite Expedition des Kolumbus mit ihren 17 Schiffen und 1200 Mann Besatzung am 27. November 1493 in Hispaniola anlangte, waren neue und noch heftigere Konflikte vorgezeichnet. Denn die »streitbarsten Männer«, die da der Überlieferung nach den Boden Amerikas betraten, kamen nicht nur des Goldes wegen. Viele von ihnen hatte das tropische Paradies mit seinen nackten Bewohner(inne)n genauso angelockt. Die Selbstverständlichkeit, mit der die Krone von den »indischen Landen« Besitz ergriff, maßten sich die Untertanen in ihrem Verhalten gegenüber den Indianern an. Sie brachten sie als Arbeitstiere unter ihre Knute, und den Indianerinnen stellten sie nach, als wären sie Freiwild. Die marodierende Sexualität der Spanier nahm Formen an, die es der spanischen Obrigkeit angeraten erscheinen ließen, Remedur zu schaffen. Weniger um der Moral, als vielmehr um der Ordnung in den entdeckten Gebieten willen.

»Das Bemühen der spanischen Krone, das Umherschweifen beutegieriger Soldaten und verwegener Abenteurer der Conquista-Zeit einzudämmen und die Spanier an ein seßhaftes Siedlertum zu gewöhnen, veranlaßte eine immer erneuerte Gesetzgebung zur Förderung der Auswanderung von Frauen nach Amerika. Man begünstigte die Ausreise von Familien und wünschte frühzeitig die Mitnahme von Frauen nach den überseeischen Entdeckungen. Bereits in den ersten Siedlungsverträgen des Jahres 1501 machten die Könige zur Pflicht, daß die Auswanderer verheiratet sind und ihre Frauen und Kinder mitführen. Karl V. erließ ein allgemeines Ausreiseverbot für alle Verheirateten, die nicht ihre Frauen mit sich führen« (Richard Konetzke).

Daß die ersten Konquistadoren, die zu militärischen Eroberungszügen ins Land gekommen waren, ihre Frauen in Spanien zurückgelassen hatten, machte sich auf den westindischen Inseln »bald in unerfreulicher Weise bemerkbar«. Grund genug für die Kolonialbehörden, die verheirateten Männer auf das nächstbeste Schiff mit der Auflage zu beordern, ihre Frauen nachzuholen. Anders glaubten die Könige und ihre Ratgeber dem Unfrieden, der dadurch in den Kolonien entstand, nicht wirksam wehren zu können. Außerdem sollten die Indianer nicht durch das schlechte Beispiel der Spanier auf Abwege geraten. Und nicht zuletzt ging es darum, den heiligen Stand der Ehe vor Auflösungserscheinungen zu bewahren.

Juden, Mauren, Ketzer und Zigeuner waren in Westindien unerwünscht. Die Auswanderungszentrale in Sevilla ließ sie nicht auf die Schiffe mit Kurs Amerika. Frauen dagegen waren höchst willkommen, um der Kolonistenfamilie den nötigen Halt zu geben und für ihren Bestand zu sorgen. Zählten die Statistiker zwischen 1509 und 1538 unter den Einwanderern nur zehn Prozent Frauen, waren es in den folgenden Jahrzehnten schon 23 Prozent, darunter viele Unverheiratete. Für sie war das Leben in Spanien besonders hart, weil sie ihren Lebensunterhalt, wenn sie nicht ins Kloster gingen, mit schwerer Männerarbeit verdienen mußten. Sie entflohen dem Frauenüberschuß in der Heimat und versuchten in der Neuen Welt ihr Glück zu machen, wo es weit bessere Heiratschancen gab. Dem ambivalenten Frauenbild der Väter und Brüder entkamen sie indessen nicht und nur selten dem niedrigen sozialen Status.

»Die Rolle der Frauen in Spanien zur Zeit der Conquista war geprägt von dem spanischen Ideal der ›reinen Frau‹. Einerseits wurde die Frau aufgrund ihrer Reinheit und Jungfräulichkeit fast wie ein göttliches Wesen verehrt, andererseits aber verachtet, wenn sie diesem Ideal nicht entsprach. Während die Frauen der Oberschicht nach diesen Rollenerwartungen handelten und ein isoliertes Leben in totaler Abhängigkeit von ihren Männern führten, eingeschlossen in ihren Häusern und ohne Kontakt zur Außenwelt, waren andere Frauen aufgrund ihrer sozialen und ökonomischen Situation gezwungen, den häuslichen Sektor zu verlassen, um zu arbeiten, damit sie überhaupt leben konnten. Ursprünglich gab es auf dem Land keine Aufteilung des Arbeitsbereichs in einen öffentlichen Bereich der Männer und einen privaten der Frauen. Männliche und weibliche Arbeitskraft dienten beide dem gleichen Zweck: der Subsistenz. Zur Zeit der Conquista änderte sich die Situation dadurch, daß allmählich das System der Lohnarbeit eingeführt wurde (Übergang vom Feudalsystem zur kapitalistischen Produktionsweise). Viele Männer wanderten in die Städte ab, um dort Arbeit zu finden. Dadurch wurden die Heiratsaussichten und Überlebenschancen der Frauen auf dem Land immer schlechter, so daß auch sie gezwungen waren, in die Stadt abzuwandern« (Ulrike Kraner).

Frauen, die den Schutz – in gewissem Sinne auch die Haft – der Familie notgedrungen verließen, setzten sich bei der Männerwelt dem Urteil aus, dem Ideal der »reinen Frau« entsagt zu haben. Wenn es Frauen aus der Unterschicht überhaupt gelang, der Last der Arbeit und der Doppelmoral der Männer in Spanien zu entkommen, stand der Neuanfang in der Neuen Welt selten genug unter einem guten Stern. Wieder gerieten sie in die Abhängigkeit von einem Dienstherrn, mit dem wenig tröstlichen Unterschied zu den daheimgebliebenen Spanierinnen, daß sie nicht die Aussteuer, sondern die Schiffspassage abarbeiteten. Während die Männer mit ihren bei der Conquista zusammengerafften Pfunden wuchern und obendrein auf der sozialen Stufenleiter emporsteigen konnten, indem sie Frauen aus der Oberschicht ehelichten, blieb den Frauen aus der Unterschicht die Möglichkeit zur sozialen Mobilität versagt.

Die Conquista und die Kolonialherrschaft haben trotz des dramatischen Umbruchs, den sie bewirkten, die sozialpsychologischen Konventionen nicht etwa gesprengt. Mit der Eroberung und Besiedlung Lateinamerikas wurden diese dorthin verpflanzt, einschließlich der von der maurischen Tradition mit vorgeprägten Überheblichkeit der Männer den Frauen gegenüber, die zum Machismo entartet ist. »Der Machismo beinhaltet einen Männlichkeitskult«, definiert Nuria Nuñez dieses Phänomen, eine Mischung aus männlicher Selbstüberschätzung, Galanterie und Unterdrückung. »Der Machismo ist eine Ideologie der Unterdrückung, die Menschen entsprechend ihrem Geschlecht in Überlegene und Unterlegene einteilt. Innerhalb des Machismo gibt es drei Kategorien von Frauen: die Jungfrau, die Mutter und die Prostituierte. Die Frau muß als Jungfrau in die Ehe eintreten. Sie soll rein und frei von Sünde sein. Sie ist Eigentum des Mannes, der über sie und ihren Körper verfügt. Der Verlust ihrer Jungfräulichkeit außerhalb der Ehe ist verwerflich. Die Mutter ist eine Heilige, die wegen ihrer Fähigkeit, Kinder zu gebären, verehrt wird. Eine Frau ohne Kinder ist keine vollwertige Frau, sie ist eine gescheiterte Frau. Die Prostituierte ist eine Geliebte, eine Frau, die sich in ihrem Leben mehreren Männern hingibt.«

Diese Trinität, in der ein Stück maurischer Tradition, Elemente des katholischen Moralkodex und spanisch-männliches Überlegenheitsgefühl zusammenflossen, gewährte den Männern leichtes Spiel im Umgang mit den Frauen. Nie mußten sie ein schlechtes Gewissen haben. Sie umwarben die jungfräuliche Auserwählte mit einer Hingabe und Ausschließlichkeit, die den Himmel auf Erden zu versprechen schien. Mit der Hochzeit endete die Zeit der kapriziösen Untertänigkeit des Mannes.

Jetzt begann das »wahre Leben«. Mit klar umgrenzten Rollen, die dem Mann eine aktive Existenz als Ernährer der Familie abverlangte und die Frau in die Passivität einer Hüterin des häuslichen Herds verwies. Kaum waren die Frauen der väterlichen Unerbittlichkeit entkommen, fanden sie sich unter der Vormundschaft des Gatten wieder.

Die männliche Doppelmoral von Wohlanständigkeit und Libertinage in einem bedurfte zu ihrer psychischen Hygiene des vermeintlichen Janusgesichts der Frau als verehrungswürdige Mutter und verdammenswerte Hure. Dieses zwiespältige Klischee verlangte den verheirateten Frauen strikteste Monogamie und Unterwerfung ab, während es die Männer mit einem Recht auf Promiskuität versah. Die Huren dienten den Verheirateten als Geliebte auf Zeit und als Objekte für Männlichkeitsbeweise. Sie übernahmen auch eine wichtige Rolle bei der Initiation und Sozialisation des Mannes hin zum Libertin und Macho. Diese spanische Gepflogenheit, die Frauen sozial festzulegen und sie damit insgesamt in die Inferiorität zu drängen, hätte vielleicht nicht die Formen des lateinamerikanischen Machismo angenommen, wären die Kreolen nicht versucht gewesen, ihr soziales Unbehagen auf andere abzuladen. Sie bekamen von den hochnäsigen Spaniern, die in der Kolonie die Politik bestimmten, lästige Minderwertigkeitsgefühle eingepflanzt. Ihr Männerstolz, der nicht minder ausgeprägt war als derjenige der Europaspanier, verlangte nach einer Kompensation für diese Schmach. Was lag näher, als die Nächstschwächeren, die Frauen, die verletzte Männlichkeit entgelten zu lassen? Da die Herrschsucht keine anderen Objekte fand, konzentrierte sie sich auf die Frauen.

Casa *und* Calle*: Reich der Frauen, Männersphäre*

Mit einigem Erstaunen nahmen Spanien-Reisende im 17. Jahrhundert wahr, wie streng die Frauen auf der Iberischen Halbinsel »in Gewahrsam« gehalten wurden, um ihre Sittsamkeit und Schamhaftigkeit nicht »draußen im Leben« auf die Probe zu stellen. François Bertaut berichtete: »Die Männer sperren sie [die Frauen] ein und können, wenn sie davon hören, gar nicht begreifen, mit welcher Freiheit bei uns in Frankreich Männer und Frauen miteinander umgehen, ohne daß damit Schaden angerichtet wird.« Das Leben der Frauen in Spanien spielte sich um den Patio, den Innenhof des Hauses, herum ab. Eine, auch baulich, vollzogene Abgeschiedenheit, die sie nur verließen, um zu beten und zu beichten. Aus eigenem Entschluß oder gar allein am öffentlichen Leben teilzunehmen war tabu.

Das abgeschlossene Leben der Frauen im häuslichen Kreis mit Kindern und dienstbaren Geistern, das zu den Traditionen der maurischen Herrschaft auf der Iberischen Halbinsel gehörte, war für die Oberschicht der kolonialen Gesellschaft ebenso selbstverständlich wie das Privileg der verheirateten Männer zu außerehelichen Amouren. Die Frauen wurden dazu erzogen, über die Seitensprünge des Gemahls generös hinwegzusehen wie auch über deren Folgen in Gestalt illegitimer Kinder, solange sie ihrer Stellung im Hause und in der guten Gesellschaft sicher waren. Eine Vielzahl sozialer Barrieren hielt die Frauen wie »geliebte Spielzeuge in Schatztruhen« eingesperrt. Die Kolonialgesellschaft übernahm mit den spanischen Rollenklischees die geschlechtsspezifische Arbeitsteilung. Auch in Lateinamerika vollzog sich die soziale Existenz in zwei verschiedenen Lebenswelten: in der öffentlichen männlichen, auf der *calle*, auf der Straße, und in der privaten weiblichen Sphäre, in der *casa*, im abgeschirmten häuslichen Bezirk.

Aber nicht einmal in der Familie blieb die Frau autonom und Herrin des Geschehens. Ihr oblagen die Pflichten. Sie hatte für den Mann und die Kinder dazusein. Die Rechte dagegen nahm der Mann für sich in Anspruch. Er entschied »in letzter Instanz Familienangelegenheiten«. Er bestimmte über das Haushaltsbudget. Er überwachte die Kindererziehung, so daß die Töchter sich frühzeitig in die Rolle fanden, das schwache Geschlecht zu repräsentieren, während die Söhne männliche Stärke antrainiert bekamen. Der Machismo hätte sich kaum als derart zählebig erweisen können, hätten die Frauen nicht im Laufe der Erziehung seine Normen so weit internalisiert, daß sie ihr eigenes Verhalten danach richten. Selbst lateinamerikanische Frauen, die bewußt gegen den Machismo anzugehen suchen, sind nicht dagegen gefeit, in die fest verwurzelten Rollenklischees zurückzufallen.

»Der Machismo weist der Frau eine passive und dem Mann eine aktive Rolle zu. Die scheinbare männliche Überlegenheit soll sich auf allen Ebenen ausdrücken. Körperlich: der Mann ist stärker und widerstandsfähiger; sexuell: der Mann ergreift immer die Initiative und verfügt über mehr Energien. Je mehr Frauen er hat, um so mehr wird er als Mann anerkannt. Er verliebt sich niemals, weil das unmännlich ist; er ›nimmt‹ die Frauen und läßt sie zurück. Der Mann zeigt seine Stärke und Tapferkeit durch Aggression. Er hat vor niemandem und nichts Angst. Er ist intelligenter, leistungsfähiger und befugt zu befehlen. Er ist der einzige, der ›arbeitet‹, und dadurch wird seine Autorität in der Familie legitimiert« (Nuria Nuñez).

Der Männlichkeitskult, den die Spanier nach Westindien mitbrachten, wirkte sich mit all seinen sozioökonomischen Begleiterscheinungen auch auf das Leben der Indigenen aus. In der traditionellen Inkagesellschaft hatte der *ayllu*, eine Art dörfliche Gemeinschaft, die auf kollektivem Grundbesitz beruhte und ein soziales Netz für die noch nicht oder nicht mehr Tätigen, die

Kinder und Alten, bildete, die soziale Existenz bestimmt. Wohl genoß die Männerarbeit in dieser Gemeinschaft, Dienstleistungen für den Staat und landwirtschaftliche Betätigung, höheres Ansehen als die Frauenarbeit, die darin bestand, Brennholz zu sammeln, für Nahrung und Kleidung zu sorgen und die Kinder zu erziehen. »Andererseits wurde aber anerkannt, daß die Arbeit der Frau zum Überleben der Familie ebenso wichtig war. Die ökonomische Bedeutung der Frau als Arbeitskraft kommt auch in dem Brautpreis (›arra‹) zum Ausdruck, den der Bräutigam an den Vater der Braut zahlen mußte, sozusagen als Entschädigung für den Verlust eines ökonomisch aktiven Mitglieds, den die Familie der Braut durch die Heirat erlitt. (...) Im Gegensatz dazu existierte in Spanien das System der Mitgift (›dote‹), das heißt, der Vater der Braut zahlt für die zukünftige Versorgung der Tochter einen Preis, der zunächst dem Ehemann zugute kommt und später, wenn die Frau verwitwet ist, ihre Versorgung sicherstellen soll. Die Frau wird als ökonomisch passives Wesen betrachtet, das nicht in der Lage ist, sich durch eigene Arbeit selbst zu versorgen« (Ulrike Kraner).

Indem sie bei ihrem Einbruch in das Inkareich die Indios abschlachteten oder in die Minen trieben, zerstörten sie zugleich die angestammten Lebensformen in der Dorfgemeinschaft, im Ayllu. Das soziale Netz zerriß. Die allein gelassenen Frauen mußten sich und ihre Kinder selbst versorgen. Und zu allem Elend erlegten ihnen die Spanier noch Abgaben auf, die das Überleben im Dorf unmöglich machten und die Frauen zur Landflucht zwangen. Sie mußten sich in den Häusern der Spanier als Köchinnen, Kindermädchen oder Dienstmädchen verdingen oder sich als Marktfrauen durchs Leben schlagen. Berufe, die für Indiofrauen heute noch typisch sind.

Ohne deren Zuarbeit hätte die Kolonialgesellschaft kaum existieren können. Die Versorgung ganzer Städte mit Nahrungsmitteln und Textilien hing von der Tätigkeit der Indiofrauen ab. Eine Rolle, der sie den Ruf verdankten, wirtschaftlich agil und willensstark zu sein. Am Frauenbild des Machismo hat dieser aktive ökonomische Part der Indiofrauen genausowenig zu ändern vermocht wie die rege wirtschaftliche Tätigkeit der Spanierinnen und Kreolinnen, die im Peru des 16. und frühen 17. Jahrhunderts Wein- und Ackerbau betrieben. Im gleichen Maße, wie die Zeitläufte, vor allem Wirtschaftskrisen und demographische Veränderungen, den Männern die wirtschaftlich aktiven Frauen als lästige Konkurrenz erscheinen ließen, wurden diese wieder in die häusliche Sphäre zurückgedrängt. Dort gehörten sie unter den Vorzeichen der patriarchalischen Kolonialgesellschaft hin. Und dort sind sie, Ausnahmen bestätigen die Regel, auch geblieben.

Als einige tausend Indianer 1927 ein Dokument über »die Rechte der indianischen Frauen in Kolumbien« unterzeichneten, hofften sie, allerdings verfrüht, wie sich erweisen sollte, mit der von den Spaniern ins Land gebrachten Ideologie des Machismo zugleich ihre sozialen Fesseln abzustreifen: »Es ist Zeit, daß die Töchter unseres Landes (...) mit dem Schrei nach sozialer Gerechtigkeit anheben, nachdem 435 Jahre (...) vergangen sind. Wir sind stark in dieser Inspiration, die uns plötzlich wie ein leuchtender Lichtstrahl erfaßt hat, der die Dunkelheit erhellt, wo vorher nur die Götter der Täuschung und Unwissenheit wohnten. Mitten in der Helligkeit ist am Horizont eine Blume erschienen, eine Blume, die die Männer der Zivilisation herauszureißen versucht haben, die aber dennoch strahlend und schön bleibt trotz Blitz und gewaltigen Stürmen. (...) Aus den Schößen der indianischen Frauen werden neue Blumen (...) geboren werden, und (...) mitten in Kolumbien (...) wird ein herrlicher Garten entstehen.«

III.

Wie die Indianer das Goldt aus den Bergen graben.

Spanien: Ruin durch Reichtum

Der »Seefahrer der ursprünglichen Akkumulation«

Als die Spanier und Portugiesen Amerika eroberten, war Kuba oder Brasilien keineswegs eine *res nullius*, ein zivilisatorisches Nichts, das nach herkömmlichem Rechtsverständnis zweifelsfrei der Inbesitznahme offenstand. Die Großen Antillen, die mittelamerikanische Landbrücke und *tierra firme*, das Festland, waren bewohnt. Und den Eindringlingen konnte bei aller Überheblichkeit nicht entgehen, daß sie auf hochentwickelte Kulturen trafen. »Zeugnisse großer gewerblicher Geschicklichkeit«, die Kolumbus schon in Nicaragua auf die Nähe zum Reich des Großkhans hatten schließen lassen, fanden sich allenthalben in der Neuen Welt. Kunstvolle Keramik, prachtvolle Gewänder aus leichten Federn, reichverzierte Schmuckstücke und Werkzeuge sowie Waffen bewiesen die handwerklichen Fähigkeiten der Indianer. Die Pflanzenkultur stand hoch genug in Blüte, um die Indios zu ernähren. Hier und da hatte sich aus archaischen Anfängen schon so etwas wie eine politische Kultur herausgebildet. Vom hochentwickelten Stand des Verkehrs- und Kommunikationssystems ganz zu schweigen. So waren die alten Peruaner Meister in der Kunst des Straßen-, Brücken- und Hausbaus. Die Inkastraße, ein Wunderwerk der Technik, versetzte die selbsternannten Sendboten der Zivilisation in Staunen. Obwohl die Peruaner weder Pferde noch Wagen kannten, waren sie imstande, Waren und Nachrichten in kürzester Zeit von einem Punkt des Reichs zum anderen zu bringen. Frische Fische gelangten binnen Tagen von der Küste in die hochgelegene Hauptstadt.

»Als die Spanier in Amerika eindrangen, befand sich das theokratische Imperium der Inkas, dessen Macht auf das heutige Peru, Bolivien und Ecuador ausstrahlte und bis an den Norden Argentiniens und den brasilianischen Urwald reichte, auf seinem Höhepunkt; der Aztekenbund hatte im Tale von Mexiko ein hohes Organisationsniveau erreicht, und in Yukatán und Mittelamerika lebte die glanzvolle Mayazivilisation in den Völkern, die sie geerbt hatten und auf Arbeit und Krieg eingestellt waren, fort. Diese Gesellschaftsordnungen haben trotz der anhaltenden Zerstörung zahlreiche Zeugnisse ihrer Größe hinterlassen: religiöse Denkmäler, deren kluge Anlage die der ägyptischen Pyramiden übertraf, wirksame technische Schöpfungen im Kampf gegen die Natur, Kunstgegenstände, in denen ein ungezähmtes Talent zutage tritt. Im Museum von Lima sind Hunderte von Schädeln zu sehen, an denen die Inkachirurgen Trepanierungen vorgenommen und Gold- und Silberplatten eingesetzt hatten. Die Mayas waren große Astronomen gewesen und hatten mit erstaunlicher Präzision die Zeit und auch den Raum gemessen; sie hatten die Bedeutung der Null früher als jedes andere Volk in der Geschichte entdeckt. Die von den Azteken geschaffenen Bewässerungskanäle und künstlichen Inseln blendeten Hernán Cortés, obwohl sie nicht aus Gold waren« (Eduardo Galeano).

Alle Anerkennung und Bewunderung der Zeugnisse indianischer Kunst und Kultur vermochten die Spanier und Portugiesen nicht davon abzuhalten, Amerika wie ein großes Niemandsland in Besitz zu nehmen. Ein Akt der Usurpation, der sich vor dem Hintergrund der mittelalterlichen Usancen, mit dem Feindes- oder Erbland zugleich die Bewohner dem Eigentum einzuverleiben, als ganz normal ausnahm. Das Neue waren die geographischen Horizonte, die sich jetzt über den Atlantik hinweg eröffneten. Wenn es denn wahr war, daß sich durch die Entdeckungen des Kolumbus der Erdkreis schloß, dann ergab sich auch die Notwendigkeit, die Welt, die Neue Welt zumal, neu aufzuteilen. Hieraus entspannen sich die Konflikte zwischen den iberischen Nachbarn, den Seemächten Spanien und Portugal.

Die Portugiesen mochten sich hinter vorgehaltener Hand die Dummheit eingestehen, daß sie das Kolumbus-Projekt in den Wind geschlagen und den Genueser nach Kastilien hatten ziehen lassen. Ein um so größeres Ärgernis, als Kolumbus manches Betriebsgeheimnis mit nach Spanien nahm, das die Portugiesen mit ihrem meilenweiten Vorsprung in der christlichen Seefahrt lieber für sich behalten und genutzt hätten. Immerhin hatte Heinrich der Seefahrer (1394–1460), der Sohn Königs João I. von Portugal, unter beträchtlichen finanziellen Opfern den maritimen Ambitionen seines Landes eine wissenschaftliche Grundlage gegeben. Er hatte in Sagres, nicht weit von Faro, eine Schule für Piloten (wie die Kapitäne genannt wurden) eingerichtet, wo die künftigen Seefahrer, die im Namen Portugals an der Westküste Afrikas entlang und um dessen Südspitze herum von den noch unbekannten Teilen der Welt Besitz ergreifen sollten, wissenschaftlich im Umgang mit nautischen Apparaten unterwiesen wurden. Sie lernten in der Seefahrtsakademie, alte Karten zu lesen und neue anzufertigen. Es wurde Usus, das Weltbild, das man nach den Vorlagen oder Berichten der alten Ägypter, Griechen und christlichen Seefahrer zeichnete, an den Erfahrungen zu überprüfen, also Theorie und Praxis miteinander zu verbinden. Die Erfolge dieser Verwissenschaftlichung der Seefahrt blieben nicht aus. 1419 wurde Madeira wieder entdeckt. 1427 kamen die Azoren ins Blickfeld der Portugiesen. An der westafrikanischen Küste umsegelte Gil Eanes erstmals Kap Bojador (1434). Ein kühnes Unterfangen, mußte er doch nach den Horrorgemälden arabischer Schriftsteller darauf gefaßt sein, dahinter ins »Meer der Finsternis« zu gelangen, wo höllische Stürme und Strömungen jedes Schiff zu verschlingen drohten.

Die von Heinrich dem Seefahrer entsandten Karavellen erreichten die Kapverdischen Inseln. Noch zu seinen Lebzeiten liefen portugiesische Schiffe in die Mündungen des Senegal und Gambia ein. Damit tat sich auch für die Europäer ein ergiebiges Terrain für den Sklavenhandel auf. Die Grundlagen für den weiteren Vorstoß nach Süden waren geschaffen – aber auch die Voraussetzungen für die Entdeckung Amerikas. Die Portugiesen waren nicht gewillt, die Früchte ihrer maritimen Unternehmungen die spanischen Vettern ernten zu lassen, auch wenn sie sich mit dem abschlägigen Bescheid an Kolumbus die unerfreuliche Konkurrenz selbst eingehandelt hatten.

Die Rückkehr des Kolumbus gab zu heftigen Debatten Anlaß. Wohl ahnend, daß ihre maritime Vorherrschaft in Frage stand, machten die Portugiesen, die mit ihren Expeditionen und kostspieligen Stützpunkten viel zu sehr auf die südöstliche Route nach Indien fixiert gewesen waren, um sich für die Idee der Westroute zu erwärmen, den Katholischen Königen den Besitz Westindiens streitig. Immerhin hatte der Papst sie mit allen Territorien *usque ad Indos*, bis hin zu den Indern, belehnt. Und nach dem Vertrag von Alcaçovas (1479) sollten alle Länder südlich der Kanarischen Inseln allein Portugal gehören. Wäre es auf Punkt und Komma nach diesem Vertrag gegangen, hätten die Spanier Mittel- und Südamerika den Nachbarn überlassen müssen.

Für die Katholischen Könige fügte es sich günstig, daß mit Rodrigo de Borja gerade ein Spanier Papst geworden war. Alexander VI. fand sich denn auch bereit, Spanien den Rechtstitel auf die Neue Welt zuzusprechen. In einer der fünf Bullen, die er 1493 erließ, zog er von Pol zu Pol einen Trennungsstrich zwischen der portugiesischen und der spanischen Interessensphäre. Da diese Linie nur hundert Seemeilen westlich der Kapverdischen Inseln verlaufen sollte, hätte Portugal das Nachsehen gehabt. Es hätte sich mit seinen afrikanischen Besitzungen bescheiden müssen. Kein Gedanke daran, daß sich die stolze Seefahrernation Portugal mit dieser Schmach abfand, völlig leer auszugehen. Eher wollte man die Konkurrenz um den Seeweg nach Indien und die Entdeckung Amerikas zur kriegerischen Auseinandersetzung eskalieren lassen.

So war denn Alexander VI. zu einem neuen Schiedsspruch aufgerufen. Diesmal zu einem, der wirklich Kompromißcharakter hatte. In Tordesillas, einem grauen, unscheinbaren Ort zwischen Valladolid und Salamanca, vollzog man den feierlichen Akt der endgültigen Aufteilung der Neuen Welt. Auf einer Marmortafel am Palast der Familie Rodriguez de las Varillas ist zu lesen: »An diesem Ort unterschrieben am 7. Juni 1494 Diplomaten, Kastilier und Portugiesen, unterstützt von Kartographen beider Länder, ein Abkommen, das, auf päpstlicher Erlaubnis basierend, die Welt in zwei Zonen teilt, die Ziel der Entdeckung und Evangelisation sein sollten. Aus diesem Abkommen entstanden die Länder, die heute die hispanisch-lusitanische Gemeinschaft in Amerika, Asien und Afrika bilden.«

Eine reichlich euphemistische Formulierung dieses prekären Kompromisses, der darin bestand, nunmehr die Scheidelinie zwischen dem künftigen portugiesischen und spanischen Dominium 370 Meilen westlich der Kapverdischen Inseln verlaufen zu lassen. Damit fiel auch für die Portugiesen ein Stück Neue Welt ab: Brasilien. Die Indianer brauchte man nicht zu fragen, und die übrigen europäischen Mächte glaubte man durch die päpstlichen Sanktionen und die Staatsverträge vor unanfechtbare, vollendete Tatsachen gestellt zu haben. Die aber pochten auf gleiches Recht für alle.

»Weder sei der Papst berufen, die Welt zu verschenken, noch hätten die beiden iberischen Mächte ein Recht, sich die Welt zu teilen. König Franz I. von Frankreich wollte, wie 1541 dem Kaiser berichtet wurde, ›die Klausel in dem Testamente Adams sehen, nach der ich von der Teilung der Welt ausgeschlossen bin‹. Forderungen nach freier Schiffahrt und freiem Handel mit Übersee, nach freiem Recht zur Eroberung oder zum Erwerb überseeischer Gebiete nach Vereinbarung mit einheimischen Herrschern wurden erhoben. Der hierum zwischen den europäischen Mächten geführte Streit wurde mit Piraterie, Überfällen und Krieg ausgetragen« (Felix Becker). England, Frankreich, die Niederlande und auch Dänemark, Länder, die sich anschickten, das maritime Monopol Portugals und Spaniens aufzubrechen, mochten es nicht hinnehmen, daß die iberischen Mächte Exklusivrechte auf die Neue Welt anmeldeten. Solange aufgrund seiner »unbezwingbaren Armada« Spaniens Anspruch und Wirklichkeit übereinstimmten und England noch nicht behaupten konnte, *to rule the waves*, ließen die mit dem Vertrag von Tordesillas düpierten Herrscherhäuser Stellvertreterkriege gegen Spanien führen. Wie lästige Moskitoschwärme fielen die Freibeuter, Bukaniere, Filibuster, Korsaren, über die spanischen Flotten her. Selbst vor der Mündung des Guadalquivir paßten sie gelegentlich die mit Gold und Silber beladenen Galeonen ab und jagten den Spaniern einen Teil ihrer Schätze ab.

Abgesehen von dieser Politik der Nadelstiche, die im Falle Jamaikas 1670 freilich zur Sukzession der Insel an England und im Falle Kubas 1762/63 zu einem britischen Interregnum führte, hatte Spanien freie Bahn, und es säumte nicht, sich die Neue Welt untertan zu machen und deren Reichtümer auszubeuten. Gleich Wellen brandete die Conquista über Lateinamerika hinweg, von den Inseln an die Küsten des Festlandes und von dort ins Landesinnere. Bis 1550 hatte sie sich von Florida und Kalifornien im Norden bis hinunter nach Argentinien ausgebreitet. Ein extrem kurzer Zeitraum von nicht einmal sechzig Jahren, verglichen mit den mehr als zwei Jahrhunderten (1620–1850), die die englischen Siedler in Nordamerika für ihren beschwerlichen langen Marsch nach Westen brauchten.

Nach einer Phase der Enttäuschung über magere Goldfunde, die so gar nicht dem Mythos von El Dorado entsprachen, schwoll der Gold- und Silberfluß aus den Schatzkammern und »offenen Adern Lateinamerikas« gegen Ende der ersten Hälfte des 16. Jahrhunderts mächtig an. So sehr, daß einige Schiffe untergingen, weil man sie mangels Laderaum leichtsinnig überfrachtet hatte. Die Könige, der Geldadel von Sevilla und die Obrigkeit der *Casa de Contratación*, der

Handelsbörse, registrierten mit Wohlgefallen den kräftigen Gold- und Warenstrom. »Auf jeden Fall beschleunigte sich von 1503 bis 1560 der Rhythmus des Eintreffens von Edelmetallen in Europa; die ersten zweiunddreißig Jahre repräsentieren nur 37,4%, die zehn letzten Jahre dagegen 46,7%, das sind nach dem Nominalwert 800 Millionen Maravedis pro Jahr. Das Jahrzehnt 1591 bis 1600 bringt 3000 Millionen Maravedis pro Jahr, der absolute Höhepunkt; seit 1600 sinkt der Zufluß, und um 1630 beschleunigt sich diese Entwicklung. Zudem bestanden die Metallieferungen zwischen 1521 und 1530 zu 97% aus Gold, zwischen 1591 und 1600 dagegen zu 87% aus Silber. Das Wertverhältnis zwischen Gold und Silber verändert sich in Europa von 1 : 10 zu 1 : 15« (Pierre Vilar).

Die Konquistadoren, Kolonisten, Bankiers und sonstigen Profiteure konnten sich über die Ergiebigkeit der westindischen Pfründe nicht beklagen. Wie aus einem Füllhorn ergossen sich die *tesoros de Indias*, die Schätze Westindiens, in die spanische Wirtschaft und Finanzwelt. Nicht von ungefähr fand man sich in Sevilla zu Bittgottesdiensten ein, wenn eine Flotte aus der Ferne zurückerwartet wurde. In der bangen Wartezeit stieg so manches Stoßgebet zum Himmel auf, die glückliche Heimkehr der Schiffe erflehend. Entschied doch das Schicksal der Galeonen über Wohl oder Wehe der an dem Geschäft Beteiligten. Und wie inbrünstig dann das »Te Deum« und wie enthusiastisch die Freudenfeste bei der Ankunft der Schiffe vor den Mauern Sevillas, des »europäischen Eldorados«!

Die Zeitgenossen konnten sich nicht sattsehen an dem phantastischen Schauspiel, wenn die kostbare Fracht auf vierspännigen Ochsenkarren vom Hafen zur Casa de Contratación gelangte: »Am 22. März 1595 legten die Silberschiffe aus Westindien an den Ufern des Flusses in Sevilla an. Man begann sie zu entladen und brachte 332 Karren mit Silber, Gold und kostbaren Perlen zur Casa de Contratación. Am 8. April holte man aus dem Kapitänsschiff 103 Karren voll Silber und Gold, und am 23. Mai brachte man auf dem Landweg aus Portugal 583 Fuhren mit Silber, Gold und Perlen, die aus dem Admiralsschiff stammten, das der Sturm nach Lissabon verschlagen hatte. Es war ein sehenswertes Schauspiel: Sechs Tage lang strömten die Ladungen des Admiralsschiffs ununterbrochen durch die Puerta de Triana, und in diesem Jahr konnte man den größten Schatz, den je ein Menschenauge geschaut, in der Contratación sehen; denn dort häufte sich das Silber dreier Flotten. Da in den Sälen nicht genug Platz war, lagerten viele Barren und Kisten voller Edelmetall in den Höfen.«

Durch den außenwirtschaftlichen Flaschenhals, zu dem der Hafen von Sevilla als einziger Umschlagplatz für die Tesoros de Indias ausersehen war, gelangten auch nicht so glanzvolle, aber deshalb nicht minder wertvolle tropische Produkte nach Spanien, wie Holz und Koschenille. Später kamen Zucker, Kakao, Kaffee, Vanille, Baumwolle, Häute, Leder und dergleichen landwirtschaftliche Erzeugnisse hinzu, eine Diversifikation der hispanoamerikanischen Exporte ins Mutterland, die sehr allmählich auf den Vorrang der Edelmetalle folgte. Diese machten im 16. und 17. Jahrhundert 90 Prozent der Ausfuhren Lateinamerikas nach Spanien aus.

Der Wert des zwischen 1503 und 1660 von den Spaniern aus Amerika nach Europa gebrachten Goldes und Silbers wird auf 500 Millionen Goldpesos geschätzt. Eine Kapitalmasse, die durchaus gereicht hätte, um ein günstiges Klima für produktive Investitionen und Unternehmergeist zu schaffen. Man hätte damit Manufakturen und Fabriken gründen und so Impulse für die industrielle Revolution geben können, wie es in anderen europäischen Ländern mit Hilfe der kolonialen Einkünfte dann auch geschehen ist. Es läßt sich nicht leugnen, daß die Länder der heutigen Dritten Welt einen enormen Beitrag zur »ursprünglichen Akkumulation«, also zur ersten Ansammlung des europäischen Industriekapitals, geleistet haben: »Die Entdeckung der Gold- und Silberländer in Amerika, die Ausrottung, Versklavung und Vergrabung der eingeborenen Bevölkerung in die Bergwerke, die beginnende Eroberung und Ausplünderung von Ostindien, die Verwandlung von Afrika in ein Geheg zur Handelsjagd auf Schwarzhäute, bezeichnen die Morgenröte der kapitalistischen Produktionsära. Diese idyllischen Prozesse sind Hauptmomente der ursprünglichen Akkumulation« (Karl Marx).

Kolumbus, der ja nicht als einzelgängerischer Phantast seine Entdeckungsreisen angetreten hat, sondern quasi als Subunternehmer der Katholischen Könige, hat sich als »Seefahrer der ursprünglichen Akkumulation« (Jürgen Hell) betätigt. Eine Charakterisierung, die gleichermaßen auf die Konquistadoren in seiner Nachfolge zutrifft. Der Überfluß an Gold und Silber, der sich nach Europa ergoß, beschleunigte die wirtschaftliche Entwicklung hin zur Industrie und zum Kapitalismus, wenn er sie nicht überhaupt erst ermöglicht hat. »Auch Spanien war aktiv, vielleicht sogar aktiver als jedes andere Land an der merkantilistischen Revolution beteiligt, welche dem Kapitalismus als einem weltweiten System voranging« (Fernando Mires). Kolumbus schien dazu ausersehen, zum Aufstieg Spaniens aus der stationären, in sich selbst ruhenden mittelalterlichen Ökonomie von jenseits der Landesgrenzen und der Meere die nötigen Ressourcen beizusteuern.

Tragisch nur, daß er diese Rolle für die Ökonomien anderer europäischer Länder gespielt hat, nicht aber für die spanische, daß er für sie unter den gegebenen Voraussetzungen diese Funktion gar nicht übernehmen konnte. »Die Geschichte fügte es so, daß gerade ein europäisches Land, das von sich aus aufgrund der eigenen konkreten Bedingungen am wenigsten dazu prädestiniert war, sich in einem kapitalistischen Sinn zu entwickeln, die Schleusen für die europäische Expansion in alle Welt öffnete und so den ›Fortschritt‹ des Kapitalismus ermöglichte« (Fernando Mires).

Die Ironie der Geschichte wollte es, daß Spanien – weil es sich zu spät den materiellen und geistigen Entwicklungen der Neuzeit angepaßt hat – anstatt dank der Entdeckung des Kolumbus den ersten Rang unter den Wirtschaftsmächten einzunehmen, das Schlußlicht der industriellen Revolution bildete. Das Land, dessen koloniale Expansion den Weltmarkt und die internationale Arbeitsteilung mitgeschaffen hatte, blieb von der dynamischen Wirtschaftsentwicklung Europas ausgeschlossen. Als die Hochkonjunktur der Gold- und Silberimporte von der »neuen Grenze« in der Neuen Welt abflaute und der »gründerzeitliche« Optimismus merklich abklang, sah es, im Gegenteil, danach aus, daß Spanien sich mit dem großen Abenteuer des Kolumbus und den Folgen sogar Nachteile für seine wirtschaftliche Entwicklung eingehandelt hatte. Nicht zuletzt dadurch, daß der Sog der Kolonisation, der viele Spanier dazu bewog, die stickige Heimat zu verlassen und in der Neuen Welt ihr Glück zu machen, den Arbeitsmarkt austrocknen ließ. Der Reichtum, der Spanien wie von selbst zufloß, lähmte die wirtschaftlichen Aktivitäten und bewog jene, die daran Anteil hatten, ihren Gewinn in Landbesitz und Adelstitel zu investieren. Ein großer Teil des Profits aus dem Amerika-Handel ging Spanien wegen seiner internationalen Verpflichtungen verloren. Es blieb also kaum etwas für produktive Investitionen.

Fazit: »Die Schatzkammern Perus haben Spanien keinen wirklichen Reichtum gebracht, und die Eroberung der westindischen Inseln kann eher als eine Strafe denn als Geschenk des Himmels angesehen werden« (Marcelin Defourneaux).

Gewiß, ohne das Gold und Silber aus Amerika wäre vielleicht *el siglo de oro*, eine der glanzvollsten Kulturepochen der europäischen Geschichte, politisch vor allem von Philipp II. (1527–1598), kulturell von Velázquez und El Greco, von Cervantes, Lope de Vega und Calderón geprägt, nicht möglich gewesen. Aber das »goldene Zeitalter« überstrahlte die Barbarei, mit der diese Blüte der Malerei und Dichtkunst auch erkauft war, nur ungenügend. Die »schwarze Legende«, die den Spaniern seit den Tagen des Kolumbus als bittere Anklage gegen ihre Untaten in Westindien anhängt, wurde dadurch nicht aufgehellt. Hinter der glanzvollen kulturellen Fassade des »goldenen Zeitalters« zeigte sich bei näherem Hinsehen die ganze Schwäche, ja Armut und Unterentwicklung der verhinderten Wirtschaftsmacht Spanien.

Prunksucht, Kriege, Parasiten

Statt die kostbaren Edelmetalle aus Amerika als Startkapital für den Aufbruch aus der zurückgebliebenen Agrargesellschaft zu nutzen, verschleuderten Kirche, Krone und Adel das Gold und Silber für unproduktive Zwecke. Aus dem Wandel vom Kaufmanns- zum Industriekapital, wie er sich anderswo, beispielsweise in Flandern oder Großbritannien, vollzog, wurde nichts. Auch nichts aus Investitionen in Werkzeug, Maschinen und Arbeitslöhne, die für den *take off* zur Industriegesellschaft die Voraussetzung gewesen wären. Zwischen 1503 und 1510 waren 4950 Kilogramm Gold aus Amerika in Spanien eingegangen, 1511 bis 1520 dann schon 9153 Kilogramm. Zwischen 1503 und 1660 summierte sich der Goldsegen auf 185000 Kilogramm. Eine Menge, die nach heutigen Goldpreisen (Stand: 20. März 1991) einen Wert von 3,576 Milliarden Mark repräsentierte. Auf damalige Verhältnisse bezogen: wahrlich ein gigantischer Betrag, der aber unnütz versickerte.

An einem Ort, in Sevilla, wo der märchenhafte Reichtum vor aller Augen ins Land strömte, konnte Sparsamkeit nicht gerade Trumpf sein. Die Tugenden des Kaufmanns, der für schlechtere

Zeiten etwas auf die hohe Kante legt, geriet in Vergessenheit. Wer Zugang dazu hatte, machte das Gold zu Geld und gab dieses für die Freuden und Genüsse des täglichen Lebens aus, nach dem verschwenderischen Motto: »Geld soll man nicht horten, es muß rollen«. Unter dem Eindruck des Goldes aus Amerika entwickelte sich ein ambivalentes Verhältnis zum Geld: Einerseits wuchs die Faszination, es in großen Mengen zu besitzen und in vollen Zügen zu genießen, während sich andererseits ein bedenkliches Maß an Geringschätzung bemerkbar machte, wie es vielleicht für Neureiche typisch ist. Die Stimmung schwankte mit den Wechselbädern, denen sich die Kaufleute, Bankiers und anderen Beteiligten durch die Fährnisse der Gold- und Silbertransporte ausgeliefert sahen. In nicht wenigen Bürgerhäusern herrschte tiefe Depression, wenn eine Flotte mitsamt ihrer wertvollen Fracht durch Schiffbruch oder Piraterie verlorenging.

Insgesamt herrschte in Sevilla, der Wirtschaftsmetropole, freilich ein ebenso leichtsinniger wie leichtlebiger Optimismus vor. Bescheidenheit galt nicht als Zier. Man protzte und prunkte mit dem plötzlichen Reichtum. Man scheute sich nicht, die Opulenz zu zeigen und die architektonische Introvertiertheit, die früher mit der Konzentration auf den *patio*, den Innenhof, üblich war, in äußerlichen Glanz zu verkehren. Ein Zeitgenosse notierte 1587: »Die Bewohner bauen heute ihre Häuser mit Sicht nach außen. Früher galt beim Bau die ganze Aufmerksamkeit dem Inneren des Hauses, und man kümmerte sich nicht um das Äußere, so wie es zur Zeit der Mauren üblich gewesen war. Aber heute bemüht man sich, den Häusern mehr Glanz zu verleihen, indem man viele Fenster zur Straße hin baut. In einigen zeigen sich die edlen, vornehmen Damen, die durch ihr Erscheinen die Pracht des Hauses noch erhöhen« (Alonso Morgado).

Diese Pracht beschränkte sich sozial auf einige wenige und geographisch auf den Stadtkern. In Sevilla zählten im 16. Jahrhundert nur fünf Prozent der Bevölkerung zu den Begüterten, die über ein Einkommen von mehr als 1300 Reales verfügen konnten; 25 Prozent der Sevillaner ging es mittelprächtig, während 70 Prozent in Armut lebten. An ihnen ging der Gold- und Silberfluß aus Amerika spurlos vorbei. Ihr Tageslohn von nicht einmal einem Silberreal reichte kaum für das Nötigste. Sie konnten beim Anblick der schwerbeladenen Ochsenkarren, die mit den Edelmetallen der Casa de Contratación zurollten, allenfalls eine Weile ihrer Phantasie freien Lauf lassen, um sogleich wieder im Morast ihrer armseligen Existenz zu versinken.

Dem Baufieber, das dank der neuen Reichtümer aus Westindien ausbrach und neue Kirchen, Rathäuser, Spitäler, aber auch üppige Adels- und Bürgerpaläste entstehen ließ, entsprach die Putzsucht der Begüterten. Sie trugen ihren Reichtum, modisch gewandet, ungeniert zur Schau: »Die Frauen verwenden zu ihrem Putz viel Seide«, vermerkte der Zeitgenosse, »feine Baumwollstoffe, Stickereien, moltonierte und durchwirkte Stoffe und hauchzarte Gewebe; die bescheidensten tragen Leinenstoffe in allen Farben. Die kleinen Hüte stehen ihnen aufs schönste, ebenso wie die eleganten Kappen, die mit gestärkter Spitze geschmückt sind« (Alonso Morgado).

Wo so viel Gold und Geld zusammenkamen, gerieten nicht nur die feinen Leute und jene, die angestrengt bemüht waren, in diese Kategorie aufzusteigen, in Versuchung, von den Segnungen auf unproduktive Weise zu profitieren. Für die Heerscharen von Bettlern, die es aus aller Herren Länder auf die Iberische Halbinsel zog, war Spanien das, was die »westindischen Länder« für Spanien waren: Hort des Reichtums. Diebe und Räuber witterten im Umkreis der Handelsbörse das große Geschäft. Desgleichen Hamsterer, Schieber und Spekulanten, die mit ihren Machenschaften, die Waren durch mehrere Hände gehen zu lassen, die Preise in die Höhe trieben.

Ein Preisauftrieb, der die ohnehin akute Inflation zusätzlich überlagerte. Die übersteigerten Konsumbedürfnisse ließen das Handelsdefizit wachsen. Man leistete sich teure Fertigwaren aus dem Ausland, ohne Kompensationsgeschäfte tätigen zu können. Der Zinssatz und die Preise stiegen aber vor allem wegen der unmäßigen Staatsausgaben. Die Expansionspolitik der Krone mit ihren universalmonarchischen Zügen und ihrem religiösen Rigorismus kam die Spanier teuer zu stehen und verursachte mit die säkulare wirtschaftliche Stagnation des Landes. Seit eh und je war es die Hauptsorge der Monarchie gewesen, sich neue Einnahmequellen zu erschließen. Zu diesem Zweck hatte man die *Alcabala*, eine Verkaufssteuer, im 15. Jahrhundert zu einer permanenten Einrichtung gemacht. Sie betrug zehn Prozent des Warenwerts. Damit bestritt die Krone mehr als die Hälfte ihres regulären Haushalts. Trotz der Steuern und außerordentlichen Abgaben, die schwer auf Kastilien lasteten, blieben die Einnahmen immer wieder hinter den Ausgaben zurück. Um das Defizit zu beheben, verpfändete die Krone die Einkünfte auf Jahre hinaus an ihre Gläubiger.

Ein fiskalisches Drama, das 1557, zu einer Zeit, als die Conquista fast abgeschlossen war und alle Reichtümer Amerikas dem Zugriff der Krone offenstanden, zum Staatsbankrott führte. Die aufwendige Hofhaltung hatte das Debakel mit heraufbeschworen. In erster Linie aber waren daran die Kriege Karls V. schuld: »Indem er sich auf die Verfolgung des Teufels in ganz Europa stürzte, erschöpfte Karl V. die Schätze Amerikas in seinen Religionskriegen. Die Dynastie der Habsburger starb mit ihm nicht aus; Spanien sollte die Herrschaft der Österreicher fast zwei Jahrhunderte hindurch erleiden. Der große Bannerträger der Gegenreform war sein Sohn Philipp II. Von seinem gigantischen Klosterpalast, dem Eskorial, aus, an den Abhängen des Guadarrama, setzte Philipp II. im Weltmaßstab die furchtbare Maschinerie der Inquisition in Gang und warf seine Heere auf die Brennpunkte des Ketzertums. Der Calvinismus hatte sich Hollands, Englands und Frankreichs bemächtigt, und die Türken verkörperten die Gefahr des Wiedereinzugs der Religion Allahs. Das Sendungsbewußtsein war kostspielig: Die wenigen Gegenstände aus Gold und Silber, wahre Wunderwerke der amerikanischen Kunst, die uneingeschmolzen aus Mexiko und Peru ankamen, wurden schnell aus der ›Casa de Contratación‹ in Sevilla weggeführt und in die Schlünde der Schmelzöfen geworfen« (Eduardo Galeano).

Merkwürdig der Widerspruch zwischen dem Überfluß, in dem der König dank den Schätzen Amerikas zu schwimmen schien, und seiner chronischen Geldnot, die ihn schier an der Pflicht verzweifeln ließ, seine Soldaten zu besolden. Die Krone, in Gestalt Karls V. und seines Sohnes Philipp II., hatte schon in Europa über die Maßen viel zu tun, um die universalistische Kaiseridee aufrechtzuerhalten und dem Eindringen der Reformation zu wehren (vier dynastische Kriege gegen Franz I. von Frankreich, Schmalkaldischer Krieg, Achtzigjähriger Krieg, Aufmarsch der Armada gegen England, neuer Krieg mit Frankreich usw.). Genug zu tun gab es jetzt auch in der Neuen Welt. Zu viel für das politische und militärische Potential Spaniens, zu viel vor allem für die Wirtschaftskraft des Landes.

Die materiellen Verluste just durch den Reichtum waren noch das geringere Übel. Auf lange Sicht wogen die moralischen Schäden wohl schwerer: die »Adelssucht«, die manuelle Tätigkeiten der Verachtung preisgab, die Geringschätzung des Handwerks und der Mangel an Gewerbefleiß. Wer immer etwas auf sich hielt, und das taten in den höheren Gesellschaftsschichten alle, suchte dem Reich der Notwendigkeiten auf möglichst elegante Art und Weise zu entkommen, um sich ganz dem Gewinn von Ruhm, Ehre und Sozialprestige zu widmen. »Sie bilden sich ein, mehr zu taugen als irgendein anderes Volk«, hieß es mehr als einmal in Berichten fremder Diplomaten. Und ein Spanien-Reisender klagte über den parasitären Lebenswandel: »Die Spanier sind nicht sehr tätig, bepflanzen und bearbeiten den Boden nicht gern, sondern gehen lieber in den Krieg oder nach Indien, um auf solche Weise Reichtum zu erwerben.«

Mehr noch als für die ohnehin über produktive Tätigkeiten erhabenen Granden und Hochadligen, die Nobles, traf diese Einschätzung auf die niederen Edelleute, die Hidalgos, zu. Etwa 300000 an der Zahl (bei einer Einwohnerzahl der Iberischen Halbinsel von insgesamt etwa 6 Millionen), lebten sie mit ihren Familien im allgemeinen in einer prekären ökonomischen Situation. Mochten auch einige von ihnen über genug Grundbesitz verfügen, um eine auskömmliche Existenz zu führen: die meisten nagten jedoch am Hungertuch. Das einzige, was sie besaßen, waren der sorgsam gehütete Adelsbrief, der sie unter anderem von direkten Steuern befreite, und ein übersteigerter Ehrbegriff. Glücklich mußten sich noch jene schätzen, die als dienstbare Geister in den Residenzen der Granden unterkamen oder sich als Junker hochgestellter Damen verdingen konnten. Die Mehrheit jagte der Schimäre von Ruhm und Ehre nach, während ihnen das Wasser bis zum Halse stand. Den wenigsten gelang es, der Armut und dem »penetranten Hunger des Hidalgo« (Cervantes) zu entkommen. Einige versuchten es im Gefolge von Hernán Cortés, Diego de Almagro und anderen Konquistadoren.

Gleichwohl schien diese nichtsnutzige Existenz unter den Vorzeichen materiellen Elends attraktiv genug, um andere, die nicht dem Geburtsadel entstammten, zur Nachahmung anzuregen. Wohlhabende Kaufleute, die Geld genug für diese höheren sozialen Weihen übrig hatten, versuchten ein Majorat zu stiften und auf diese Weise ihre Nachkommen in die Hidalgo-Würde einzukaufen. Damit wurden der produktiven Schicht, dem potentiellen Bürgertum, das die Initialzündung zum Aufbruch aus der Agrargesellschaft hätte geben müssen, weitere Kräfte entzogen.

»Schließlich trägt auch die Verachtung körperlicher Arbeit dazu bei, die Zahl derer anwachsen zu lassen, die in den Klöstern weniger die Verheißungen geistlichen Lebens als vielmehr die Sicherheit einer sorgenfreien materiellen Existenz suchen« (Marcelin Defourneaux). Etwa 180000 Geistliche und Mönche übten sich im 16. Jahrhundert in mehr oder weniger strenger geistiger Zucht und Askese, ohne durchweg dem Grundsatz *ora et labora!* zu huldigen. Hinzu kamen etwa 60000 Nonnen. Der schmarotzerhafte Lebensstil des Klerus forderte so manchen Zeitgenossen zu spöttischen und satirischen Bemerkungen heraus. Treffend hieß es in einem Dokument der Gemeinde Toledo aus den letzten Regierungsjahren Philipps II.: »Die Zahl der Ordensleute, Kleriker und Studenten hat sich verdoppelt, denn sie [diese Leute] sehen keine andere Möglichkeit zu leben oder ihren Lebensunterhalt zu bestreiten.«

Unter den großen gesellschaftlichen Institutionen, die über Grundbesitz verfügten, nahm die Kirche den ersten Rang ein. Und unter den Rentenbeziehern stand der Klerus an erster Stelle. In Kastilien allein zehrten die Geistlichen von 10000 bis 15000 kirchlichen Pfründen, deren Einkünfte überaus begehrt waren. Die bessergestellten Klöster erhielten jährlich 2500 bis 3000 Dukaten, wobei ein Dukat etwa acht Tageslöhnen eines Handwerkers entsprach. Jede Gründung eines neuen Klosters belastete die arbeitende Bevölkerung und schwächte das wirtschaftliche Potential.

»Der enorme Reichtum, der Spanien damals aus Amerika zufloß, verstärkte den an sich schon sehr ausgeprägten parasitären Charakter der herrschenden Klasse des Landes. Je immenser der Reichtum wurde, desto stärker vergrößerte sich auch die Anzahl derer, die man der sogenannten unproduktiven Klasse der ›feinen Leute‹ zurechnen muß, und desto intensiver wurde auch ihr beinahe zwanghafter Drang zu einem verschwenderischen Konsum. Wenn man bedenkt, daß ein Drittel des gesamten Reichtums des Landes der Monarchie, ein zweites Drittel dem Adel und ein letztes Drittel der Kirche gehörte, läßt sich leicht erraten, wo die ›strukturellen Mechanismen‹ gesucht werden müssen, die eine wirkliche wirtschaftliche Entwicklung Spaniens blockierten« (Fernando Mires). Die extrem ungleiche und ungerechte Verteilung des Grundbesitzes war der Entwicklung auch nicht förderlich, verfügten doch etwa acht

Prozent der Bevölkerung, die zum höheren Adel zählten, und 0,85 Prozent, die man der städtischen Aristokratie zurechnen kann, direkt oder indirekt über 97 Prozent des Bodens auf der Iberischen Halbinsel.

Erstaunlich, aber auch symptomatisch für die so wenig auf Dynamik angelegte Wirtschafts- und Sozialverfassung des Landes waren die Sozialdaten, die im Jahre 1591 in der Hauptstadt Altkastiliens, Burgos, einem recht regen Handelsplatz, die Steuerbeamten erhoben. Unter den vielen Hidalgos, den Kloster- und Weltgeistlichen mußten sie die handwerklich Tätigen gleichsam mit der Lupe suchen. Unter 3319 *vecinos*, Stadtbürgern, machten sie gerade 572 abgabepflichtige Bewohner aus. Nur 17 Prozent der Bewohner gehörten demnach zur produktiv arbeitenden Bevölkerung, während sich die große Mehrheit von Renten, Pfründen und dergleichen parasitären Einkünften nährte. Und die wenigen, die ihren Lebensunterhalt mit der eigenen Hände Arbeit verdienten, waren auch nicht mit jener Regelmäßigkeit tätig, wie sie in der Industriegesellschaft gang und gäbe wurde. Fast ein Drittel des Jahres, 102 Festtage, gab zum Nichtstun Anlaß und lockerte den Arbeitsrhythmus auf. Eine großzügig bemessene Freizeit, von der die Bauern jedoch ausgenommen waren.

Nichts als Wolle

Die Große Pest hatte Mitte des 14. Jahrhunderts heftig unter der spanischen Bevölkerung gewütet. Auch im 15. Jahrhundert, bis über die Zeit der Entdeckung Amerikas hinaus, raffte sie in Schüben, jedoch auf einzelne Regionen begrenzt, Menschen in großer Zahl dahin: in Barcelona in elf Wellen zwischen 1410 und 1501; in Sevilla in dreizehn epidemischen Ausbrüchen zwischen 1400 und 1499. Trotz der Seuchen, die periodisch mal im Landesinneren, mal im Küstengebiet grassierten, wuchs die spanische Bevölkerung in dieser Zeit, zumal in Kastilien, wo der »schwarze Tod« die Bevölkerungsexpansion weniger bremste als in den mediterranen Zonen. »Die wenigen Aufschlüsse, die es über die Trends der Bevölkerungsentwicklung in Kastilien gibt, erweisen im Kontrast zur deprimierenden Erfahrung Kataloniens eine gewisse Vitalität. Natürlich entging auch Kastilien nicht den verheerenden Wirkungen der Pest von 1348 oder den daraus erwachsenden Arbeits- und Lohnproblemen, mit denen sich die Autoritäten in den meisten europäischen Ländern herumzuschlagen hatten. Aber trotz wiederholter Ausbrüche der Seuche 1363, 1367 und 1374 waren die Verluste offenbar schnell wieder wettgemacht, und in den anderthalb Jahrhunderten nach dem ›schwarzen Tod‹ war sogar ein gewisses Wachstum der Gesamtbevölkerung zu verzeichnen« (Angus MacKay). Während in Katalonien zwischen 1378 und 1497 die Bevölkerung um etwa 300000 Einwohner abnahm, verdoppelte sie sich in Kastilien im Lauf des 15. Jahrhunderts. Neue Städte entstanden. Und wo die Landwirtschaft des Umlands die Ernährung sicherte, wuchs die städtische Bevölkerung. Mit 75000 Einwohnern (1483) lief Valencia allen anderen Städten den Rang ab. Es war viermal so groß wie Barcelona. Ein Wachstum und eine Blüte, die bis zu einem gewissen Grad der Stabilität der Währung und der Löhne zu verdanken war.

Entwurzelte, Verarmte und Erfolgsbegierige strebten gleichermaßen aus dem ferneren Landesinneren wie auch aus den näheren katalanischen Regionen in die Küstenmetropole. Ein typisches Phänomen der Zeit. Die harschen Lebensbedingungen im ländlichen Zentrum trieben die Bauern an die Küsten: in Mallorca genauso wie in Kastilien, das dichter bevölkert war als die Mittelmeerregionen. Es zog die verarmten Landbewohner vom Norden in den Süden, dorthin, wo sich in den wirtschaftlich aktiveren Küstenzonen, der kantabrischen und andalusischen, noch am ehesten Handel und Wandel regten und wo auch die Reconquista in Form von offiziellen oder privaten Expeditionen Richtung Afrika und Atlantik in die Erfolg verheißende Conquista überging. Der Zulauf, den Andalusien Ende des 15. Jahrhunderts durch die Landflucht erlebte, war beachtlich. Während Städte wie Burgos oder Valladolid stagnierten, florierten Sevilla und Córdoba. Somit präjudizierte Spanien durch sein internes Wirtschafts- und Sozialgefälle das mißliche Phänomen der Landflucht, das es, als Spätfolge der Conquista, seinem lateinamerikanischen Dominium auferlegte.

Achtzig Prozent der spanischen Bevölkerung des 15. Jahrhunderts waren Bauern, ein untrügliches Zeichen für die absolute Dominanz der Agrargesellschaft. Die Mehrheit lebte vom Ackerbau. Weizen, Gerste und Roggen, die wichtigsten Produkte, wurden im zweijährigen Wechsel angebaut. Große Weizenfelder dehnten sich im Süden der heutigen Estremadura aus, zogen sich das Ebro- und Guadalquivirtal hinunter. Im 15. Jahrhundert kam der Weinbau in größerem Stil auf. Weinberge und -gärten begannen in Andalusien, speziell im Erzbistum Sevilla, das Bild zu prägen. Der Ölbaum gelangte erst im 16. Jahrhundert zu Bedeutung. Wie eifersüchtig die Spanier diese beiden Kulturen, Wein und Oliven, als ihr Monopol beanspruchten, bewiesen die entsprechenden Produktionsverbote, die man den lateinamerikanischen Kolonien auferlegte.

An Nahrungsmitteln zogen die Bauern auf den Hochebenen Kastiliens und in anderen Landesteilen zudem Kichererbsen, Bohnen, Linsen, auch reichlich Gewürze wie Anis, Kümmel und vor allem Safran. Zucker und viele Nutzpflanzen wie Flachs, Hanf und Espartogras rundeten das Produktionsspektrum des Landbaus ab. Die Bergregionen und die Allmende, das gemeinschaftlich genutzte Land, erlaubten es selbst armen Bauern, Schweine, Schafe und Ziegen für den Eigenbedarf zu halten.

Bis zum Ende des 15. Jahrhunderts konnte der zweite große Wirtschaftszweig des spätmittelalterlichen Spaniens, die Viehzucht, ohne allzu große Konflikte mit dem Landbau koexistieren. Die Allmendweiden wurden von der Obrigkeit begünstigt. Die Wanderherden, die man übers Land trieb, waren der *Mesta*, der kastilischen Schafzüchtervereinigung, und der Krone unterstellt. Für sie waren Abgaben zu entrichten. Ihre Besitzer mußten sich selbst um Weideland kümmern. Das Allmendland war den lokalen Viehherden vorbehalten.

Der ökonomische Dualismus zerbrach, als der eine Zweig der Landwirtschaft, die Viehzucht, rücksichtslos auf Kosten des anderen, des Landbaus, expandierte. Zur Zeit der *Reyes Católicos* grasten bis zu zwei Millionen Schafe die mehr oder weniger üppigen Weiden Kastiliens ab, meist Merinoschafe, deren Wolle bei den Textilunternehmern Westeuropas überaus begehrt war. Zusehends verschoben sich unter den Vorzeichen mit von der Conquista begünstigten außenwirtschaftlichen Interessen die Proportionen zwischen Acker- und Weideland zuungunsten des ersteren. Die Kirche und der Adel, die besonders von der Schafzucht profitierten, waren es zufrieden. Don Gutierre de Sotomayor, der Herr von Alcántara, hinterließ bei seinem Tod im Jahre 1453 als Teil seines persönlichen Besitzes 195 000 Schafe und 2000 Rinder. »Mönchsorden, die im Kastilien des 15. Jahrhunderts ihre große Zeit hatten, die Hieronymiter von

Guadalupe und die Kartäuser von El Paular, widmeten sich der Schafzucht mit dem gleichen Enthusiasmus wie Don Gutierre« (J. N. Hillgarth).

Die Mesta, eine Art Interessenverband der Kleinaristokratie, der die Geschäfte von Viehzüchtern, Landeigentümern, Wollhändlern und königlichen Finanzbeamten machtvoll zu führen und durchzusetzen wußte, ließ die Schafherden immer rücksichtsloser die Weiden der örtlichen Bauern abgrasen. Die Selbstversorgung auf dem Lande zählte jetzt weniger als das Interesse an der Wolle. Jedes Frühjahr, wenn die Herden der Mesta von den Winterweiden in den Ebenen Andalusiens und der Estremadura in die Hochebenen und Sierras Kastiliens hinaufgetrieben wurden, mußten die Bauern um ihre Existenz bangen. »Wenn die Hirten auch gehalten sind, beim Durchqueren bebauter Regionen die ihnen angewiesenen Wege (cañadas) nicht zu verlassen, so ist das Vorbeiziehen der Herden für die Bauern der benachbarten Gebiete doch ein schweres Unglück, denn die Herden dürfen ungehindert auf dem privaten Brachland weiden und sogar auf der Allmende des Dorfes, die die Dorfgemeinschaft selbst nutzen wollte. Die Mesta hat sich nämlich von den Königen Kastiliens, denen daran lag, die Produktion und den Export der Wolle zu fördern und zu unterstützen, eine ganze Reihe von Privilegien zuerkennen lassen, die den Interessen der Bauern zuwiderlaufen: ihnen ist es verboten, Brachland zu kultivieren und ihre Felder durch Umzäunungen zu schützen; im Gegenteil, sie müssen die Schafe der Mesta auf ihrem Brachland zum Schaden ihres eigenen Viehs weiden lassen« (Marcelin Defourneaux).

Ein Wandel in den landwirtschaftlichen Prioritäten und Verhältnissen, der die Bauern vollends niederdrückte und viele von ihnen zu Arbeitsemigranten machte. Ganz abgesehen davon, daß trotz der Urbarmachung von Brachland und der illegalen Privatisierung von Allgemeinland der kastilische Boden aufgrund des Bevölkerungswachstums im 15. Jahrhundert knapp geworden war. Die Tendenz zur Konzentration des Eigentums in den Händen einiger weniger schränkte die Produktions- und Lebensmöglichkeiten der Masse der Bauern weiter ein.

Es war nicht zuletzt der Entdeckung Amerikas und der Conquista zuzuschreiben, daß dieses Wollmonopol, das die Ernährungsgrundlage schmälerte und heftige soziale Konflikte auslöste, keineswegs den ökonomischen Wachstumsschub brachte, der im Prinzip in dieser Branche angelegt war, wie das Beispiel England zeigt. Der Gold- und Silbersegen aus Übersee erlaubte es den Spaniern, die daran partizipierten, auf großem Fuß oder, schlimmer noch, quasi auf Kredit kommender Generationen zu leben, indem sie das vorhandene Entwicklungspotential für ihre Konsumbedürfnisse verschwendeten. Sie kauften unbekümmert jede Menge Manufakturprodukte im Ausland ein und begnügten sich damit, das Gros ihrer Exporte mit Agrarprodukten, vor allem mit Wolle zu bestreiten. Abnehmer waren die Textilindustrie Frankreichs und der Niederlande. Allein nach Flandern führten sie 1484 150000 Kilogramm Wolle aus.

Die Wolle garantierte einen ebenso schnellen wie vergänglichen Reichtum, der keine produktiven Spuren in der Wirtschafts- und Sozialgeschichte hinterließ. Bis Anfang des 15. Jahrhunderts hatten noch einheimische Stoffe teilweise diejenigen aus England oder Flandern ersetzt. Ein Vorrang auf dem Binnenmarkt, der jedoch im gleichen Maße schwand, wie die Güte der spanischen Stoffe hinter die Qualität ausländischen Tuchs zurückfiel. In Burgos und Segovia zum Beispiel wurden Tuche mittlerer Qualität hergestellt. In Andalusien sogar solche besserer Qualität. Aber im großen und ganzen dominierten die groben Stoffe, mit denen im Ausland kein Staat und schon gar kein Geld zu machen war.

Wo die ökonomischen Impulse fehlten, das Niveau der Textilindustrie zu heben, nutzten Appelle und Restriktionen nichts. Selbst merkantilistisch angehauchte städtische Verordnungen halfen da nicht weiter. Die Conquista machte mit den Edelmetall-Erträgen, die ins Land einströmten und die Devisen für umfängliche Importe lieferten, Spanien zum Paradies der Händler aus dem Norden und dem Osten. Gegen Ende des 15. Jahrhunderts wurden für 200000 Dukaten Tuche importiert. Holländische Erzeugnisse beherrschten den Markt. Aus Flandern, aus der Bretagne und aus Portugal kam Leinen in großer Quantität und guter Qualität ins Land. Seide erstanden die putzsüchtigen und modebewußten Spanier in Italien. Selbst stolze Preise und restriktive Gesetze, die den Importboom dämpfen sollten, nutzten wenig. Ausländische Produkte ersetzten heimische. »Gastarbeiter« aus Frankreich und aus anderen europäischen Ländern nahmen im Handel und Gewerbe vielfach die früher von Spaniern ausgeübten Funktionen wahr.

Der Verbrauch ausländischer Textilerzeugnisse nahm in einem Maße zu, das Handwerk und Gewerbe auf Jahrzehnte, vielleicht sogar auf Jahrhunderte hinaus ins Hintertreffen brachte. Die Textilindustrie mochte wie in Barcelona so auch in einigen anderen Regionen für einen gewissen Aufschwung sorgen: insgesamt blieb sie der europäischen Konkurrenz weit unterlegen, weil die Wachstumsimpulse durch die Goldschwemme von jenseits des Atlantiks gedämpft, wenn nicht gar unterdrückt wurden. In Kastilien stand das Handwerk eindeutig hinter Ackerbau und Viehzucht zurück. Die Manufakturen, die unter dem Einfluß der Mauren zwischen dem 10. und 14. Jahrhundert und dank anderen Impulsen aufgeblüht waren, lagen jetzt darnieder. Der Glanz einstiger Handels- und Gewerbezentren wie Burgos und Segovia verblaßte bis zur Unkenntlichkeit.

»Zwei Drittel aller Menschen, die hier leben, haben keine Arbeit mehr«, klagte die Universität von Toledo im Jahre 1618 in einer Bittschrift an König Philipp IV., »und sie vergessen ihre handwerklichen Fähigkeiten und Kenntnisse, die sich in Spanien so vollkommen entwickelt hatten, da es ihnen an der praktischen Übung mangelt. (...) Früher nahmen Handel und Gewerbe den ersten Platz in der Welt ein, da man nicht nur das herstellte, dessen Spanien bedurfte, sondern auch ganz Europa und Westindien mit Waren belieferte. Heute aber sind es die Fremden, die ihre Waren und vor allem ihre Stoffe in Spanien vertreiben und dafür klingendes, gutes Geld mitnehmen. Alle die Waren, die sie herbringen, hätten der Königlichen Kasse große Einkünfte gebracht, wenn sie, wie es einst üblich war, in diesem Königreich hergestellt worden wären.«

Zu allem Überfluß versuchte man den Qualitätsrückstand der einheimischen Tuche etwa zu den flämischen Luxusstoffen unter den Vorzeichen von Zunftregeln aufzuholen, die den Wettbewerb im Keim erstickten. Welche Rohstoffe verwendet werden sollten, wie die Arbeitszeit zu bemessen war, wie viele Arbeitskräfte einen Betrieb ausmachten: über all das bestimmte in Katalonien der Zunftmeister. Die anachronistischen Organisationsformen im Handwerk behinderten die ökonomische Entwicklung. Von der Flucht in den Protektionismus ganz abgesehen, der man in der Regel den Vorzug vor dem Versuch gab, den Manufakturen zu neuer Blüte zu verhelfen.

Unter dem Eindruck der Reconquista und der Conquista verstiegen sich die Spanier vollends in den Wahn, mit der *limpieza de sangre*, der Reinheit des Blutes, gesegnet zu sein. Mit den Anzeichen rassistischer und religiöser Überheblichkeit gingen sie Mitte des

16. Jahrhunderts zum Beispiel dazu über, den Mitgliedern der Zünfte Beweise für diese Reinheit abzuverlangen. Dieser Ausschließlichkeitsanspruch, der sich bereits 1492 gegen die Juden und 1502 gegen die Mauren gerichtet hatte, die in großer Zahl das Land verlassen mußten, zeitigte, von den moralischen, psychologischen und sozialen Aspekten ganz abgesehen, fatale ökonomische Folgen. Wären doch diese Minderheiten – die Juden in höherem Maße als die Mauren –, die eine aktive Mittelschicht aus Händlern, Handwerkern und Intellektuellen gebildet hatten, dazu prädestiniert gewesen, den Niedergang Spaniens aufzuhalten und den Übergang zur Industriegesellschaft einzuleiten. Der Preis, den Spanien für den doppelten Triumph der Reconquista und der Conquista mit ihren unitaristischen, auf religiös-politische Einheit und Reinheit ausgerichteten Tendenzen zu bezahlen hatte, war ein chronischer Rückstand an Modernität bis in die jüngste Vergangenheit hinein.

Spanische Investitionen, europäische Profite

Äußerlich mochte die Conquista wie ein exklusiv spanisches Unternehmen wirken: Der Druck der ewigen Finanzmisere, in der die Krone zu versacken drohte, sorgte dafür, daß viele Nichtspanier davon profitierten. Die Gesetze und Verordnungen, die die Gewinne der Conquista allein in spanische Kassen fließen lassen sollten, erwiesen sich angesichts der Macht des Faktischen als nichtig. Schon 1488 hatten die Katholischen Könige mit einer prohibitiven Politik begonnen und im Interesse einer günstigeren Zahlungsbilanz die Summe Geldes, die Reisende beim Verlassen Kastiliens mit sich führen durften, beschränkt. »1491 bekräftigten sie die Verordnung, wonach ausländische Kaufleute als Gegenwert für ihre Produkte kein Geld, sondern Waren bekommen sollten. Und 1495 verfügten sie, Zahlungen an spanische Kaufleute, die im Ausland tätig waren, über Bankiers am Markt von Medina zu girieren, mit dem Ziel, Ausgänge von Bargeld zu vermeiden. Und 1499 verbot man allen Ausländern, Banken oder Wechselstuben in Kastilien aufzumachen. Aber diese Mittel fruchteten noch weniger als früher, angesichts eines privilegierten Handels, den ausländische Kaufleute, vor allem Genueser und Venezianer, im Süden Kastiliens trieben, und angesichts des Drucks, den sie ausüben konnten« (Miguel Ángel Ladero Quesada).

Eine Gesellschaft, die so wenig kommerzialisiert war wie die spanische, aber Rohstoffe zu bieten hatte, die anderswo in Europa begehrt waren, konnte sich dem Einfluß und der Dominanz ausländischer Kaufleute kaum entziehen. Sie lockte sie förmlich an. Schon lange vor Beginn der Conquista hatten die Genueser in Granada, Cádiz und Málaga Fuß gefaßt. Mit seinen attraktiven Produkten wie Olivenöl, Wein, Thunfisch, Leder, Seife oder Quecksilber war Andalusien nicht nur zu ihrer Domäne, sondern quasi zu ihrer Kolonie geworden. In der Person des Kolumbus, der als junger Mann im Auftrag der Genueser Firma Centurione nach Lissabon und Madeira gekommen war, verbanden sich die italienischen Handelsinteressen mit den spanischen Ambitionen zu dem großen Abenteuer Richtung Westen.

Schwer zu glauben, daß bei dieser Konstellation die ausländischen Kaufleute von dem Unternehmen Conquista auszuschließen waren. Sofern sie nicht in spanische Familien eingeheiratet und Bürgerrechte erworben hatten, waren Ausländer, auch solche, die schon lange in Sevilla oder anderswo in Andalusien residierten, offiziell von der *carrera*, dem Handel mit der Neuen Welt, ausgeschlossen. »Allerdings gibt es, um dieses Verbot zu umgehen, verschiedene Mittel und Wege, die inoffiziell von den spanischen Behörden toleriert werden: die großen ausländischen Handelshäuser arbeiten in Sevilla durch Vermittlung ihrer Agenten, die die spanische Nationalität besitzen und die Lizenz haben, auf ihre Rechnung Waren aus Amerika und von anderswoher zu kaufen und zu verkaufen. Andere ausländische Händler, die in Sevilla selbst ansässig sind, wickeln ihre Geschäfte unter dem Namen spanischer Strohmänner ab, auf die alle offiziellen Dokumente ausgestellt sind (*registros*, Rechnungen usw.), welche die Verladung der Waren auf die Schiffe der Flotten erlauben. Einige Franzosen geben sich als aus Wallonien oder der Franche-Comté gebürtig, das heißt als Untertanen des spanischen Königs, aus und können somit den Spaniern gleichgestellt werden« (Marcelin Defourneaux).

Und wenn diese halb legalen Mittel nicht reichten, zweigten die ausländischen Kaufleute ihren Gewinnanteil an der Conquista auf kriminellen Wegen ab. Ein wenig dezenter zwar als die Freibeuter, aber darum nicht minder wirkungsvoll. Mit Hilfe reichlicher Bestechungsgelder entzogen sie das Gold und Silber in den Ausgangshäfen der Neuen Welt dem kritischen Blick der königlichen Beamten, die es um des Anteils der Krone willen zu registrieren hatten. Vor der Küste Spaniens verlud man das »sagenhafte Metall« aus Amerika auf andere Schiffe und segelte damit nach Holland oder England ab. So gelangte ein Teil der begehrten Metalle gar nicht durch den Flaschenhals Sevilla, den es eigentlich passieren sollte, in den Machtbereich der Krone.

Ein anderer Teil floß legal ins Ausland ab, um die Kredite und Hypotheken, mit denen die Krone überlastet war, zu verzinsen und zu tilgen. Je mehr Gold aus Amerika hereinkam, desto drangvoller waren Könige und Kaiser, zumal Karl V. mit seinen teuren universalmonarchischen Ambitionen, den ausländischen Banken ausgeliefert. Immer wenn Gold aus der Neuen Welt eintraf, verdiente Jacob Fugger II. mit, der Bankier des Kaisers, der Päpste und der römischen Kurier. Er hatte 1519 die Wahl Karls I. von Spanien zum Kaiser finanziert. Vorausblickend war das Haus Fugger von der Beteiligung am portugiesischen Ostindiengeschäft auf die spanische Conquista in Westindien umgestiegen.

Ein Glücksfall für die Fugger, die den Kaiser nicht nur zur Kasse bitten, sprich: ihn an die Rückzahlung der generösen Darlehen erinnern, sondern die überdies die Gelegenheit für vielfältige Bank- und Wechselgeschäfte nutzen konnten. Über die Faktorei der Fugger in Sevilla entwickelte sich ein intensiver Warenhandel. Auch über eine eigene Conquista ließen die Fugger ihren Faktor Veit Hörl mit dem spanischen Indienrat verhandeln, wenn auch ohne Erfolg. Mit einer Art spätmittelalterlicher *joint ventures* griffen die Augsburger Geldgeber in die Geschicke der Neuen Welt ein, indem sie etwa die Reiseunternehmen eines García Loaiza und Sebastián Cabott oder gleich die Eroberung ganzer Gebiete, zum Beispiel Chiles, finanzierten, wie es zuvor ihre Konkurrenten, die Welser, im Falle Venezuelas getan hatten.

Den Welsern war es gelungen, am 27. März 1528 einen Vertrag mit der Krone abzuschließen, »der ihnen das Gebiet von Kap Codera im Osten bis zum Kap de la Vela im Westen als Eigentümerkolonie zuwies. Nach Süden war das Land unbegrenzt, es sollte nach den damals üblichen Formeln von Meer zu Meer reichen. Sie verpflichteten sich, das Land zu erschließen, und zwar sollten sie binnen zwei Jahren mindestens zwei Siedlungen von je mindestens dreihundert Bewohnern gründen und drei befestigte Plätze bauen« (Ernst Samhaber).

Ein weites, aber dorniges Betätigungsfeld, das sich den Welsern da bot. Sie schickten sich mit großer Energie an, es zu beackern und gingen mit einer Unerbittlichkeit vor, die die Grausamkeit der Spanier noch in den Schatten stellte. Der reine Kommerz duldete keine Halbherzigkeiten, wie sie etwa den Spaniern gelegentlich unterliefen, wenn sie sich ihres Missionsauftrags und der Gebote der christlichen Nächstenliebe inne wurden. Die Handelsherren und Finanziers aus Augsburg kannten derlei Skrupel nicht. Für sie mußten am Ende Soll und Haben stimmen. Auf ein paar mehr oder weniger verlorene Seelen kam es da nicht an. Der Zeitgenosse Fray Antonio de Remesal stellte dem deutschen Unternehmen ein abscheuliches Zeugnis aus: »Diese [die Deutschen] kamen mit dreihundert Mann, und sie stießen auf Leute, die – noch mehr als es sonst in jenen Ländern der Fall ist – wie sanfte Schafe waren, genauso (oder gar noch mehr) wie man sie in allen Teilen Amerikas zu finden pflegt, bis sie die Schäden, welche die Spanier ihnen zufügen, kennenlernen. Sie kamen dorthin, so meine ich, auf beispiellose, grausame Weise, wie es keine anderen Tyrannen getan hatten, (...) und sie verhielten sich noch irrationaler und wilder als grausame Tiger, als rasende Wölfe und Löwen. Denn sie taten dies mit noch größerer Angst, blutrünstigerer Gier – der Gier nach Reichtum – und viel gekonnter und gründlicher. Dies alles vor allem nur, um Silber und Gold zu bekommen und rauben zu können.«

Bei den Nachbarn der Welser, den Portugiesen, hatten die Indianer eine Karenzzeit. Die Seefahrer und Kolonisten, die aus Lissabon den Atlantik herübergefahren kamen, beschränkten sich fürs erste darauf, die Küste auf und ab zu sondieren, um die Inanspruchnahme ihres Besitztitels von Tordesillas vor aller Augen zu dokumentieren. Während des ganzen 16. Jahrhunderts ließen sie ihren Kolonialbesitz in Südamerika zum Vorteil der Eingeborenen weitgehend unbesiedelt. Erst von 1650 an begannen die Portugiesen, das Landesinnere von Brasilien zu durchdringen und zu besiedeln. Da hatte das Augsburger Handelshaus schon längst Konkurs gemacht und seine koloniale »Mission« erfüllt. Die Welser waren an der Eifersucht und Fremdenfeindlichkeit der Spanier genauso gescheitert wie an der feindlichen Umwelt und der eigenen Hybris. Kaum hatten sie an der Küste Fuß gefaßt, waren die Indianer, zumal die Kariben, die als vogelfrei galten, ins Landesinnere zurückgewichen. Damit entzogen sie den deutschen Privatkolonialherren die Möglichkeit, das Land in Repartimientos aufzuteilen und systematisch zu besiedeln. Es fehlten die Arbeitskräfte.

Man beschränkte sich also darauf, mit der Gründung von Maracaibo einen Stützpunkt an der Küste zu schaffen. Von dort aus ging es in einzelnen Expeditionen auf Sklavenjagd ins Landesinnere. Vom ersten Welsergouverneur Ambrosius Ehinger, der am 24. Februar 1529 mit drei Schiffen in Coro, im Westen des heutigen Venezuelas, gelandet war, wird berichtet, daß er auf seinen beschwerlichen Zügen nach Westen und Süden erschöpften indianischen Lastenträgern eigenhändig den Kopf abschlug, um nicht die Kette lösen zu müssen, an die sie mit Halsringen befestigt waren. Nikolaus Federmann, ein anderer Deutscher, kehrte unverrichteterdinge an den schützenden Küstensaum zurück, von starkem indianischem Widerstand zurückgetrieben. Desgleichen Georg Hohermuth aus Speyer, den die Spanier seiner Herkunft wegen »Spira« nannten. Die tropischen Regenwälder, abweisende Bergketten und palisadenbewehrte Indianerdörfer verlegten ihm den Weg nach Süden. Mit dem kläglichen Rest seiner Truppe trat er den Rückzug an. Dabei war er, wie er glaubte, dem Reich des Dorado schon so nahe gewesen. Das Kolonialexperiment der Welser scheiterte. Sie zogen sich im Jahre 1556 aus Spanisch-Amerika zurück.

Da hatten es die Fugger klüger angestellt. Sie mieden die Kosten einer Conquista auf eigene Rechung und strichen statt dessen die Dividende der spanischen Conquista ein. Über die Faktorei in Sevilla ließen sich die Geschäfte weit besser kontrollieren, als dies beim Venezuela-Unternehmen der Welser möglich war. Einen noch besseren Stand als die »Fúcares« verschafften sich die Genueser als eigentliche Gewinner der Conquista in der spanischen Ökonomie. In der ersten Hälfte des 16. Jahrhunderts wurden allenthalben Klagen laut, daß sie in den verschiedensten Wirtschaftszweigen ein Monopol errichtet hatten. Der größte Teil der Handelsunternehmen war in ihrer Hand. Sie beherrschten die Seifenproduktion, kontrollierten den Seidenhandel sowie den Getreide- und Stahlhandel. Und schließlich stand sogar der Wollexport unter ihrem Einfluß. Die Arbeitsteilung zwischen der kastilischen Monarchie und den Genuesern machte sich für letztere bezahlt. Sie hatten das Startkapital und die ausgefeilten Geschäftstechniken für den »Beutekapitalismus« bereitgestellt, während die Krone die Seeleute und Eroberer zu diesem Unternehmen beigetragen hatte. Jetzt schöpften die Genueser und andere ausländische Bankiers Gewinne nicht nur in Form von Gold, Silber, Gewürzen und anderen tropischen Produkten ab, darüber hinaus sahen sie sich mit weiterer Wirtschaftsmacht belohnt.

»Spanien kolonisierte, Europa profitierte« (Felix Becker): auf diese Formel könnte man das Wesen der Conquista bringen. »In diesem Betracht hat man Spanien auch mit dem Mund – und das übrige Europa mit einem Körper – verglichen, der alles Fleisch bekommt, es kaut und zubereitet, aber es alsbald den anderen Teilen des Körpers zuführt und für sich selbst nur den bloßen Geschmack behält oder das, was zufällig noch zwischen den Zähnen hängenbleibt« (Marcelin Defourneaux).

Spanien war nicht die Endstation des Gold- und Silberflusses aus Amerika. Und dessen Ziel war nicht die Produktion, die auf diese Weise hätte expandieren können. Ähnlich wie Spanien erwies sich auch Portugal als bloßer Abfluß, durch den der Reichtum nach Nordwesteuropa weiterströmte. »In ähnlicher Art, wie das Silber von Potosí auf spanischem Boden nur abprallte, ging das Gold von Minas Gerais nur als Transitgut über Portugal. Das Mutterland wurde zu einem einfachen Zwischenhändler. 1755 versuchte der damalige portugiesische Premierminister, Marquis von Pombal, die Wiederaufnahme einer Schutzzollpolitik herbeizuführen, aber es war schon zu spät; er verkündete, daß die Engländer Portugal erobert hätten, ohne die Mißhelligkeiten eines Eroberungskriegs riskieren zu müssen« (Eduardo Galeano).

Spanien und Portugal, die den modernen Kolonialismus initiierten, nahmen paradoxerweise unter dem Einfluß der Conquista selbst koloniale Wirtschaftsstrukturen an. Sie exportierten Rohstoffe und importierten Fertigwaren. Mochten im spanischen Außenhandel auch Produkte der baskischen Eisenwarenindustrie und der Seifenindustrie von Sevilla eine gewisse Rolle spielen, so änderten diese Anteile doch nichts an dem grundsätzlichen Manko der spanischen Ökonomie, daß sie in der internationalen Arbeitsteilung den Part der Unterlegenen einnahm. Zwischen Spanien und seinen Handelspartnern bildete sich jene Struktur heraus, die heute für das Verhältnis zwischen Industriegesellschaften und Entwicklungsländern typisch ist. Die Wolle verließ in unverarbeiteter Form das Land, als billiges Exportgut, bei dem allein die Masse zählte. Als teures Tuch kehrte sie zurück. Auf lange Sicht nahm Spanien eine Zwitterstellung ein. Seinen Kolonien gegenüber fungierte es als Metropole. Im Verhältnis zu den Industriegesellschaften wurde es zur Peripherie.

CAP.° 74.ª

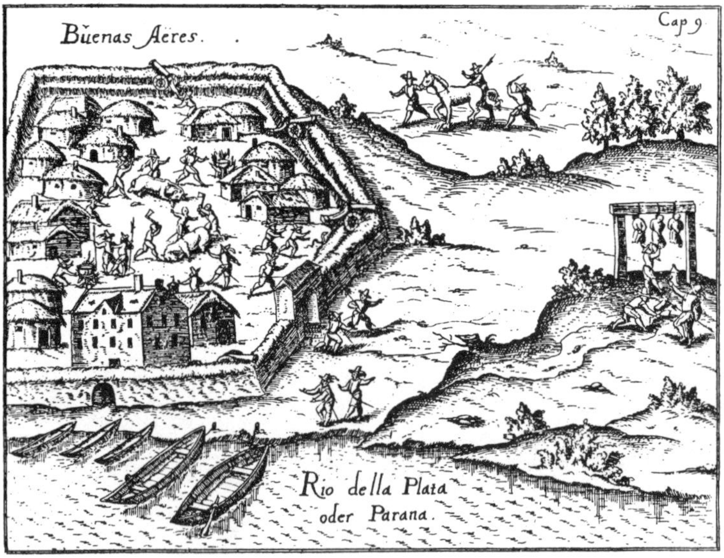
Buenas Aeres.
Cap 9
Rio della Plata
oder Parana.

Entwicklung der Unterentwicklung

Sklaverei und Ökokrieg

Kolumbus brachte nicht nur Tand mit in die Neue Welt, um sich damit das Wohlwollen der Eingeborenen zu erkaufen. Er führte auch Nützlicheres ein: zum Beispiel Zucker, den er 1493 nach Santo Domingo importierte. Die Pflanzen und die Kenntnisse, wie sie zu kultivieren und zu »weißem Gold« zu machen sind, stammten von den Kanarischen Inseln. Schon 23 Jahre später, 1516, verschifften die Spanier zum erstenmal von Hispaniola aus Zucker zurück nach Europa. Das war der Auftakt zu einer ökonomischen Erfolgsstory, an der später auch die Engländer auf »ihren« Antillen, vor allem aber die Portugiesen beteiligt waren. Von 1526 an liefen Schiffe mit großen Mengen Zucker aus Brasilien in Lissabon ein. Die Expansion des Anbaus in diesem Teil der Neuen Welt ließ das 16. Jahrhundert zu einem »Jahrhundert des brasilianischen Zuckers« werden. Auch in Mexiko, in Mittelamerika, Paraguay und an der Pazifikküste Südamerikas wuchs fortan Zuckerrohr.

Hernán Cortés, der Konquistador und Unternehmer in einer Person, folgte dem Beispiel des Kolumbus und führte den Zucker auf Kuba ein. Er verfrachtete Rinder und Schweine auf die Insel und gab den Anstoß zu Ackerbau und Viehzucht, wie sie bis dahin unbekannt waren. Im Vollgefühl ihres Sendungsbewußtseins und ihres Missionsauftrags hielten sich die Spanier einiges darauf zugute, den Primitiven in der Neuen Welt mancherlei Segnungen und Annehmlichkeiten der Zivilisation gebracht zu haben: unter anderem den Gebrauch von Eisen und Metallen, das Rad natürlich und als Fortbewegungsmittel nicht ganz so revolutionärer Art, das aber die Indianer sowohl in seinen Dimensionen wie in seiner Bauart in Erstaunen versetzte: das Schiff. Ganz abgesehen von den Häusern, Kirchen, Straßen und Plätzen, die eine unumstößliche Ordnung in die Neue Welt brachten.

Aus diesem Blickwinkel betrachtet, schien die Bilanz des Nehmens und Gebens zwischen Alter und Neuer Welt im nachhinein durchaus ausgeglichen zu sein. Das Gold als Äquivalent für diese zivilisatorischen Leistungen war nur recht und billig, wenn es denn überhaupt einen Anlaß gab, eine solche Rechnung aufzumachen. Schließlich war das Seelenheil, dessen die Indios dank den Spaniern teilhaftig wurden, nicht mit irdischen Gütern aufzuwiegen. Den Gold- und Silberraub konnten die Spanier und Portugiesen um so besseren Gewissens begehen, als sie den Indianern mit den Edelmetallen ja keine Lebensmittel nahmen, die essentielle Bestandteile der autochthonen Wirtschaft gewesen wären. Das Gold und Silber, das die Indianer schürften und handwerklich verarbeiteten, diente nicht dazu, Handel damit zu treiben, sondern war im wesentlichen kultischen Zwecken vorbehalten. Es verlieh den zeremoniellen Anlässen Glanz. Man verehrte damit die Sonne.

Die neuen Herren der Neuen Welt importierten indessen auch Errungenschaften, die man beim Entwicklungsstand mancher indianischer Hochkulturen wie der Quiché-Maya-Zivilisation noch weniger als Haustiere oder technisches Gerät in »Geschenke des Himmels«, mitgebracht von den »weißen Göttern«, hätte umdeuten können: die Sklaverei und die Plantagenwirtschaft. Beides sollte die sozioökonomischen Verhältnisse in Iberoamerika bis zum endgültigen Exitus des spanischen Kolonialreichs 1898 prägen.

Von dem Tag an, da man vom bloßen Einsammeln und Eintauschen des Goldes zur bergmännischen Ausbeutung der Bodenschätze überging und parallel dazu, zur Sicherung der materiellen Basis, die landwirtschaftliche Produktion steigern mußte, ergab sich für die von keinem protestantischen Arbeitsethos angekränkelten Spanier die Notwendigkeit, Arbeitskräfte zu importieren. Da Spanien trotz der Nöte, denen die kastilischen Bauern oder die Pächter der Estremadura in größerer Zahl zu entfliehen suchten, kein typisches Auswanderungsland war, mithin keine großen Kontingente von Arbeitskräften liefern konnte, kamen allein die Schwarzen in Betracht. Die Andalusier hatten schon Erfahrungen mit diesen Ende des 15. Jahrhunderts direkt aus Guinea eingeführten unfreiwillig-willigen Arbeitskräften. Einige der Seefahrer nahmen ihre Haussklaven als Handlanger mit über den Atlantik. Mit der Invasion der Spanier in der Neuen Welt begann zugleich die traurige Völkerwanderung der Schwarzen, bei der Tausende und Abertausende im wahrsten Sinne des Wortes auf der Strecke blieben, sprich: bei der Überfahrt in drangvoller Enge elend zugrunde gingen. Ein Transfer an »Menschenmaterial«, der wie ein Rinnsal begonnen hat und im 19. Jahrhundert zu einem gewaltigen Strom angeschwollen ist.

»König Ferdinand schickte im Jahre 1505 für die Arbeit in Bergwerken 17 Negersklaven auf die Insel La Española, die sich gut bewährten, und beauftragte im Jahre 1510 das Sevillaner Handelshaus, bis zu 200 Sklaven hinüberbringen zu lassen. Bald mehrten sich die Gesuche der Spanier auf den Westindischen Inseln, ihnen Neger in größerer Zahl zur Verfügung zu stellen, und königliche Beamte auf La Española unterstützten dieses Verlangen mit der Begründung, daß man damit die Arbeit der Indianer erleichtern und unendlich viel Gold gewinnen würde« (Richard Konetzke). Im Jahre 1570 waren etwa 40000 Negersklaven in Spanisch-Amerika tätig, um 1650 etwa 857000, und gegen Ende der Kolonialzeit machten die wider Willen in die Neue Welt verpflanzten Schwarzen mit 2347000 Köpfen schon einen beachtlichen Teil der Bevölkerung aus.

Auf den Antillen, in großem Maßstab auf Kuba, begann der Transport des »schwarzen Elfenbeins«, und dort endete auch die schändliche Geschichte: erst am 4. März 1845 wurde der Sklavenhandel nach der größten der Antilleninseln, der letzten kolonialen Bastion Madrids in der westlichen Hemisphäre, gesetzlich untersagt. Zuvor schon, 1817, hatte England, die überlegene Seemacht, ihn Spanien in einem Vertrag verboten. Von da an waren die Schwarzen heimlich ins Land gebracht worden, als menschliche Konterbande. Der Sklavenimport boomte wie nie zuvor. Für die Unbill, die »Ware« auf Schleichwegen ins Land bringen zu müssen, wurden die Händler mit Aufpreisen für das begehrte Schmuggelgut sattsam entschädigt.

Aus diesem Grund kam der größte Teil der Negersklaven erst im 19. Jahrhundert auf die Zuckerinsel, zu einer Zeit, als die geistigen Nachwehen der Aufklärung und der Französischen Revolution mit ihren Menschenrechtsidealen dieser organisierten Unfreiheit hätten eigentlich ein Ende setzen müssen. Aber Aufklärung und Revolution wirkten in erster Linie durch den Filter der ökonomischen und politischen Interessen der Kreolen, der im Lande geborenen Spanier, auf die Geschicke und Geschichte Lateinamerikas ein. Den

Kreolen war weniger an Freiheit und Brüderlichkeit gelegen als an einem Freiraum, in dem sie ihre ökonomischen Aktivitäten ungehindert entfalten konnten. Sie wollten frei sein von der politischen und administrativen Subordination unter die *Peninsulares*, die Europaspanier. Eine Absicht, die sich in ihrer Vorstellungswelt durchaus mit dem Ansinnen vertrug, um des wirtschaftlichen Vorteils willen einem Teil der Inselbewohner die Freiheit zu verweigern. Die Sklaverei auf Kuba fand 1886 definitiv ein Ende. In Brasilien, das mit seinen ausgedehnten Plantagenkulturen und seinen tropischen Klimaverhältnissen besonders günstige Geschäftsbedingungen für die Sklavenhändler geboten hatte, wurde die Negersklaverei erst 1891, vom Beginn der neuen Republik an, abgeschafft.

»Ohne Sklaven kein Zucker, ohne Zucker keine Sklaven«, so lautete der kolonialwirtschaftliche Konnex. Die Expansion des Sklavenhandels folgte der Ausweitung der Zuckerproduktion in die Sozialökonomie sowohl der Antillen wie auch des Festlands. Ohne die unfreiwillige Vorarbeit der Negersklaven hätten nicht jene *cash crops* entstehen können, die heute viele Länder Lateinamerikas mit ihren monokulturellen Strukturen, ihren Bananen, ihrem Zucker oder ihrem Kaffee, auf Gedeih und Verderb an den Weltmarkt binden. Nur die Knochenarbeit der Schwarzen erlaubte es der »weißen Dame Zucker«, einige Zeit lang wenigstens, eine ausgesprochen gute, fast statiöse Figur auf dem Weltmarkt zu machen, bis nach dem »Tanz der Millionen«, dem Gewinnrausch des Zuckerbooms nach 1914, der Zuckerpreis ins Bodenlose fiel und die betroffenen Länder mit ihrer gesamten Sozialökonomie in den Strudel des Preisverfalls und später der Weltwirtschaftskrise von 1929 gerieten.

Wie kaum ein anderes hat dieses Ereignis den von der spanischen Kolonialherrschaft heraufbeschworenen und vom informellen Kolonialismus der USA verfestigten Zusammenhang von Unterentwicklung, Abhängigkeit und Gewaltherrschaft offenbart. Der Zusammenbruch des Weltmarkts für die Erzeugnisse der Monokulturen in Mittelamerika brachte viele Landarbeiter außer Lohn und Brot. Die Arbeitslosigkeit grassierte. Soziale Unruhen flammten auf. Das Militär marschierte auf und erstickte sie. Eine ganze Galerie starker Männer erschien auf der politischen Szenerie, um sie auf Jahre hinaus mit Säbelrasseln und Gewalttaten zu beherrschen: Jorge Ubico in Guatemala (1931–1944), Tiburcio Carias Andino in Honduras (1933–1948), Maximiliano Hernández Martínez in El

Salvador (1931–1944) und, nicht zu vergessen, der beharrlichste Diktator Mittelamerikas, der gleich eine Familiendynastie begründete: Anastasio Somoza García (1937–1947 und 1950–1956) in Nicaragua. Diesen nachkolonialen Komplex von Monokultur, Depression und Diktatur hatten die Spanier wie andere Europäer mit der Sklaverei und der Plantagenwirtschaft vorgezeichnet.

Der Glanz der aufstrebenden Zuckerindustrie überstrahlte das Elend, das auf den *ingenios*, den Zuckerplantagen, herrschte, von Anfang an nur oberflächlich. Die Geschichte der Plantagenwirtschaft auf den britischen Antillen gab schon einen bitteren Vorgeschmack auf das Exportgeschäft mit dem süßen Stoff. Diese Wirtschaftsform brachte die Kleinbauern um Land und Arbeit. Sie vernichtete in ihrer unersättlichen Gier nach Grund und Boden in großem Stil die Subsistenzwirtschaft bis auf klägliche Reste. Ein Vorgang, der sich auf der Zuckerinsel par excellence, Kuba, wiederholen sollte: vom Expansionsprozeß selbst bis hin zu dem Umstand, daß man den Sklaven, um der Sicherheit der Sklavenhalter willen, die kleine Freiheit nahm, in *conucos*, einer Art Schrebergärten hinter den Baracken, Gemüse und Obst für den Eigenbedarf anzupflanzen. Kuba, das Kolumbus wegen seiner tropischen Fülle und seines Pflanzenreichtums gepriesen hatte, wurde spätestens Ende des 18. Jahrhunderts zum Nahrungsmittelimporteur.

Die Institution der Sklaverei war so fest in die Kolonialgesellschaft eingefügt, daß sie sogar den Zeitpunkt überdauerte, als ihr wirtschaftlicher Anachronismus schon offenkundig wurde. Obwohl die technischen Innovationen des 19. Jahrhunderts, in diesem Falle die Dampfmaschine in der Zuckerindustrie, verlangten, von qualifiziertem Personal eingeführt und bedient zu werden, hielten die Kreolen an der auf einfachste Verrichtungen abgestellten Sklavenarbeit fest. Sie fürchteten, die Kontrolle über die Schwarzen zu verlieren, und hatten Angst vor einer »Negerrepublik« unseligen haitianischen Angedenkens.

Zur sozialökonomischen Hinterlassenschaft der Spanier, der Monokultur, dem Großgrundbesitz und der saisonalen Arbeitslosigkeit, dem *tiempo muerto*, der toten Zeit zwischen den Zuckerernten, wenn es nichts zu tun und nichts zu verdienen gab, kam nun noch eine heikle sozialpsychologische Mitgift: der Rassismus. Auch wenn er nicht solche exzessiven Formen annahm wie in anderen Teilen der Welt, so erhielten sich doch, und sei es nur unterschwellig, Rassenschranken bis in die nachkolonialen Gesellschaften. Die förmliche Apartheid ist verschwunden, die Segregation im Alltag, wenn Schwarze und Weiße verschiedene Gehwege benutzten wie im kubanischen Cienfuegos. Vorbei auch die Zeiten, da in Costa Rica die Abkömmlinge jamaikanischer Negersklaven, die an der Karibikküste zwischen Puerto Limón und Puerto Viejo seßhaft geworden waren, nicht ins Landesinnere, in die Hauptstadt, reisen durften. Die Rassenschranken in den Köpfen sind geblieben, die Vorurteile, die noch immer die angemaßte »ethnische Ehre« der Spanier, ihren Rassendünkel, wie man früher sagte, ahnen lassen. Die Mestizisierung und die Mulattoisierung der Gesellschaften mochten das Bewußtsein eigener kultureller Identitäten gestiftet haben, bis hin zur stolzen Rückbesinnung auf die *négritude*: am Auseinanderklaffen der sozialen Chancen aufgrund der Hautfarbe hat dieser Prozeß nichts geändert. In der physischen Enge und geistigen Distanz, die in der Kolonialgesellschaft herrschten, hatte die wechselseitige Akkulturation nicht weit genug gedeihen können, um die Unterschiede in den Mentalitäten zu verwischen.

Aus der Sklaverei und der Plantagenwirtschaft resultierende psychosoziale und soziaoökonomische Deformationen wirken ebenso bis in die Gegenwart nach wie die frühen ökologischen Sünden. Bestärkt durch das biblische Gebot, sich die Erde untertan zu machen, exerzierten die Spanier und Portugiesen kommenden Generationen vor, wie man nach dem Sieg über die Eingeborenen auch Herr über die Natur wird. Daß dies ein Pyrrhussieg würde, konnten sie in ihrer vorindustriellen Unschuld noch nicht ahnen. Nachdem sie zu Beginn, ganz im Banne des Goldes, die Landwirtschaft gerade so weit entwickelt hatten, wie es die Aktivitäten im Bergbau verlangten, prägten sie nach dem Ende des Goldfiebers der Natur um so rabiater ihren Stempel auf.

Für die Indianer hatte die Natur eine Aura des Heiligen. Ihnen erschien sie als der Inbegriff des ewigen Lebens. Sie lebten im Einklang mit den Gesetzen der Natur. Im Animismus verwob sich das Verhältnis zwischen Menschen und Natur zur Einheit. Nicht so bei den christlichen Spaniern, die den usurpatorischen Geist der Conquista, den platten Besitzanspruch und Herrschaftswillen, auf die Natur und den Umgang mit ihr übertrugen. Sie haben das konfrontative, feindselige Verhältnis zur Natur vorweggenommen, das für die expansiven Industriegesellschaften mit ihrer ökonomischen Aufrüstung gegen die Umwelt typisch wurde.

Die Spanier fügten der Natur Westindiens gleich im ersten Anlauf der Conquista tiefe Wunden zu. In seinem Reisebericht *Mundus Novus*, (Neue Welt), hatte Amerigo Vespucci noch im Jahre 1503/04 von der Natur Amerikas geschwärmt: »Das Land jener Regionen ist... bedeckt mit ausgedehnten, dichten Wäldern, die fast undurchdringlich und voll von allen Arten wilder Tiere sind. Riesige Bäume wachsen dort, ohne daß man sich um sie kümmert.« Die Spanier kümmerten sich sehr bald darum: mit einer exzessiven Holzwirtschaft für den Schiffbau und zum Nutzen einer extensiven Viehzucht, die Wälder zugunsten von Weiden verschwinden ließ.

Als die spanischen Kolonisatoren auf Hispaniola darangingen, die indianische Bevölkerung auszurotten, war die Karibikinsel völlig von dichten Tropenwäldern überzogen. Wenn Wälder heute gerade noch ein Sechstel der Dominikanischen Republik bedecken, während sie in Haiti gänzlich der Brandrodung zum Opfer gefallen sind, dann zum guten Teil deshalb, weil die Spanier zerstörerische Vorarbeit geleistet haben. In Kuba war die Schonzeit für die dichten Wälder zu Ende, als sich die Zuckerfelder von Havanna aus ostwärts über Matanzas hinaus und im Westen tief ins Landesinnere hinein ausdehnten. Während des großen Zuckerbooms zwischen 1790 und 1820 wurde das einst waldreiche Kuba zum Holzimporteur. Jede Zuckerhausse, zumal der »Tanz der Millionen« nach 1914, brachte Kuba der ökologischen Tragödie ein Stück näher. Nach dem Motto: »Rodet Land für Zuckerrohrpflanzungen!« wurden die Wälder in der Sucht nach dem schnellen Geld zurückgedrängt. Bedenkenlos opferte man dem Götzen Zucker Edelhölzer wie Mahagoni, Rosenholz, Blauholz, Ebenholz, Zedernholz oder auch das wohlriechendere Holz der spanischen Ulme. Die amerikanischen Zuckerbarone und die europäischen Investoren in Brasilien, die dem tropischen Regenwald dort ein ähnliches Schicksal beschieden haben, knüpften an die von den Spaniern geschaffenen Präjudizien an.

Selbst wenn die Spanier und Portugiesen nicht überall, wo heute Umweltschäden riesigen Ausmaßes zu beklagen sind, den Vernichtungskrieg gegen die Natur schon faktisch aufgenommen hatten, schufen sie doch mit ihrer Mentalität des Beutekapitalismus und der Plünderungswirtschaft das Klima, in dem der Raubbau an der Natur geschehen und sogar noch als Indiz des wirtschaftlichen Fortschritts empfunden werden konnte.

Gold, Zucker und Kartoffeln

Die Schätze Amerikas haben Spanien zur Großmacht aufsteigen lassen, wenigstens für eine Weile, auch wenn sie letztlich den Ruin des Landes bedeutet haben. Die europäische Konjunktur hing so sehr von den Gold- und Silberimporten aus der Neuen Welt ab, daß die Europäer, wie ein gängiges Sprichwort besagte, Fieberschauer bekamen, wenn die Kaufleute in Sevilla niesten. Die Edelmetalle waren indes nicht der einzige Beitrag der Neuen Welt zur Industrialisierung und zum Aufstieg des Kapitalismus in der Alten Welt. Iberoamerika hat darüber hinaus einige Naturprodukte beigesteuert, die aus dem Alltag der Industriegesellschaft gar nicht mehr wegzudenken sind.

In der vorkolumbischen Zeit hatten die Indios überall auf dem amerikanischen Kontinent Mais angebaut. Im Tal von Tehuacán in Mexiko hatte man die Pflanze schon um 5000 v. Chr. kultiviert. Bei vielen altamerikanischen Indianerstämmen hatte der Mais nicht nur die Funktion des wichtigsten Nahrungsmittels. Man maß ihm, bevor die Portugiesen und Spanier ihn nach Europa transferierten, auch mythische Eigenschaften bei. Der in Spanien lebende italienische Humanist Pietro Martire d'Anghiera hatte schon früh erwogen, ob sich Yucca- und Maisgerichte mit europäischen Geschmacksgewohnheiten vertrügen. Die Nutzpflanze aus der Neuen Welt hat, zu mancherlei Speisen zubereitet, diesen Geschmackstest zweifellos bestanden. Heute gehört der Mais zu den wichtigsten, weltweit verbreiteten Kulturpflanzen.

Ähnlich die wirtschafts- und sozialgeschichtliche Erfolgsstory der Kartoffel. Wie es sich für einen Konquistador gehörte, hatte Gonzalo Jiménez Quesada bei seinem Eroberungszug durch die Anden im Jahre 1537 eigentlich Gold, Smaragde und Perlen im Sinn. Doch war er auf diese strahlenden »Objekte der Begierde« nicht so monoman versessen, daß er die Ableger einer unscheinbaren, »krautigen Dauerpflanze« verschmähte, die er von den Bewohnern des

Dorfes Sorocota präsentiert bekam: *Solanum tuberosum*, die Kartoffel. Eine Sternstunde für Europa, als Quesada im Widerstreit mit seinen ästhetischen Empfindungen, die nicht gerade für die Kartoffel sprechen mochten, das unbekannte Gewächs »mit mehligen Wurzeln von gutem Geschmack« interessant genug fand, um es als Souvenir der Conquista nach Europa gelangen zu lassen.

Die »wirtschaftlich wichtigste Art der Gattung Nachtschatten aus Südamerika« avancierte in Europa zum Nahrungsmittel Nummer eins, in Kriegs- wie in Friedenszeiten. Während des Dreißigjährigen Kriegs wurden in manchen Landstrichen Kartoffeln angebaut. Im Siebenjährigen Krieg befahlen einige Landesfürsten ihren Untertanen, den Hunger mit »Erdäpfeln« zu stillen. Mit den Napoleonischen Kriegen begann gewissermaßen der Siegeszug der Kartoffel in Europa. Das unscheinbare Gewächs wurde gleichermaßen zur Waffe gegen den Hunger wie zum logistischen Element. »Pflanzt Kartoffeln!«, hieß es während des Ersten Weltkriegs auf einem französischen Plakat, und ein kaiserlich-deutsches forderte: »Die deutsche Kartoffel muß England besiegen.«

Mag sein, daß manche Kriege ohne die ausreichende Munitionierung mit Kartoffeln schneller zu Ende gegangen wären. Außer Zweifel steht, daß sich ohne dieses Armeleuteessen die wirtschaftliche Entwicklung in Europa langsamer vollzogen hätte. Ohne das relativ billige landwirtschaftliche Massenprodukt mit einigem Nährwert wäre die industrielle Revolution kaum in Gang gekommen. Ginge es nach den Berechungen des amerikanischen Anthropologen Robert Rhoades, müßte in der Historiographie der Conquista eigentlich die Kartoffel vor dem Gold rangieren. Gemessen an der Weltproduktion eines Jahres, ist die »krautige Dauerpflanze« heute »dreimal so wertvoll wie das gesamte Gold und Silber, das die Spanier aus der Neuen Welt mitnahmen«.

Spanier und Portugiesen erweiterten die Palette der landwirtschaftlichen Produkte in der Neuen Welt um den Zucker keineswegs uneigennützig, mit Zinsen und Zinseszinsen hielten sie sich für diese Leihgabe schadlos. Erst die Dimensionen, die der Anbau in der Neuen Welt annehmen konnte, ließen den Zucker zur »süßen Macht« (Sidney W. Mintz) in der Kultur- und Wirtschaftsgeschichte Europas werden. Vor der Conquista war Zucker – von der Mitte des 13. Jahrhunderts an – allein in den Häusern der Begüterten auf den Tisch gekommen. Es gehörte zu den Ritualen der Edelleute, sich ihre Festmähler mit den winzigen weißen Kristallen zu versüßen. Als teure Importware von den atlantischen Inseln blieb der Zucker auch Ende des 15. Jahrhunderts noch der Oberschicht vorbehalten. Erst die Einführung der Plantagenwirtschaft in der Neuen Welt, die das süße Produkt merklich verbilligte und in großen Mengen auf die europäischen Märkte warf, erlaubte es auch den Angehörigen der Unterschicht, sich den Gaumen zu verwöhnen. In den Küchen und Wohnstuben der weniger Begüterten avancierte der Zucker zum »Seelentröster«. Als süßes Stimulans half er über manche alltägliche Bitternis hinweg – nach Art einer Wunderdroge und eines Allheilmittels, Funktionen, die dem Zucker früher zugeschrieben worden waren. Nicht zu vergessen die Rolle als Kalorienspender, die der Zucker in den europäischen Industriegesellschaften, vornehmlich in Großbritannien, spielte. Vom 18. Jahrhundert an war er aus der Ernährung der Arbeiter nicht mehr wegzudenken. Lateinamerika sorgte für reichlich Nachschub, vor allem Brasilien, das als Zuckerproduzent und -lieferant den Westindischen Inseln bald den Rang ablief. Bis weit ins 17. Jahrhundert hinein waren die Portugiesen die Hauptexporteure, die den europäischen Zuckerbedarf und sogar einen Großteil der spanischen Nachfrage deckten. Über anderthalb Jahrhunderte lang dominierte der Zuckeranbau das brasilianische Wirtschaftsleben. Nach der Flaute in dieser Branche, die dem Goldfieber und seiner Sogwirkung auf die Arbeitskräfte zuzuschreiben war, setzte Ende des 18. Jahrhunderts, gerade rechtzeitig zum Beginn der industriellen Revolution, ein neuer Aufschwung in der brasilianischen Zuckerproduktion ein. Schwer vorstellbar, daß dieses Jahrhundertereignis ohne den Zucker in seiner Doppelfunktion des Versüßens und Ernährens so stürmisch und so erfolgreich verlaufen wäre.

Die wirtschaftlichen Transaktionen haben sich für Lateinamerika nicht ausgezahlt. Die Bewohner der Neuen Welt haben für ihr Gold, ihre Kartoffeln und ihren Zucker nicht viel bekommen. Ganz zu schweigen von dem schäbigen Gegenwert, mit dem sie für jene Kolonialwaren abgespeist wurden, die fortan zu den angenehmen Seiten des Lebens in Europa und Nordamerika gehören sollten. Der Kakao, der Kaffee und der Tabak blieben nicht lange exotische, nur den besseren Kreisen vorbehaltene Raritäten. Wie »gesunkene Kulturgüter« kamen diese Genußmittel im sozialen Parterre der Industriegesellschaften an, wurden zum täglich massenhaft konsumierten Genußmittel. Wie grau wäre der Alltag der Industriegesellschaften gewesen, zu einer Zeit, da die Chemie noch nicht so tiefblau oder karminrot einzufärben verstand, wie es die Farbstoffe Indigo und Koschenille aus Lateinamerika vermochten? Es war ein einseitiges Geschäft und ein ungleicher Tausch, die den Lateinamerikanern aufgezwungen wurden. Sie gerieten in die Schuldenfalle, weil sich das stiefmütterliche Mutterland Spanien vor gut vierhundert Jahren aus der Schuldenfalle befreien wollte, in die es sich mit seinem monströsen, schier unbezahlbaren Verwaltungsapparat, der verschwenderischen, nomadisierenden Hofhaltung, mit der horrende Kosten verursachenden Präsenz in den Niederlanden, den aufwendigen Frankreichfeldzügen und dergleichen Großmacht-Eskapaden manövriert hatte. Die Lateinamerikaner, allen voran die Mexikaner, Brasilianer und Argentinier, kommen heute nicht mehr aus der Schuldenfalle heraus, weil die ungerechten Strukturen von einst erhalten geblieben sind: die Monokulturen, die die Länder Mittelamerikas, die nicht umsonst Bananenrepubliken heißen, extrem verletzlich machen, und die *terms of trade*, die Schere zwischen Export- und Importgüterpreisen, die zu Lasten Lateinamerikas immer weiter auseinandergeht. Lateinamerika büßte und büßt noch immer bis in die sozioökonomischen Strukturen hinein für jene imperiale Politik, die keine solidere Basis hatte als die Idee der universalen Monarchie und der Einheit der Christenheit. Der Hunger in Lateinamerika ist der Preis für die Spätfolgen der Conquista.

Annex des Mutterlands

Es nützte Lateinamerika nicht viel, daß es den stolzen Titel *Reino de las Indias*, Königreich der Indias, trug und daß die Spanier sich erst im 18. Jahrhundert zu terminologisch klareren Verhältnissen verstanden und die Kolonie auch *colonía* nannten. Tatsächlich war die Ungleichheit der Königreiche in der Alten und der Neuen Welt, von der gleichartigen politischen Fassade abgesehen, von Anfang an Programm. Das Reino de las Indias sollte in allem und jedem eine Kopie des spanischen Originals sein, bloßer Annex des Mutterlandes im Dienst spanischer Interessen, Quelle spanischer Ressourcen und Markt für spanische Produkte.

Eine fatale Funktionalität, die Lateinamerika insgesamt zur Unterentwicklung verurteilt hat und zugleich erklärt, warum einzelne Städte, Regionen oder Länder nach Perioden des Aufblühens wirtschaftlich und kulturell um so dramatischer zurückgefallen, in koloniale Apathie versunken und in Vergessenheit geraten sind. Die ökonomischen Impulse und die Prosperität wanderten mit den jeweiligen Interessen der Kolonialmacht und der Kolonialgesellschaft.

Für Kuba sollte es tragische Konsequenzen haben, daß die Spanier nach der ersten Begeisterung über die tropische Schönheit der Insel wegen der spärlichen Goldfunde und der wenigen indianischen Arbeitskräfte bald die Lust verloren, dort zu bleiben. Lange Zeit benutzten sie die Insel lediglich als logistische Basis für die weitere Conquista, als Trittstein auf dem Weg zum Festland. So hielt es Hernán Cortés, der sich in Kuba mit Pferden und Proviant versorgte, um neue Ufer anzusteuern und neue Länder, Mexiko, zu unterwerfen. Seinem Beispiel folgte Hernando de Soto 1539, als er die Insel, nach einem kurzen Gastspiel als Gouverneur, zum Ausgangspunkt seiner Expedition nach Florida machte. Statt die Ressourcen Kubas auf die Entwicklung der Insel zu verwenden, konzentrierte er sie auf ein neues großes Abenteuer mit ungewissem Ausgang. Der »Perle der Antillen« kehrte er achtlos den Rücken.

Im gleichen Maße, wie sich im dritten Jahrzehnt des 16. Jahrhunderts das Hauptinteresse der Spanier von Kuba zum Festland hin verlagerte, verfiel das Land in Stagnation. Mit einem trägen, kaum wahrnehmbaren Wachstum kümmerte das isolierte, fast vergessene Kuba vor sich hin. Nur die Piratenakte der Freibeuter unterbrachen gelegentlich die Geschichte der Insel im 17. Jahrhundert.

Daß Havanna Anfang des 18. Jahrhunderts zu einer blühenden Stadt gedieh und zu einem der wichtigsten Handelszentren der Neuen Welt aufstieg, verdankte es dem strategischen Wert, den die Insel Kuba für das spanische Imperium in Amerika bekam. Von hier aus beherrschte man den Golf von Mexiko, Florida und den Mississippi. Mit Havanna glaubten die Spanier den »Schlüssel der Alten zur Neuen Welt« zu besitzen. Sie machten die Stadt zum Knotenpunkt des Handels, zum Sammelplatz der Gold- und Silberflotten.

Die Wirtschaft in der Neuen Welt entwickelte sich nicht nach den Bedürfnissen ihrer Bewohner, sondern in Abhängigkeit von den Interessen der Kolonialmacht. Symptomatisch für die spanische

Kolonisation, daß sich Ackerbau und Viehzucht in deutlicher Relation zum Bergbau entwickelten. Versiegten die Gold- und Silberadern, blieb den Konquistadoren und Siedlern gar nichts anderes übrig, als sich ihre Existenz durch Landwirtschaft zu sichern. Und wenn man wieder fündig wurde, war der Anreiz für Ackerbau und Viehzucht doppelt groß. Bot sich doch jetzt die Möglichkeit, die landwirtschaftlichen Produkte im Umkreis der Bergwerke in größeren Mengen loszuschlagen, und das zu Wucherpreisen, weil die Lagerstätten der Mineralien meist fernab der landwirtschaftlich nutzbaren Zonen zu finden waren. »Ein besonderes Beispiel für diese Verhältnisse ist die Silberstadt Potosí mit 120–150000 Einwohnern. Auf dem Andenhochland in einer Höhe von über 4000 m gedeihen keine Kulturpflanzen. Weizen, Mais, Obst und Gemüse mußten von den tiefergelegenen Tälern aus beträchtlicher Entfernung herangeschafft werden. Die Lieferungen stammten aus kleineren und mittleren Wirtschaften (*chacras*), die teils in spanischem, teils in indianischem Besitz waren. Aber das agrarische Versorgungsgebiet von Potosí reichte noch viel weiter. Von der pazifischen Küste aus Arica kamen Trockenfisch, Weintrauben, Zucker und Fruchtkonserven. Ebenso lieferten östliche Andentiefländer, Santa Cruz de la Sierra und Tucumán, ihre Ernten nach Potosí. Rinder- und Schafherden wurden aus Paraguay und der Provinz Buenos Aires nach dem Andenhochland getrieben. Das Silber von Potosí gab Anlaß zur Entstehung eines agrarischen Großraumes, der vom Pazifik bis zum Atlantik reichte« (Richard Konetzke).

Wie ein Magnet zog der *Cerro Rico*, der reiche Berg, in Peru die gewinnsüchtigen Spanier an, nachdem im Jahre 1545 ein Indianer zufällig die reichen Silberadern gefunden hatte. Eine Konjunktur wie ein Feuerwerk brach über die Stadt herein, farbensprühend, gleißend, schnell verlöschend. Trotz der ganzen äußerlichen Erbärmlichkeit wurde Potosí in den Rang einer *Villa Imperial*, einer Kaiserstadt, erhoben.

Die Krone hatte es dem Himmel oder, profaner, der geographischen Konstellation zu danken, daß sie Potosí für geraume Zeit als *die* wirtschaftliche Pfründe schlechthin nutzen konnte. Bei der Silbergewinnung hatte sich das Verfahren der Amalgamation eingebürgert. Mit Quecksilber wurde das Silber aus den Erzen herausgelöst. Ein Glück für die Glücksritter, die sich um den Cerro Rico versammelten, daß das Quecksilber nicht für viel Geld von weither importiert werden mußte, sondern daß es in probater Nähe, in Huancavelica, abgebaut wurde, zwischen Potosí und Lima.

»Die Achse Potosí–Huancavelica wurde neben anderen ertragreichen Gold- und Silberminen, etwa Granada, Guanajuato und Zacatecas in Neu-Spanien und Buriticá im heutigen Kolumbien, zu einem tragenden Pfeiler des spanischen Imperiums, denn die Einnahmen aus dem Import der amerikanischen Edelmetalle, auch wenn sie im Gesamtbudget der Krone auf der Einkommensseite nur durchschnittlich 10% ausmachten und selbst im ›Rekordjahr‹ 1598 20% nicht überstiegen, verschafften Spanien gegenüber seinen europäischen Nachbarn den entscheidenden finanziellen Vorteil, der eine imperialistische Politik ermöglichte« (Frauke Gewecke). Im 16. und 17. Jahrhundert machten die Edelmetalle immerhin 90 Prozent der Exporte Lateinamerikas an das spanische Mutterland aus. Der Bergbau war der wichtigste Wirtschaftszweig in den Kolonien, er bestimmte nicht nur den Gang der ökonomischen Ereignisse, sondern beeinflußte auch die demographische und soziale Entwicklung. So etwa, wenn die Spanier auf der Suche nach Edelmetallen die Indianer im »geheimnisvollen Norden« Mexikos aus ihren Jagdgründen verdrängten und die Region kolonisierten, mit den Bergarbeiterstädten Zacatecas und Guanajuato als Zentren.

Glanz und Elend überlappten sich. Aufstieg und Fall folgten rasch aufeinander. Potosí wurde zum traurigen Symbol für den trügerischen Abglanz einer Konjunktur, die einzig und allein die Interessen der Metropole Madrid widerspiegelt. Dabei hatte es eine Zeitlang so ausgesehen, als würde die als »Schatzkammer der Welt« gerühmte Kaiserstadt selbst zur Metropole aufsteigen: »Schlagader des Vizekönigreichs und Springquell des Silbers Amerikas, hatte Potosí nach der Volkszählung von 1573 120000 Einwohner. Nur achtundzwanzig Jahre waren verstrichen, seit die Stadt in der Öde der Anden aus dem Boden geschossen war, und sie hatte bereits wie durch Zauberkraft dieselbe Bevölkerung wie London und mehr Einwohner als Sevilla, Madrid, Rom oder Paris. Um 1650 ergab eine neue Volkszählung für Potosí 160000 Einwohner. Es war eine der größten und reichsten Städte der Welt, mit dem Zehnfachen der Bevölkerung Bostons, zu einer Zeit, in der New York noch nicht einmal diesen Namen zu tragen begonnen hatte« (Eduardo Galeano).

Potosí ist heute nur ein Schatten seiner selbst, ein trostloses Relikt der einstigen Legende. Einzig die vielen Kirchen, etliche davon verfallen, zeugen gespenstisch vom früheren Reichtum. Im 18. Jahrhundert holten die Bergarbeiter aus dem »Reichen Berg« statt siebzig nur noch vierzig Tonnen Silber im Jahr. Die Minen von Huancavelica gaben nicht mehr genug Quecksilber her, um auch Erze mit geringerem Silbergehalt rentabel abzubauen. Jetzt mußte dieses Metall aus Europa und sogar aus China herbeigeschafft werden. Die Gewinnspanne schrumpfte. Die Kapitalgeber verloren das Interesse. Sie wandten sich rentierlicheren Unternehmungen und Investitionsgebieten zu. In den Stollen des Cerro Rico wurde es stiller. Und mit dem Niedergang der Silberproduktion verebbte das Wirtschaftsleben der Region.

Potosí ist nur eines von vielen Beispielen für eine besonders dramatische Form der abhängigen Entwicklung. Die verblichene Patina einstiger Prosperität, die der zeitweilig unersättlichen Nachfrage nach einem einzigen Produkt auf dem Weltmarkt zu verdanken war, ist mancherorts in Lateinamerika zu besichtigen: im brasilianischen Minas Gerais, wo das »goldene Zeitalter« so plötzlich endete, wie es angebrochen war; im kubanischen Trinidad, wo die neureichen Patrizier ihre fabulösen Gewinne aus der Zuckerproduktion von der Mittes des 18. Jahrhunderts an nutzten, um mit dem Luxus und den Prachtbauten der Habaneros zu wetteifern. Als die erste schwere Krise 1855 die Zuckerpreise ins Bodenlose fallen ließ, verflog der Übermut eines Don Juan Becquer, der die Krone, freilich vergeblich, um die Erlaubnis gebeten hatte, seine Gemächer mit Gold- und Silbermünzen auszukleiden. Die Prunksucht der »Saccharokratie« verlor sich. Von dieser Depression hat sich Trinidad nie mehr erholt. Vom großbürgerlichen Glanz früherer Zeiten ist nichts geblieben außer den spätkolonialen Fassaden. Nach langem Dämmerschlaf strahlt die Stadt heute eine adrette, mit musealen Reizen gepaarte Provinzialität aus.

Auch Manaus, die Hauptstadt des brasilianischen Bundesstaates Amazonas am Río Negro, ist nach dem hektischen Kautschukboom mit seinen spektakulären Wachstumsimpulsen für den Ort wieder in tropische Apathie zurückgefallen. Wie deplazierte Dokumente metropolitanen Wohlstands und Getriebes nehmen sich die opulenten Bauten im Stil des 19. Jahrhunderts aus. Vor allem das überdimensionierte Theater mit seinen 1200 Plätzen, das nach dem Willen der vom plötzlichen Reichtum überreizten Stadtpatriarchen Schauplatz großer italienischer Oper werden sollte, mitten im Urwald.

Ende des 19. Jahrhunderts, als das Kaffee- und Bananengeschäft florierte, holte man in Costa Rica Zehntausende Jamaikaner als Halbsklaven ins Land. Das Zentrum des Booms, Puerto Limón, 1867 gegenüber der Insel Uvita gegründet, wo Kolumbus geankert hatte, um seine Schiffe zu überholen, blühte binnen kurzem auf. Von den Millionen Dollars, die das Bananen-Business der United Fruit Company zu ihren Hochzeiten in die Kassen spülte, fielen einige für die Stadt ab. Sie putzte sich heraus. Auch in diesem Fall war es eine von außen induzierte Prosperität auf Zeit, die stattliche Gebäude, breite Straßen und weiträumige Plätze aus dem Dschungel wachsen ließ. 1925 sackten die Kaffeepreise ab. Und nach dem Schwarzen Freitag in New York, der im Herbst 1929 die Weltwirtschaftskrise einleitete, war auch das ganz große Bananengeschäft vorbei. Inzwischen wächst hier und da Gras aus den Fugen und Mauerritzen. Eine charmante karibische Nachlässigkeit hat sich der Stadt bemächtigt. Puerto Limón, das mit seiner Eisenbahn ins Landesinnere, ins *Valle Central*, für Costa Rica eine Art Tor zur Welt geworden war, gehört heute zum Hinterhof des Landes, zur Peripherie.

Unselige Monopole

Es hätte der Staatsräson und der Logik des merkantilistischen Kolonialsystems widersprochen, wäre die Krone nicht darauf aus gewesen, so viel wie möglich aus dem Reino de las Indias für sich herauszuholen. Sie raffte von den Früchten der Plünderungswirtschaft Unmengen an sich. Und sie schröpfte die Kolonisten, wann und wo immer sie konnte. Am liebsten hätten die Könige den Handel ganz und gar unter ihre Fittiche genommen, von Anfang an, nur mit einem Zehntel Beteiligung für Kolumbus, das nun einmal vertraglich vereinbart war. Aber je mehr ihnen das Geschäftsgebaren des Kolumbus suspekt wurde, desto geneigter zeigten sie sich, dessen Privilegien zu beschneiden und auch andere unternehmungslustige Untertanen am Handel mit der Neuen Welt zu beteiligen.

1495 erhielten als erste die Kastilier die Erlaubnis, Agrarprodukte oder handwerkliche Erzeugnisse der Alten Welt nach Westindien auszuführen und Begehrenswertes von dort auf die Iberische Halbinsel zu importieren. 1511 wurden auch die Aragoneser dieses Privilegs teilhaftig. Ein Akt der Gerechtigkeit, den Ferdinand von Aragón seinen ureigenen Untertanen schuldig war. Karl V. war aus wohlerwogenen ökonomischen Gründen generös genug, allen Untertanen seines Reiches Gelegenheit zu geben, mit den Kolonien in Amerika Handel zu treiben. Eine Handelsfreiheit, die 1549 wieder auf die Bürger der Iberischen Halbinsel eingeschränkt wurde, die aber im Prinzip erhalten blieb, auf dem Papier zumindest. In der Praxis jedoch machten die Großen im Amerika-Handel das große Geschäft. Jene, die sich zu den *Cargadores de Indias*, den Verschiffern Indiens, zusammengeschlossen und um das 1542 gegründete Konsulat von Sevilla gruppiert hatten. Nach einem halben Jahrhundert entstand ein Pendant dazu am anderen Ende des Handelsstrangs, das Konsulat in Mexiko, das im Jahr 1592 seine Kontore eröffnete. Und 1613 folgte das Konsulat in Lima. Die Konsulate, die eigentlich nichts anderes waren als private Gerichte, die wirtschaftliche Querelen auf handelsrechtlichem Wege bereinigen sollten, wuchsen bald über diese Funktion hinaus. Als geschickte Lobby, die sich nicht aufs gute Zureden bei Hof beschränkte, sondern wußte, wie man sich durch Anleihen und Spenden für die Krone bei dieser unentbehrlich macht, schanzten sie ihren einflußreichsten Vertretern, den Großhändlern, die größten Brocken im Amerika-Handel zu. Die kleinen Händler hatten das Nachsehen, zumal sie nicht über die Finanzkraft geboten, um Frachten zu arrangieren, die den Minimalwert einer Schiffsladung erreichten, wie er vorgeschrieben war. Keine Rede also von einer Konkurrenz, die das Geschäft belebte. Was nicht nur den Kleinhändlern zum individuellen Nachteil gereichte, sondern der gesamten Wirtschaft in Iberoamerika. Bot ihr Monopol doch den großen Händlern von Sevilla die Chance, die Exporte und Importe je nach Opportunität zu steigern und zu drosseln. Der Spekulation war Tür und Tor geöffnet. Das Monopol von Sevilla schloß die Möglichkeit zu Monopolpreisen ein. Es dämpfte mit seinen Partikularinteressen, seinen Restriktionen und bewußten Hemmnissen die wirtschaftlichen Aktivitäten in der Neuen Welt auf lange Sicht.

Die Monopole auf einzelne Produkte, die sich die Krone vorbehielt, um sie erst im Lauf der Jahre an Privatpersonen abzugeben, taten es nicht minder. Das Salzregal, das die Krone für sich beanspruchte, brachte stattliche Einnahmen, verursachte aber wegen der umständlichen Verwaltung und Kontrolle auch hohe Kosten. Desgleichen das königliche Tabakmonopol, das nicht nur die Produzenten mancherorts in die Rebellion trieb, sondern wegen der hohen Preise und der schlechten Qualität auch zum Ärgernis für die Konsumenten wurde. Da verfing es wenig, wenn von höchster Stelle scheinheilig versichert wurde, die Sorge »unserer geliebten Monarchen« um die Gesundheit der Untertanen habe dieses Monopol hervorgebracht. Daß die Krone wie bei Gold und Silber auch beim Handel mit dem »schwarzen Gold«, sprich: beim Sklavenhandel den Hauptprofit abschöpfte, verstand sich fast von selbst. Diese Monopole waren das A und O der Kolonialpolitik. Aber über den großen Monopolen mochten die Könige die kleinen nicht vergessen. Nicht nur die Raucher haderten mit ihrem Schicksal. Auch die Spieler waren der Krone gram, gemahnte sie doch jede gute oder schlechte Karte an das Staatsmonopol, das ihre Leidenschaft zu einem kostspieligen Vergnügen machte.

Die portugiesische Monarchie suchte sich ebenfalls mit Hilfe von Monopolen an ihren Kolonien zu bereichern. Brasilien sollte die aufwendigen Staatsgeschäfte bezahlen. 1532 erklärte man den Farbholzhandel, der viel Geld abwarf, zum Kronmonopol. Das Tabakmonopol brachte von 1642 an hohe Staatseinnahmen in Brasilien ein, desgleichen das Salzmonopol und das Staatsmonopol, das die Diamanten einzig und allein im Dienste der Monarchie funkeln lassen sollte.

Die Monopole waren keine Sünden der ersten Stunde der Conquista. Sie entstanden zum Teil sogar erst gegen Ende der Kolonialzeit. Sie gehörten zu den leidigen Faktoren, die das Wirtschaftsleben in den Kolonien gängelten und an der Entfaltung seiner inneren Dynamik hinderten. Monopole schienen dazu da zu sein, um unterlaufen zu werden. Unterschleif, Bestechung und Betrug gehörten zu den Praktiken, die sie konterkarierten. Bei der großen Entfernung zwischen Alter und Neuer Welt und all den Schlupflöchern, die bei den fragmentarischen Verkehrsverhältnissen für illegale wirtschaftliche Transaktionen blieben, konnte die Bürokratie gar nicht groß und teuer genug sein, um alle Formen von Schattenwirtschaft zu unterbinden. Möglichkeiten, die Unsummen für die Kontrolle der Monopole produktiver anzulegen, hätte es im Reino de las Indias genug gegeben.

Dabei waren die Monopole nicht das einzige, was die Siedler und Händler in den Kolonien drückte. In ihrem wirtschaftlichen Elan hemmten sie auch die königlichen Finanzbeamten, die überall die Hand aufhielten. »Auf dem Handel lasteten insbesondere der *Almojarifazgo*, eine Export- und Importabgabe, und die *Alcabala*, die von jedem Verkauf erhoben wurde. Besondere Zuschläge zu diesen Steuern verteuerten weiter Lebensmittel und gewerbliche Erzeugnisse und behinderten den Warenkonsum. Der Fiskalismus der spanischen Kolonialherrschaft, der einseitig auf die Eintreibung möglichst hoher öffentlicher Einnahmen ausgerichtet war, ist ein starkes Hindernis für die wirtschaftliche Entwicklung der amerikanischen Besitzungen gewesen. Erst im 18. Jahrhundert verbreitete sich die Einsicht in der Regierung des Mutterlandes, daß die unerträgliche Last der Steuern und Abgaben erleichtert werden muß, wenn die Monarchie blühen und ihre Bevölkerung sich vermehren soll« (Richard Konetzke).

Aber diese Einsicht kam zu spät. Die Monarchie welkte, und die Kolonialherrschaft wankte, nicht zuletzt, weil der mit königlichen Monopolen verbundene spanische Beutekapitalismus dem Aufkommen des Industriekapitalismus keine Chance gelassen hatte. Für die Kreolen war Anfang des 19. Jahrhunderts das Maß der Ausbeutung voll. Sie wollten nicht länger Gelder in ein Faß ohne Boden fließen lassen. Sie wollten frei sein von den Fesseln der Kolonialwirtschaft. Fatal nur, daß ihre wirtschaftliche Potenz nicht reichte, um das Ruder noch herumzuwerfen und die schon programmierte Entwicklung der Unterentwicklung aufzuhalten.

Kanalisierter Handel

Eifersüchtig versuchten die Spanier, ihren Kolonialbesitz gegen Dritte abzuschließen und alle kolonialen Reichtümer für sich zu reservieren. Aber damit forderten sie – zum eigenen Schaden und zum Nachteil Lateinamerikas – geradezu den tätigen Neid der europäischen Konkurrenz heraus. Sie schufen Schleusen diesseits und jenseits des Atlantiks, die alle Rohstoffe, Waren und Menschenfrachten, wohl kontrolliert, durchlaufen sollten. Handelskanäle, die jedoch ihren Zweck nur sehr begrenzt erfüllten, weil sie dazu einluden, die ökonomischen Umschlagplätze mit Schmuggelware zu umschiffen. Obwohl es nicht gelang, den Amerika-Handel unter den Augen und Ohren wachsamer spanischer Großhändler und Beamter allein auf den festgelegten Routen abzuwickeln, haben die geographischen und handelspolitischen Monopole, die sich im 16. Jahrhundert etablierten, die prekären Beziehungen Lateinamerikas zum Weltmarkt vorgeprägt.

Mit der Casa de Contratación, dem Handelshaus in Sevilla, entstand 1503 die erste wirksame Verwaltung für Hispanoamerika. Die Beamten dieser staatlichen Institution, die über den privaten Handelsverkehr mit den »Indias« wachen sollten, registrierten, wann welche Schiffe mit welchen Frachten wohin ausliefen oder woher einliefen. Sie zogen die Steuern aus dem Handel ein, erteilten den Spaniern, die es als Emigranten in die Neue Welt zog, die Genehmigung dafür, sie warben neue Siedler, und sie waren für die Nautik und Kartographie im Zusammenhang mit dem Transatlantikverkehr zuständig. Dieses Amt war von 1524 an der neu gegründeten Zentralbehörde für Amerika, dem Consejo Real y Supremo de las Indias, dem Indienrat, unterstellt.

Als verkehrsgünstiger Handels- und Finanzplatz mit Verbindungen über den Guadalquivir ins Mittelmeer und mit Zugängen ins reiche Hinterland Westandalusiens bot sich Sevilla nachgerade an, die Funktion des Nadelöhrs für den Amerika-Handel zu übernehmen. »Es war kein Fehler, 1503 das Monopol in Sevilla einzurichten. Es war jedoch falsch, es bis ins 18. Jahrhundert aufrechtzuerhalten. Das Monopol wurde lediglich zwischen 1529 und 1573 etwas abgeschwächt, als die Häfen von San Sebastián, Bilbao, Laredo, Avilés, La Coruña, Bayona, Málaga und Cartagena die Genehmigung erhielten, unter der Aufsicht von Vertretern der ›Casa de Contratación‹ Schiffe nach Lateinamerika zu entsenden, die natürlich wieder nach Sevilla zurückkehren mußten« (María Encarnación Rodríguez Vicente). Daß das Monopol wegen des größeren Tiefgangs der Schiffe mitsamt der Casa de Contratación 1717 nach Cádiz, ans offene Meer, verlagert wurde, änderte nichts an dem falschen Prinzip dieser Handelsrestriktionen.

Erst die reformfreudigeren Bourbonen, die den Habsburgern auf dem spanischen Königsthron folgten (1700), machten der für die Entwicklung der Kolonie so hinderlichen Handelsordnung ein Ende. Der Handel mit Spanisch-Amerika mußte nicht länger das

Handelshaus von Cádiz passieren. Er konnte fortan auch andere Häfen, darunter Barcelona, Alicante, Málaga und Santander, durchlaufen. In dieser Reformära bekamen in Iberoamerika neben Veracruz, Portobelo und Cartagena weitere Häfen die Freiheit zum direkten Handel mit Spanien eingeräumt: Häfen auf Kuba, Puerto Rico, Trinidad, in Santo Domingo, Louisiana und Yucatán. 1778 erhielten alle spanischen und lateinamerikanischen Häfen die Handelsgenehmigung.

Das Freihandelsgesetz von 1778 öffnete die Schleusen für den Handel zwischen Spanien und Lateinamerika, ganz nach dem Gusto der dortigen Eliten. Doch kam die Liberalisierung des Kolonialhandels zu spät, um die Kritik der Kreolen am Gesamtsystem noch zu beschwichtigen. Und sie fiel nicht radikal genug aus, um dem Drang nach Unabhängigkeit den politischen Impetus zu nehmen. Mit handelspolitischen Konzessionen allein waren die sezessionistischen Bestrebungen in Spanisch-Amerika nicht mehr aufzuhalten.

Inzwischen hatten die Reformer jenes ominöse Transportsystem aus der Welt geschafft, das anfangs seine Berechtigung gehabt haben mochte, dann aber zum Ärger der Kolonialbevölkerung immer mehr ins Fahrwasser der Sevillaner Monopolinteressen geraten war: die *flota*, die Flotte. War es in den ersten Jahrzehnten der Conquista noch üblich gewesen, einzelne Schiffe ohne besonderen Schutz (*registros sueltos*) über den Atlantik nach Westindien zu schicken, so machten die immer häufiger vor dem Bug der spanischen Schiffe auftauchenden englischen, französischen oder holländischen Piraten, die an den Erträgen des Beutekapitalismus partizipieren wollten, der Sorglosigkeit ein Ende.

Das Handelsmonopol der Spanier und die Doktrin des *Mare clausum*, des geschlossenen Meers, das die Spanier nach dem Spruch von Tordesillas als das exklusiv ihrige ansahen, ließen Außenstehenden gar keine andere Wahl, als es mit List und Tücke zu durchbrechen: mit Hilfe von Schmuggel und Piraterie. Die Piraterie nahm exzessive Formen an, wurde vom maritimen Unternehmen, so paradox es scheint, zur wahren Landplage. Hatten die Freibeuter in der Frühzeit der Conquista ihr Unwesen noch im Weichbild der Iberischen Halbinsel getrieben, am Kap Vicente, in der Meerenge von Gibraltar und bei den Kanarischen Inseln, verlagerten sie ihre räuberischen Aktivitäten mehr und mehr in die Karibik, in die Nähe der Ursprungsorte spanischen Silber- und Goldreichtums, um schließlich diese selbst oder Handelszentren etwa in Mittelamerika von der Küste aus auf dem Landweg heimzusuchen.

Die Spanier benutzten, um sich der Piratenplage zu erwehren, größere und besser armierte Schiffe für die Überfahrt zu den »Indias«. Spezialschiffe nahmen eigens die Verfolgung der lästigen Piraten auf. Als das nichts half, sammelten sich die Handelsschiffe und segelten in Gruppen unter dem Schutz Bewaffneter. Schließlich schickte die Krone, um die Ernte der Conquista und der spanischen Kolonie sicher einzufahren, eine Armada von Kriegsschiffen als Begleitschutz mit auf den Weg: die Flota war installiert. Es fehlte nur ein genauer Fahrplan für dieses Ungetüm, der das Handelsmonopol mit seinen geographischen Präferenzen noch rigider machte.

»Der Begriff ›Flota‹ – oder ›Carrera de las Indias‹ – verkörperte ein System, mittels dessen durchschnittlich 60 bis 100 Handelsschiffe und Geleitfahrzeuge zweimal jährlich die Überfahrt von Sevilla zu einem der drei amerikanischen Bestimmungshäfen – Vera Cruz, Cartagena und Nombre de Dios – unternahmen. Diese Spielart des Geleitflottensystems hatte zwar schon sehr früh ihren Eingang in den Amerikahandel gefunden, erhielt aber erst 1561 ihre endgültige Form. Es bildete nicht nur eine wirksame Abwehr gegen das im Laufe der Jahrzehnte zunehmende Seeräuberunwesen, sondern ergab sich auch aus dem relativen Mangel an erfahrenen Lotsen. Darüber hinaus erleichterte es die Kontrollfunktion der ›Casa de Contratación‹ bezüglich der Einfuhr von Edelmetallen und der Einziehung des Aus- und Einfuhrzolls« (Hartmut Heine).

Der Nachteil: Die Flota erwies sich als überaus schwerfälliges Transportsystem und Handelsinstrument. Bis die Schiffe alle beladen waren und zur Abfahrt bereit im Hafen lagen, vergingen Wochen und Monate. Es war eher die Ausnahme als die Regel, daß alles nach Plan verlief und die Frühjahrsflotte wirklich im April nach Neuspanien auslief und die Sommerflotte sich im August nach Tierra Firme, dem südamerikanischen Festland, in Bewegung setzte. Von Glück sagen konnten die See- und Kaufleute, wenn sich beide Flotten, wie vorgesehen, im darauffolgenden März im Hafen von Havanna trafen, um gemeinsam durch die Bahama-Straße und an der Küste Floridas entlang ins offene Meer hinauszusegeln und Sevilla anzusteuern.

Das Konvoisystem war nicht nur schwerfällig, zumal sich das Tempo nach dem langsamsten Schiff im Geleitzug richtete, es war auch unzuverlässig und obendrein teuer. Damit nicht genug, schnürte es den Handel mit den Kolonien zeitlich und geographisch ein – zum Unwillen der Kolonisten und mit Folgen bis in die heutige Ökonomie Lateinamerikas hinein.

Ganze Regionen Südamerikas wie die La Plata-Gegend und die Pazifikküste waren durch dieses von der Nautik, der Außenpolitik und der merkantilistischen Wirtschaftspolitik bestimmte Transportsystem isoliert. Sie hätten jeglicher Seeverbindung mit dem Mutterland entbehrt, wären die königlichen Beamten und die im Indienrat versammelte Obrigkeit nicht einsichtig genug gewesen, dem Gouverneur der La Plata-Provinz die Konzession zu machen, daß zwei Schiffe von Cádiz oder Sevilla aus diesen Randbezirk des spanischen Kolonialreichs versorgen durften. Die Bewohner Perus und Chiles waren in der weniger glücklichen Lage, daß sie sich alle europäischen Handelswaren auf dem umständlichen, langwierigen und kostspieligen Weg über die Landenge von Panama und die Weiterfracht die Pazifikküste hinunter bis zum Hafen Callao beschaffen mußten.

Es lag in der Natur dieses Systems und des Kolonialsystems generell, daß die Beziehungen zwischen der Kolonialmacht und den abhängigen Gebieten sich zu einzelnen Strängen separierten, die dazu noch auf einzelne Einfallstore in die Kolonie eingeschränkt waren. Kein Wunder, daß unter diesen Bedingungen die binnenkolonialen Beziehungen verkümmerten, wenn die Krone im Interesse der Monopolherren von Sevilla im 17. Jahrhundert sogar den Verkehr zwischen den beiden Vizekönigreichen Neuspanien und Peru verbot.

Diese einseitige Abhängigkeit vom Weltmarkt, symbolisiert durch die Verkehrsstrukturen, hat den Übergang von der spanischen zur angloamerikanischen Dominanz zum Beispiel in Mittelamerika überdauert. Sie besteht im Grunde, geringfügig verändert, bis heute fort. »Als die Abhängigkeit der zentralamerikanischen Staaten von Überseegebieten stärker als die Beziehungen zwischen ihnen selbst wuchs, blieb auch der Binnenhandel bedeutungslos. Die Entwicklung des Transportsystems und des Außenhandels verschärften diesen Trend, indem sie in jedem Staat koloniale Enklaven entstehen ließ, die nur geringe oder keinerlei ökonomische Verbindungen untereinander hatten. Die besten Straßen führten von den Hauptstädten und Produktionszentren zu den Häfen, während die innerstaatlichen Straßen so gut wie unpassierbar blieben. Statt eine wechselseitige Abhängigkeit zu entwickeln, die den Sinn für wahre Einheit hätte stärken können, wurden die Staaten tatsächlich immer separatistischer« (Ralph Lee Woodward).

Das war die Crux: daß sich die Regionen Lateinamerikas in ihren einseitigen Orientierungen auf Spanien, später auf Großbritannien und die USA, ökonomisch und politisch zwangsläufig auseinanderentwickeln mußten. Die Produktionszentren Lateinamerikas standen und stehen kaum miteinander in Verbindung, »sondern bildeten einen Fächer, dessen Scheitelpunkt weit entfernt lag« (Eduardo Galeano). In Argentinien führen sechs Bahnlinien von der Bundeshauptstadt am Río de la Plata aus strahlenförmig ins Landesinnere. Ähnlich verhält es sich mit dem Straßennetz, das diesen Namen eigentlich nicht verdient, weil Querverbindungen im Hinterland rar sind. Die Mehrheit der bäuerlichen Bevölkerung in Mittelamerika lebt dort, wohin keine Straßen mehr führen und fast alles fehlt, was man als Infrastruktur bezeichnen könnte. Wo der Arm der Multis, der Nachfolger der Großkaufleute von Sevilla, nicht hinreicht, bleiben die Verkehrswege unentwickelt. Die chronische Abhängigkeit hat neben dem infrastrukturellen Mangel bis in die Gegenwart auch die extreme Unterentwicklung des Handels *zwischen* den Staaten Lateinamerikas perpetuiert. Eine denkbar schlechte Ausgangsposition für die politische Union, auch nur für jedwede politische Gemeinsamkeit.

Programmierte Abhängigkeit

Ökonomische Abhängigkeit und Unterentwicklung sind nicht schicksalhaft oder wie ein schlimmes Naturereignis über Lateinamerika gekommen. Wenn die Deformation der Kolonialwirtschaft nicht überhaupt zu den Geschäftsbedingungen der internationalen Arbeitsteilung gehörte, so haben die iberischen Kolonialherren und ihre angloamerikanischen Nachfolger doch beides in Kauf genommmen. Die Ökonomie der »Indias« sollte sich *komplementär* zur europäischen Wirtschaft, zumal zur spanischen, entwickeln und nicht in *Konkurrenz* dazu. Und sie sollte Extraprofite bringen. Ein Wunsch, der das Entstehen gewerblicher Betriebe und Manufakturen in Spanisch-Amerika nicht opportun erscheinen ließ und dem Handel Priorität einräumte. Nach dem Motto: »Der Handel ist die Seele der Monarchien«, wie es in einer spanischen Schrift aus der Mitte des 18. Jahrhunderts heißt.

Im Unterschied zu Neuengland mit seinem protoindustriellen Hintergrund in Großbritannien hatte es Lateinamerika von Haus aus schwer, Handel und Gewerbe zu entwickeln, weil sowohl im präkolumbischen Amerika als auch in Kastilien die nötige industrielle Vorgeschichte fehlte. Aber dieser Mangel war es nicht allein, der das Entstehen von Industrien in Lateinamerika verhindert oder zumindest verzögert hat. Selbst bescheidene Ansätze dazu wurden vielfach unterdrückt. Im Widerstreit zwischen kolonialen Industrien und den Handelsinteressen Spaniens obsiegten, notfalls per Dekret, regelmäßig letztere.

Allenfalls die Transportindustrie bekam eine Chance, sich zu entwickeln, in Form von Schiffs- und Wagenbau. Und der Textilindustrie gewährte die Krone so lange Dispens von ihrer prohibitiven Politik, wie sie sich mit ihren Produkten auf ein bescheidenes Marktsegment in der Kolonie beschränkte. Sie durfte mit der aus Spanien importierten Wolle grobe, billige Tuche fertigen und damit die indianische Bevölkerung versorgen. Schließlich wollte man die Indios nicht mehr nackt unter den Christenmenschen sehen. Überdies wuchs die weiße Bevölkerung merklich an. Die spanische Textilindustrie zeigte sich außerstande, den größeren Bedarf zu decken. So blieb nur die Möglichkeit, in der Neuen Welt, zum Beispiel in Mexiko, Tuche herzustellen. Argwöhnisch wachte die Obrigkeit darüber, daß sich die koloniale Textilindustrie nicht zur lästigen Konkurrenz auswuchs. Kaum kam den königlichen Beamten zu Ohr, daß die Tuchfabrikation in Pueblo de los Angeles schon zur Exportindustrie herangewachsen war, die sogar Peru belieferte, gab Philipp II. dem Vizekönig Order, diesen Gewerbezweig auf regionale Maße zurückzustutzen.

Vor die Notwendigkeit gestellt, die Kaufkraft der Bevölkerung zu steigern, verfiel der Vizekönig von Peru nicht etwa auf die Idee, neue koloniale Industrien wie die Textilmanufaktur zu entwickeln. Er hielt vielmehr eisern daran fest, die dafür notwendigen Erträge aus *der* Kolonialindustrie schlechthin, dem Bergbau, zu erwirtschaften. Kühl beschied er die Petenten, daß die Entwicklung eigener Manufakturen nicht mit dem spanischen Handelssystem konveniere. Aus Worten wurden indessen Taten. Aus bloßen Bedenken gegen eine eigenständige koloniale Industrie wurden Produktionsverbote. So befahl die portugiesische Obrigkeit im Jahre 1785, alle Textilwerkstätten in Brasilien zu schließen, sofern sie sich nicht mit der reinen Lückenbüßerfunktion beschieden, nur grobe Stoffe für Sklaven herzustellen. Desgleichen erging ein Erlaß, alle gewerblichen Tätigkeiten im Zusammenhang mit der Eisengewinnung und -verarbeitung einzustellen, drohte hier ja der iberischen Industrie in der Kolonialwirtschaft eine unliebsame Konkurrenz zu erwachsen. Die merkantilistische Politik willfahrte den Interessen des mutterländischen Handwerks, Handels und Gewerbes ohne Rücksicht auf die Bedürfnisse der Bewohner der Kolonien. Die mußten, um Haus und Hof mit dem Nötigen zu versehen, im doppelten Sinne des Wortes etwas außerhalb der Legalität handeln oder zur Selbsthilfe greifen und Gebrauchsartikel in Eigenproduktion herstellen. Alle Artikel des täglichen Bedarfs, die nicht aus Spanien geliefert werden konnten, mußten nach dem königlichen Verdikt über koloniale Industrien in Heimmanufakturen entstehen: Kleider, Leder, Haushaltsgerät und dergleichen.

Die tropischen Agrarprodukte waren dem Mutterland willkommen, nicht aber andere, konkurrenzverdächtige landwirtschaftliche Erzeugnisse. So belegten merkantilistisch angehauchte königliche Dekrete auch diesen Sektor mit Produktionsverboten. Als die ausgedehnten Weinkulturen an der Pazifikküste, von Chile bis nach Ecuador hinauf, die Preise drückten und den Weinexporteuren in Sevilla und Cádiz Kopfschmerzen bereiteten, versuchte Philipp II. die Ordnung wiederherzustellen. Er befahl dem Vizekönig von Peru, der Ausdehnung des Weinbaus Einhalt zu gebieten. Daß derlei Dekrete nicht jegliche wirtschaftliche Tätigkeit auf dem inkriminierten Gebiet ersticken konnten, sondern sie oft nur in die Schattenwirtschaft abdrängten, ändert nichts an ihrem entwicklungsfeindlichen Charakter. Immerhin kostete es einige Energien, auf Schleichwegen, nicht zuletzt durch Betrug und Korruption, wirtschaftlich zum Ziel zu kommen.

Die internationale Arbeitsteilung, die schon frühzeitig die Rollen auf der Bühne des Weltmarkts festgelegt erscheinen ließ, war kein blasses theoretisches Modell der klassischen Nationalökonomie. Daß die Kolonie den Part des Rohstofflieferanten und des Markts für spanische Fertigwaren übernehmen sollte, war vielmehr erklärtes politisches Programm. Eine *Consulta* des Indienrats verordnete Iberoamerika diese inferiore Rolle mit größter Selbstverständlichkeit: »Beachtet man die Verfassung dieser Monarchie«, besagte sie, »ist es angemessen, in den amerikanischen Besitzungen die Landwirtschaft und andere Produktionen zu fördern, die dort die Natur in verschwenderischer Fülle hervorbringt und die als Rohstoffe für die Manufakturen und Fabriken Spaniens dienen, womit man zugleich den Handel beider Kontinente pflegt und fördert.«

Spanien sollte also für die gewerbliche Produktion zuständig sein, Amerika für die landwirtschaftliche, von solchen Ausnahmen wie dem Bergbau abgesehen. In der Tat hatte sich diese Komplementarität schon eingespielt, bevor sie auf höchsten Ratschluß hin zum Programm erhoben wurde. Die spanischen Schiffe brachten alle möglichen *Manufakturprodukte* in die Kolonie: feine Gewebe, Kleider, Schuhe, Metallwaren, Maschinen, aber auch Wein und Öl. Und wenn sie wieder Kurs auf Spanien nahmen, waren sie bis oben hin mit *Rohstoffen* von den Feldern, aus den Minen und gelichteten Wäldern der Kolonie gefüllt: mit Mais, Vanille, Kakao, Zucker, Kaffee, Tabak, Baumwolle, Häuten, Pferdehaar, Talg, Holz, Leder, Vieh, Salz und vielem anderem.

»Die asymmetrische und abhängige Integration Lateinamerikas in das globale europäische (und später US-amerikanische) Ausbeutungs- und Herrschaftssystem« (Heinz Dieterich) war damit auf lange Sicht und im Grunde bis heute vorgezeichnet, wenn man von geringfügigen Modifikationen absieht. Die spanische Obrigkeit war viel zu intelligent, um diese Integration als Ausdruck der natürlichen Ordnung der Dinge wahrzunehmen. Daß sie die Asymmetrie und Abhängigkeit vielmehr machiavellistisch als politisches Bindemittel betrachtete, um damit die Kolonie für alle Zukunft an Spanien zu ketten, offenbarte Vizekönig Gil de Taboada 1790 ohne die mindeste Diskretion: »Es ist gewiß«, befand er, »daß die Sicherheit Amerikas nach der Abhängigkeit zu messen ist, in der es vom Mutterland sich befindet, und diese Abhängigkeit ist im Warenabsatz begründet. An dem Tage, an dem die Kolonien selbst alles Notwendige haben, wird ihre Abhängigkeit eine freiwillige sein, und weder die Streitkräfte, die wir dort haben, noch die Milde der Regierung, noch die am besten verwaltete Gerechtigkeit werden genügend sein, um ihren Besitz zu sichern.« Diese politische Trias aus Sicherheit, Abhängigkeit und Warenabsatz, die der Vizekönig auf die Beziehungen Spaniens zu Lateinamerika münzte, behielt ihre Bedeutung auch unter den »Nachfolgern« der Spanier, den Vereinigten Staaten von Nordamerika.

Welche Wirtschaftspolitik für die Indios, die Kreolen sowie für die Peninsulares in Lateinamerika am bekömmlichsten wäre: danach hat in Spanien kaum jemand gefragt. Die spanische Publizistik handelte bis ins 19. Jahrhundert hinein, als es für ein Umdenken über die egoistische »Sicherheitsphilosophie« hinaus allerdings zu spät war, die Ereignisse und Entwicklungen in Spanisch-Amerika einzig unter dem Aspekt ab, was sie für das Mutterland, vor allem für dessen Wohlstand bedeuteten. Es wurde üblich, den Nutzen der Kolonien in ihrer Fähigkeit zu sehen, die überschüssige industrielle Produktion Spaniens aufzunehmen.

Dieser höchst utilitaristische Gedanke wurde bei den Nordamerikanern, als sie Ende des 19. Jahrhunderts Kuba und Puerto Rico als Halbkolonien übernahmen, während das übrige Lateinamerika in den Einflußbereich des »informellen Empire« der USA geriet, geradezu zur Obsession. Kaum ein Außenpolitiker in Washington, der nicht aus Angst vor einer unbeherrschbaren Marktschwemme an industriellen Erzeugnissen *made in USA* Lateinamerika als Absatzgebiet und »Hinterhof« für sein Land reklamierte. Daß sich dabei, ähnlich den Legitimationen, die sich die Spanier im Lauf der Zeit für die Conquista und die Kolonialpolitik zusammengereimt hatten, ideologische Momente wie ein ausgeprägtes, diesmal säkularisiertes Sendungsbewußtsein und nüchterne Geschäftsinteressen mischten, unterstrich bis in die Rhetorik hinein die Duplizität der Fälle.

Wenn es nicht gelänge, die überschüssigen Produkte der kommerzialisierten Landwirtschaft und der wachstumswütigen Industrie der USA in Lateinamerika abzusetzen, so warnten an der Schwelle zum 20. Jahrhundert die Wortführer der nordamerikanischen Expansion in Richtung Süden, brächen Massenarbeitslosigkeit und soziale Unrast über die Nation herein. Der Zugang zu den Märkten Lateinamerikas nahm in den Horrorvisionen, mit denen sie das Publikum schreckten, die Funktion der Patentlösung an. Durch dieses Sicherheitsventil sah man mit den überschüssigen Produkten zugleich den sozialen Druck entweichen, der sich sonst in der gefürchteten Revolution entladen würde.

Die gedankliche Verbindung zwischen der eigenen wirtschaftlichen Expansion nach Lateinamerika und der Sicherheit der Vereinigten Staaten, mithin der Prosperität und Stabilität der amerikanischen Gesellschaft, geriet zum griffigen Topos der außenpolitischen Rhetorik. Und sie ist es bis heute geblieben. Es ist üblich, revolutionäre Entwicklungen in Lateinamerika, die den außenwirtschaftlichen Status der USA auf dem Subkontinent berühren oder gar gefährden, als direkten Angriff auf die Sicherheit der Vereinigten Staaten zu deklarieren und zu bekämpfen.

Die Monroe-Doktrin von 1823 (»Amerika den Amerikanern«) nahm sich vordergründig wie der erklärte außenpolitische Altruismus aus, der den unabhängig gewordenen Staaten Lateinamerikas mit ihrem Eigenleben zugleich ihre autonomen Entwicklungschancen zu lassen versprach. Tatsächlich war die mit der Monroe-Doktrin verbundene Absicht, einer Rekolonisierung Lateinamerikas durch andere europäische Mächte, zum Beispiel Frankreich, zu wehren, nur die eine, für die internationale Öffentlichkeit bestimmte Seite der Medaille. Die Kehrseite: Das war der Wunsch der USA, die Kolonialmächte Spanien, Portugal und Großbritannien eines Tages zu beerben und Lateinamerika unter die eigene Dominanz zu bringen.

Daß die USA die Kolonialherrschaft nicht aus moralischer Prinzipientreue und republikanischem Geist verwarfen, sondern daß sie lediglich an der Geschlossenheit des Systems nach außen, ihren eigenen Marktambitionen gegenüber, Anstoß nahmen, sollten sie mit ihrer Duldsamkeit gegenüber der maroden Kolonialmacht Spanien im Falle Kuba noch hinlänglich beweisen. Am Zankapfel Kuba zeigte sich auch, wie eigennützig die Monroe-Doktrin entgegen dem äußeren Anschein konzipiert war.

Denn jener amerikanische Politiker, dessen Handschrift sie bei näherem Hinsehen erkennen ließ und nach dem sie eigentlich hätte benannt werden müssen, Außenminister John Quincy Adams, sah Kuba im Jahre 1823 nicht etwa seiner Freiheit von den Fesseln der Kolonialherrschaft entgegengehen, sondern nur den Besitzer wechseln. Im Brustton der verweltlichten Heilsgewißheit, die sich aus dem puritanisch angehauchten amerikanischen Sendungsbewußtsein speiste, prophezeite er, daß Kuba eines nicht allzu fernen Tages qua schicksalhafter historischer Vorbestimmung den USA zufallen würde: »Tatsächlich sind die von der Natur geschaffenen und allmählich entstandenen... geographischen, kommerziellen, moralischen und politischen Verbindungen zwischen dieser Insel und unserem Land von einer Art, daß man, wenn man im Geist einen Blick auf den möglichen Gang der Ereignisse in den nächsten fünfzig Jahren wirft, unwillkürlich zu der Überzeugung kommt, daß der Anschluß Kubas an unsere föderative Republik zu einer absolut notwendigen Bedingung für die Existenz und die Bewahrung der Integrität des Bundes selbst wird. Es ist völlig klar, daß wir zur Zeit noch nicht auf solch ein Ereignis vorbereitet sind (...) Es gibt jedoch Gesetze der physikalischen wie auch der politischen Gravitation, und ebenso wie ein im Sturm vom Baum gerissener Apfel keine andere Wahl hat, als auf den Erdboden zu fallen, kann auch Kuba, gewaltsam aus seiner widernatürlichen Verbindung mit Spanien herausgelöst und unfähig, sich selbst zu schützen, nur der Gravitation zum Nordamerikanischen Bund folgen, der kraft desselben Gesetzes Kuba nicht von seiner Brust wegstoßen kann.«

Kuba, das Land Lateinamerikas, auf das sich, neben Mexiko und Chile, bis weit ins 20. Jahrhundert hinein die Markt- und Investitionsinteressen des US-Business konzentrierten, wurde zum existentiellen Annex der USA erklärt. Wenn Washington Kuba nicht unter seine Dominanz bekäme – sei es als soundsovielten Bundesstaat, sei es als lose attachierte Halbkolonie –, stünde die Sicherheit der Vereinigten Staaten auf dem Spiel, tönte es unisono aus dem Munde führender amerikanischer Außenpolitiker.

Hier tauchten sie also wieder auf, die drei Komponenten Absatzmarkt, Abhängigkeit und Sicherheit. Ob die Außenpolitiker in Washington mit Blick auf Lateinamerika an diese vermeintliche Überlebensgarantie für die US-amerikanische Gesellschaft wirklich glaubten oder die informelle Herrschaft über ihre Nachbarn, zumal über deren Wirtschaft, aus rein ideologischen Gründen zur Überlebensfrage überzeichneten, bleibe dahingestellt. Sie wurden jedenfalls nicht müde, die Abhängigkeit von der Abhängigkeit zu beschwören. Die Devise *hands off!*, »Hände weg von Lateinamerika!«, sollte für die Europäer gelten, keinesfalls für die Nordamerikaner. Symptomatisch, daß die Monroe-Doktrin später fast nie *gegen europäische*, sondern meist nur *für nordamerikanische* Interventionen in Lateinamerika ins Feld geführt wurde.

Die traumatische Vorstellung, an den Überschüssen der eigenen Industrie zu ersticken, beflügelte die US-amerikanischen Außenpolitiker und Unternehmer zum Vorstoß Richtung Süden. Anfang der achtziger Jahre des 19. Jahrhunderts produzierten die US-Fabriken

Fertigwaren für etwa sechs Milliarden Dollar im Jahr. Nur etwa 1,5 Prozent davon setzten sie im Ausland ab. Speziell der Handel mit Mittel- und Südamerika ließ zu wünschen übrig. Die Spanier, Franzosen, Engländer und anderen Europäer waren da in der Vorhand. Sie schöpften vom Außenhandel Mittel- und Südamerikas, der sich damals auf 850 Millionen Dollar belief, den Rahm ab. Die Nordamerikaner mußten sich mit einem Anteil von 130 Millionen Dollar begnügen. Und was sie beim Anblick ihrer Außenhandelsbilanz besonders schmerzte, war die gleichsam noch verkehrte Welt, die zwischen der aufstrebenden Industriemacht USA und dem unterentwickelten Lateinamerika herrschte: daß die Vereinigten Staaten im Süden doppelt soviel kauften, wie sie dorthin exportierten. Und es waren mehr landwirtschaftliche Erzeugnisse dabei, als den expansionsfreudigen Außenpolitikern opportun erscheinen konnte.

Der »Aufstieg des amerikanischen Imperialismus« (Hans-Ulrich Wehler) brachte die Wende im Verhältnis USA–Lateinamerika. Penible Marktanalysen und rühriges Marketing taten ein übriges, um die wirtschaftliche Ernte im Hinterhof der USA reichlicher ausfallen zu lassen. Der Wert der Exporte aus Boston, Detroit oder Chicago nach Mexiko-Stadt, Havanna oder Santiago de Chile stieg von kargen 90 Millionen Dollar 1898 auf 1,5 Milliarden Dollar 1920. Das günstige Investitionsklima in Lateinamerika ließ die direkten Kapitalanlagen der Nordamerikaner südlich des Río Grande von 1,7 Milliarden Dollar im Jahr 1914 auf 3,5 Milliarden Dollar 1929 wachsen.

Der Dollarsegen brachte denen, die ihn über Lateinamerika ausschütteten, reichlich Früchte. Jenen, über die er niederging, bescherte er die Kontinuität der zur Kolonialzeit gewachsenen Strukturen. Ja, er verstärkte sie. Die Monokulturen wucherten. Alles stand in ihrem Dienst: von den miserabel entlohnten Landarbeitern über die Sozial- und Steuerpolitik bis hin zum Verkehrssystem, den Häfen und den Eisenbahnen. Sie lieferten die Guatemalteken, die Nicaraguaner, in besonderem Maß aber die Honduraner den Pressionen des Weltmarkts aus. »Die Vormacht der USA im Handel dieser Republik« war schon 1905 für einen Beobachter der mittelamerikanischen Szenerie nicht mehr zu übersehen. Über 70 Prozent seiner Importe bezog Honduras in jenem Jahr aus den USA. Und 80 Prozent seiner Exporte lieferte es in die Vereinigten Staaten. Eine

Illusion, unter diesen Vorzeichen noch an die substantielle Eigenstaatlichkeit einer Republik wie Honduras zu glauben.

Die lateinamerikanischen Länder hatten ihre Souveränität nur auf dem Papier erlangt, um sie faktisch unter dem Druck der ökonomischen Abhängigkeit, Fremdbestimmung und Unterentwicklung wieder zu verlieren. Zur Hochzeit des Dollar-Imperialismus war in Mittelamerika ein Abgeordneter billiger zu haben als ein Maultier. Präsidenten walteten ihres Amtes, als wären sie Washingtons »Mann in Tegucigalpa« oder anderswo. US-Botschafter lenkten als graue Eminenzen die politischen und sozioökonomischen Geschicke dieser Länder aus dem Hintergrund, nicht selten sogar auf offener Bühne. Die nordamerikanischen Unternehmer folgten der Einladung eines ihrer Außenminister, das State Department als »ihr Ministerium« zu betrachten, gern aufs Wort und mischten sich in die Politik lateinamerikanischer Staaten ein. US-Firmen wie die United Fruit Company wurden zu Kraken, die auf die gesamte Nationalökonomie ausgriffen, von den Bananen über die Eisenbahn bis zu den Häfen. Selbst Nationalbanken gingen in US-Domänen über. Keine Rede mehr von Souveränität.

Lateinamerika ist nicht mangels Pioniergeist, Tatendrang, Arbeitsethos oder Unternehmerinitiative seiner Bewohner im *main stream* der Industriegesellschaften weit zurückgeblieben. Es war nicht jene vermeintliche anthropologische Konstante verhaltenen Leistungsdrangs, vielleicht gar ökonomischer Trägheit, die Lateinamerika, Teile davon zumindest, in der halb feudalen Agrargesellschaft hat verharren lassen. Wie es ohne die Plünderung Amerikas nie eine »originäre Kapitalakkumulation« und damit auch keine »westliche Welt« gegeben hätte (Roberto Fernández Retamar), so hätte es ohne die Funktionalisierung Lateinamerikas den Subkontinent nicht ins Lager der »Dritten Welt« verschlagen.

Die Lateinamerikaner sehen sich historisch, bis in ihre Mentalität, ihre Verfehlungen und Irrtümer hinein, als Opfer der Hegemonie, erst der spanischen, dann der Allmacht und Arroganz des *American way of life*. »So wie ein Gutteil unserer *Drittweltlichkeit erstweltlicher* Herkunft ist«, sinniert Mario Benedetti, »ist ein wesentlicher Teil unserer Unterentwicklung eine direkte Folge fremder Entwicklung.« Die Unterentwicklung schreitet indessen systematisch fort. Während an den Rändern der Gesellschaften, oft geographisch identisch mit den Küstenstreifen, den Toren und Schleusen zum Weltmarkt, moderne Sektoren mit Hochtechnologie entstehen, bleibt das Gros der Bevölkerung in vorindustriellen Strukturen zurück. Die (Werk)Stätten der Weltmarktproduktion bilden Enklaven in einer zurückgebliebenen Wirtschaft. Daß sie auf die übrige Ökonomie, vor allem die im Hinterland, ausstrahlten und deren Entwicklung stimulierten, gehört zu den unumstößlichen Glaubenssätzen der westlichen Entwicklungspolitik. Aber in Wirklichkeit sind die *spin off*-Effekte dieser Art mehr als dürftig. Die Erste Welt prägt der Dritten Welt in Lateinamerika ihre kulturelle Identität und die äußeren Insignien der Wohlstandsgesellschaft auf. Daß sich beide Welten nach dem unheilvollen Zusammenprall zu Zeiten des Kolumbus und der Conquista nun zugunsten der Entwicklung Lateinamerikas wirtschaftlich durchdringen würden, kann man wahrlich nicht behaupten.

Dame de Lima. Indien du Perou.

Republiken ohne Bürger

Herrschaft der Spanier, Herrschaft der Kreolen

Als am 16. September 1810 der Aufstand der Mischlinge und Indianer gegen den Vizekönig von Neuspanien unter Führung des Priesters Miguel Hidalgo y Costilla (1753–1811) in Mexiko losbrach, als der Kongreß der *patriotas* am 5. Juli 1810 die Unabhängigkeit Venezuelas proklamierte, als die Abgeordneten des Nationalkongresses in Argentinien am 9. Juli 1816 in einer feierlichen Sitzung die Unabhängigkeit der Vereinigten Provinzen des Río de la Plata erklärten, als José de San Martín 1817 das Generalkapitanat Chile von spanischer Herrschaft befreite und schließlich am 9. Dezember 1824 in der Schlacht von Ayacucho die Kolonialmacht definitiv geschlagen wurde, ging eine dreihundertjährige Epoche der Kolonialherrschaft zu Ende. Von einem wirklichen Neuanfang konnte jedoch keine Rede sein. Der Wandel verlief zu sehr an der staatsrechtlichen Oberfläche, ohne die sozialökonomischen Wurzeln der Gesellschaft zu erreichen. Aus Generalkapitanaten und Vizekönigreichen, die den spanischen Kronländern gleichgestellt gewesen waren, wurden unabhängige Staaten. Die Fahnen, Wappen, Siegel und dergleichen Hoheitszeichen wurden ausgetauscht. Die Herrschaft ging von den Spaniern auf die Kreolen über. Die sozialen Verhältnisse indessen überdauerten die Zäsur des Jahres 1824.

Der äußeren Freiheit korrespondierte keine innere. Das Spannungsverhältnis zwischen Partikularismus und Zentralimus, das schon im spanischen Kolonialregime veranlagt war, hat sich bis in die Gegenwart erhalten. Die Machtpositionen der Oligarchien sind nicht erodiert. Sie haben sich eher verfestigt. Die sozialen Privilegien der Oberschicht gingen fast unbeschadet auf die nächsten Generationen über. Die soziale Kluft zwischen *patrones* und *peones*, zwischen Herren und Knechten oder Herrschaften und Untertanen, die dem patriarchalischen Verhältnis zwischen Kolonisten und Kolonisierten entstammte, weitete sich noch. Das Herrschaftssystem, das in den Tagen begründet worden war, als die Könige oder Konquistadoren die *vecinos*, die Nachbarn oder Bürger, mit Land und Leuten belehnt hatten, existierte unter anderen Vorzeichen fort. Die Großgrundbesitzer, die auf den *haciendas* wie Lokalfürsten herrschten und über diese wirtschaftlich, politisch und sozial geschlossenen Gesellschaften fast so etwas wie Regierungsgewalt ausübten, schwangen sich zu *caudillos*, zu Führern, auf. Sie bildeten Staaten in einem Staat, der oft nur dem Namen nach bestand. Die Tendenz, sich des Militärs, nicht selten in Form von Privatarmeen, zum Zwecke des Machterwerbs und Machterhalts zu bedienen, verwies auf den usurpatorischen Geist der Conquista und der Kolonialpolitik zurück – auf die Selbstherrlichkeit der Konquistadoren, die an der langen Leine der Zentralgewalt hatten agieren und vollendete Tatsachen schaffen können, bevor auf langem und zeitraubendem Seeweg vielleicht eine gegenläufige Order der Krone kam.

Das Manko an Staatlichkeit, das auf die Unfähigkeit der kreolischen Oberschicht zurückzuführen ist, eine dauerhafte und wirksame Zentralgewalt zu etablieren, mit deutlichem Primat der zivilen über die militärische Gewalt, läßt noch immer der Willkür, der Gewalt und der Rechtlosigkeit freien Lauf. In Spanien hatten während des »goldenen Zeitalters« die erwerbsfreudigen und politisch regsamen Bürger gefehlt, die dem Kapitalismus einen Schub in Richtung Industriegesellschaft hätten geben können. In Lateinamerika fehlten sie über den Tag der Unabhängigkeit hinaus. So wurden die Republiken zu Veranstaltungen ohne Bürger.

Das Vakuum zwischen der kreolischen Oberschicht und den Indianern, Schwarzen, Mestizen, Mulatten und weißen Landarbeitern oder Bauern blieb bestehen. Eine Lücke, die auch der im 20. Jahrhundert allseits umworbene, eher sehnlich herbeiphilosophierte als faktisch existente Mittelstand nicht füllen konnte. Was bis in die jüngste Vergangenheit fehlte, bei der kolonialen Vorgeschichte auch fehlen mußte, war eine staatstragende Bevölkerung. Es ist nicht gelungen, in demokratisch verfaßten Sozialstaaten der Bevölkerungsmehrheit mit einem Minimum an Partizipation die Chance zum Aufbruch aus ihrer stoischen Gleichgültigkeit zu geben. Zu Zeiten der Kolonialherrschaft entschwanden die Massen hinter den Kulissen der Haupt- und Staatsaktionen dem Blick. Während der Unabhängigkeitskriege verfolgten sie, von zwei Ausnahmen, Mexiko und Venezuela, abgesehen, die Ereignisse auf der politischen Bühne als stumme Komparserie. Und auch danach ließen sie die große Politik wie Unbeteiligte geschehen. Seitdem herrscht in Lateinamerika eine »Kultur des Schweigens«, wie der brasilianische Volksbildner Paulo Freire die desolate Mischung aus Apathie, Angst und Hoffnungslosigkeit genannt hat, jene politische Lethargie der Hungrigen und Unbehausten, die nur hin und wieder in Eruptionen des sozialen Zorns umschlägt, in revolutionäres Aufbegehren.

Stimmte das Idealbild der lateinamerikanischen Unabhängigkeitskriege, wie es gelegentlich gezeichnet worden ist, mit der historischen Wirklichkeit überein, dann hätten die aufständischen Kreolen als reine Jünger der Aufklärung und der Französischen Revolution gehandelt. Sie waren in der Tat von beidem inspiriert, von dem auf Emanzipation ausgerichteten Erkenntnisprozeß wie von dem säkularen politischen Umbruch. Die Schriften der französischen Philosophen gingen in den besseren Kreisen Spanisch-Amerikas Anfang des 19. Jahrhunderts von Hand zu Hand. Den belesenen und gebildeten Kreolen waren die Werke der Enzyklopädisten um Denis Diderot geläufig, ebenso die Staatstheorie eines Jean Jacques Rousseau. Bei dem Gedanken an die Volkssouveränität gerieten sie in heiligen Zorn über die Fesseln, mit denen sie der Absolutismus band, mochte er noch so »aufgeklärt« und reformfreudig sein. Doch stützten sie sich, was ihre politische Philosophie anlangte, nicht allein auf die Lehren der Franzosen. In ihrem Drang nach Unabhängigkeit und in ihrem Bestreben, ihn theoretisch zu begründen, ließen sie sich auch von spanischen Staatsrechtslehrern des 16. Jahrhunderts inspirieren.

Und nicht zu unterschätzen sind die Einflüsse der Unabhängigkeitserklärung der USA von 1776 auf die Nachbarn im Süden. Denn in der politischen Emanzipation der Neuenglandstaaten verquickte sich der libertäre Geist mit dem handfesten Interesse an wirtschaftlicher Autonomie. Und darum ging es ja gleichfalls im Süden. Den Kreolen war es nicht nur darum zu tun, dem Reglement der 300000 Gesetze zu entrinnen, die das öffentliche Leben zu ersticken drohten, sondern es ging ihnen auch um Handelsfreiheit. Um eine ökonomische Freiheit, von der die Grundbesitzer genauso wie die Konsumenten zu profitieren hofften, die einen in Form von höheren Gewinnen, die anderen in Form von niedrigeren Preisen für die Verbrauchsgüter des täglichen Lebens. Daß diese Interessen mit dem Zeitgeist konform gingen, vor allem mit den freihändlerischen Ambitionen Großbritanniens, sollte sich für die Unabhängigkeitsbewegung in Lateinamerika als sehr bedeutsam erweisen. Daß die Latinos damit indirekt den neokolonialistischen Gelüsten der Konkurrenten Spaniens, allen voran eben Großbritannien, Vorschub leisteten, steht auf einem anderen Blatt.

All dies zusammen, der Einfluß der Aufklärung, die Affinität zur Französischen Revolution, der Eindruck, den die nordamerikanische Unabhängigkeitserklärung auf die Kreolen machte, und deren Drang nach Freihandel, lud die antispanische Stimmung auf. Aber es reichte noch nicht, um den Freiheitskampf zu beginnen. Daß er ausbrach, war prosaischeren Konstellationen zu verdanken. 1808 wurde der spanische König Ferdinand VII. abgesetzt, und französische Truppen besetzten Spanien; die Kreolen nutzten die Gunst der Stunde. Nicht daß aus überzeugten Royalisten über Nacht abtrünnige *patriotas* geworden wären. Der Ablösungsprozeß vom Mutterland war schon eine Weile in Gang.

Als Napoleon seinen Bruder Joseph zum neuen spanischen König proklamierte, gegen den die Spanier rebellierten, weigerten sich die Kreolen in Iberoamerika genauso wie die Spanier, dem aufoktroyierten König Gehorsam zu leisten. Sie hielten zunächst Ferdinand VII., den Napoleon in Frankreich internieren ließ, die Treue. Was leichter gesagt war als getan. Es konnte gar nicht ausbleiben, daß in Spanisch-Amerika ein Machtvakuum entstand. Die Neue Welt konnte sich, während die Kolonialmacht paralysiert war, als souverän betrachten, mit dem Recht, sich selbst zu regieren. Und die Kreolen, die jetzt in verschiedenen Städten Juntas bildeten, erst noch zum Zwecke einer Art treuhänderischen Regierung, dann aber mit der offenkundigen Tendenz, sich von Spanien loszusagen, konnten dies in der Gewißheit tun, mit einer militärisch bis zur Handlungsunfähigkeit geschwächten Kolonialmacht konfrontiert zu sein. Eine Schwäche, die sich allerdings noch nicht so chronisch zeigte, daß sie der Unabhängigkeitsbewegung verlustreiche Kämpfe, Niederlagen und Rückschläge erspart hätte.

Die Kreolen waren angetreten, der verhaßten zentralistischen Kolonialverwaltung ein Ende zu bereiten, die sie weitgehend vom politischen Prozeß ausschloß und ihnen nur das bescheidene Maß an Partizipation ließ, in den Stadtverwaltungen (*cabildos*) und Bürgerversammlungen (*cabildos abiertos*) Volkes Stimme zu erheben. Als die spanischen Cortes während der Abwesenheit Ferdinands VII. im März 1812 in Cádiz eine neue Verfassung verabschiedeten, die eine konstitutionelle Monarchie an die Stelle des Absolutismus setzte, hätten mit den Spaniern eigentlich auch die Bewohner der Kolonien aufatmen können, zumal jene, die zwischen Königstreue, Zorn auf die spanische Verwaltung und Gelüsten nach vollständiger Autonomie schwankten. Der linden politischen Frühlingsluft folgte bald wieder ein schärferer Wind. Der König, aus dem unfreiwilligen Exil in Frankreich heimgekehrt, annullierte 1814 die Verfassung von 1812 und erklärte damit die wenigen bürgerlichen Freiheiten für null und nichtig, die zu einigen Hoffnungen Anlaß gegeben hatten. Wahrlich kein Akt der politischen Vernunft, der den Geist des Separatismus in den Kolonien hätte beschwichtigen können. Daß Ferdinand VII. 1820 durch eine Militärrevolte gezwungen wurde, die liberale Verfassung von 1812 anzunehmen, lief auf eine zu vordergründige Revision hinaus, als daß die Unabhängigkeitsbewegung in Spanisch-Amerika damit noch hätte aufgehalten werden können.

Revolution: nicht vorgesehen

»Tatsächlich waren die Unabhängigkeitskriege keine nationalen Erhebungen, geschweige denn wirkliche Revolutionen, sondern Machtkämpfe miteinander rivalisierender ›weißer‹ Führungsschichten. Zu keiner Zeit und an keinem Ort wurde die bestehende Gesellschaftsordnung ernsthaft in Frage gestellt, vielmehr waren Aufrecherhaltung und Fortführung der sozialökonomischen Verhältnisse der Kolonialzeit so selbstverständlich, daß niemand dagegen zu opponieren wagte« (Günter Kahle). Schien es anfangs und später noch einmal, als drohten die Unabhängigkeitskriege in Revolutionen umzuschlagen, war doch der sozialen Bewegung bald die Spitze abgebrochen.

So zum Beispiel in Mexiko, wo der Dorfpriester Miguel Hidalgo y Costilla mit seinem Insurgentenheer zum Schrecken der Spanier und Kreolen wurde. Als die amorphe und zügellose »Armee« von 80000 bis 100000 Indianern und Mestizen zur Landplage zu werden drohte und sich anschickte, die Hauptstadt zu erobern und zu plündern, machte die weiße Oberschicht, ungeachtet ihrer politischen Differenzen, vereint Front gegen sie. Das gemeinsame Interesse an der Wahrung des sozialen Besitzstands hatte allemal Vorrang vor der Auseinandersetzung über das Verhältnis zwischen Mutterland und Kolonie. Gegen die geballte Macht der Oberschicht hatte Hidalgo mit seinen barfüßigen und militärisch wie intellektuell gleichermaßen schlecht gerüsteten Sozialrebellen keine Chancen. Der Versuch, statt der honetten Sezession einen sozialen »Unabhängigkeitskrieg« vom Zaun zu brechen, mußte bei der damaligen Interessenkonstellation scheitern. Nach mehreren Niederlagen fiel Hidalgo den Spaniern in die Hände. Er wurde verurteilt und hingerichtet. Denen, die es ihm gleichtaten und sich an die Spitze der sozialen Revolte setzten, erging es nicht besser. 1815 wurde der Guerillaführer José María Morelos y Pavón (1765–1815) gefangengenommen und hingerichtet. 1817 ereilte den spanischen Rebellenführer Francisco Javier Mina das gleiche Schicksal.

In Venezuela schoß die soziale Rebellion nicht über das Ziel der bloßen Unabhängigkeit hinaus, sondern sie kehrte sich gegen die Träger der Unabhängigkeitsbewegung, die Kreolen, die in ihren stattlichen Stadthäusern genießerisch verlebten, was ihre halbfreien Arbeitskräfte oder ihre Sklaven auf den Haziendas draußen unter der Tropensonne im Schweiß ihres Angesichts erwirtschafteten. Für sie bedeutete der Unabhängigkeitskrieg lediglich mehr Hunger und Elend. Ihnen war es gleichgültig, ob ein spanischer Generalkapitän das Sagen hatte oder ob eine kreolische Junta die Geschicke des Landes lenkte. Ihre persönliche Freiheit war ihnen wichtiger als die Handelsfreiheit der Kreolen.

Dem Asturier José Tomás Boves gelang es im Stile eines modernen Populisten, den Unmut der *llaneros*, der Bewohner des östlichen venezolanischen Tieflands, geschickt für die Zwecke der spanischen Kolonialmacht zu nutzen. Seine Demagogie machte dem *libertador*, dem Befreier Simón Bolívar, viele potentielle Kämpfer abspenstig. Schlimmer noch: Sie machte viele Gleichgültige zu Gegnern. »Es gelang Boves, die Masse der Bauern auf seine Seite zu ziehen, denn er lockte sie mit der Versprechung, sie könnten sich bei ihm leicht bereichern und ein ungebundenes Leben führen. Er verkündete den heiligen Krieg der Neger und Mestizen, die die Mehrheit der freien Bauern bildeten, gegen die weißen Grundbesitzer. Den Sklaven versprach er die Freiheit, den Bauern Land. Den Spaniern kam das zustatten, denn in den Aktionsgebieten von Boves gab es kaum noch spanische Behörden, und seine Opfer waren größtenteils Kreolen, die mit der Republik sympathisierten« (Josef Lawrezki).

Bolívar konnte sich nicht der Einsicht verschließen, daß Frontalangriffe gegen die Bastionen der Spanier an der Küste und offene Feldschlachten mit den militärisch überlegenen spanischen Regimentern mit einem Fiasko enden mußten. Die einzige Chance der Patriotas, die spanische Herrschaft abzuschütteln, bestand im Guerillakampf aus dem Hinterland heraus, mit dem Orinoco als Lebensader. Dafür brauchte Bolívar die Llaneros als Verbündete, die freien und unfreien gleichermaßen. So lockte er die Sklaven mit der Aussicht in sein Insurgentenheer, daß sie sich in zwei Jahren Gefolgschaft die Freiheit erdienen könnten.

Es kam dem Libertador sehr zustatten, daß der neue Führer der Llaneros, José Antonio Páez, vom Lager der »Königlichen« in das der Patrioten überwechselte. Dergestalt gestärkt, konnte Bolívar 1819 wieder zur Offensive übergehen. Ein Schritt auf dem Weg zur endgültigen Befreiung Venezuelas 1821. Den Llaneros hat ihr Frontwechsel nicht viel eingebracht. Bevor sie mit ihrem Anführer Páez der Republik und ihrem Führer Bolívar im Januar 1818 feierlich den Treueid leisteten, bestätigte der Oberbefehlshaber der Patriotas den Soldaten das von Páez gegebene Versprechen, ihnen Land zuzuteilen. Ein »Vertrag«, der in den Wirren des Befreiungskrieges in Vergessenheit geriet. Während Páez später zu einem der größten Grundbesitzer Venezuelas aufstieg, kehrten die Llaneros, die Bolívar zum Sieg in der Schlacht von Boyacá (1819) verholfen hatten, in ihre armseligen Verhältnisse zurück.

Obwohl Bolívar der kreolischen Aristokratie entstammte, hatte er eine soziale Ader. Wäre es allein nach ihm gegangen, hätte der Unabhängigkeitskrieg wohl kaum den sozioökonomischen Status quo besiegelt, wie es dann geschehen ist. In ihrer Mehrheit waren die Kreolen jedoch nicht bereit, mit den Sklaven und Landlosen zu teilen. In ihren Zukunftsplänen war eine Revolution nicht vorgesehen. Sie hätten nach dem Erringen der Unabhängigkeit am liebsten institutionell an das *ancien régime* angeknüpft: mit der Restauration der Monarchie. Die Konservativen in Mexiko wollten Ferdinand VII. zum Kaiser eines *Imperio Mexicano* küren. Die spanischen Cortes vereitelten 1822 diesen Plan. Um nicht die Geburt einer Republik miterleben zu müssen, verhalfen die Anhänger der Bourbonen dem kreolischen Oberst Agustín de Iturbide (1783–1824), der am 27. September 1821 siegreich in der Hauptstadt Mexiko eingezogen war, auf den Thron. Als bürgerlicher (Ersatz)Kaiser Agustín I. bestieg er ihn im Frühjahr 1822. Nach seinem Sturz, ein Jahr später, rief der Nationalkongreß die Republik aus.

Auch in anderen Regionen Spanisch-Amerikas gingen Pläne, die Monarchie zu erhalten oder eine neue zu errichten, den Geburtswehen der Republik voraus. San Martín, einer der Befreier, hielt unbeirrt an seinem Plan eines monarchisch regierten hispanoamerikanischen Bundesstaates fest. Anders Bolívar. Er beschied diejenigen, die ihm eine Kaiserkrone antragen und ihn damit in Versuchung führen wollten, kühl: »Ein Thron wird mit seiner Pracht wie auch mit seinen Errungenschaften Furcht einflößen. Die Gleichheit wird aufgehoben werden, eine neue Aristokratie wird entstehen, und die farbigen Rassen werden glauben, ihre Rechte seien endgültig verloren. Ich bekenne offen: Dieser Plan ist untauglich für euch wie auch für mich und für das Land.«

Den Lateinamerikanern ist es versagt geblieben, den Sieg der Unabhängigkeitsbewegung so selbstverständlich als Amerikanische Revolution feiern zu können, wie es die Nachbarn im Norden tun. Bolívar selbst zog ein Resümee dazu, das tiefe Enttäuschung und Depression erahnen läßt: »Die Unabhängigkeit ist das einzige Gut, welches wir auf Kosten aller übrigen erreicht haben.« Auf Kosten der Gleichheit und der sozialen Gerechtigkeit vor allem sowie auf Kosten republikanischer Tugenden, auf Kosten der Demokratie, deren zaghafte Ansätze am Machtanspruch der kreolischen Eliten zuschanden wurden. Wenn es in den Vereinigten Staaten später üblich wurde, den Lateinamerikanern ihre Unfähigkeit zur Selbstregierung und Demokratie vorzuhalten, dann gaben zu diesem hochnäsigen Verdikt meist akute Erfahrungen mit *cuartelazos*, Militärputschen, Anlaß. Es spielte bei diesem Versuch, US-Interventionen in Lateinamerika politisch zu rechtfertigen, untergründig immer auch die Erinnerung an die Entstehung der südlichen Republiken aus Machtkämpfen, Bürgerkriegen und Chaos eine Rolle und an ihre chronische Befangenheit darin. Kaum zu bestreiten, daß der Makel der Anfänge, die verhinderte Revolution und die Disposition zum Bürgerkrieg als Mittel der Politik, die weitere Entwicklung im Sinne chronischer Gewalt im öffentlichen Leben und permanenter Instabilität der Demokratien vorbestimmt hat.

Parteienhader, Städtefehden, Bürgerkriege

Die Kreolen, die von den Spaniern die Macht übernahmen, waren nicht besser und nicht schlechter als andere. Die Unsitte, Parteienkämpfe, oft nichts anderes als Rivalitäten um Ämter und wirtschaftliche Pfründen, mit Gewalt auszutragen, lag ihnen gewiß nicht im Blut. Aber sie hatten eine andere politische Sozialisation durchlebt als ihre Nachbarn im Norden, deren Amerikanische Revolution ganz andere Ergebnisse zeitigte. Für sie war die autoritäre Lösung von Konflikten eher zur Normalität geworden als der pluralistische Interessenausgleich. Sie waren es nicht gewöhnt, in einem Parallelogramm der Kräfte eine Rolle unter mehreren zu spielen, sondern sie erstrebten mit der wirtschaftlichen Vormacht zugleich das politische Machtmonopol.

Die Geschichte der Unabhängigkeitsbewegung war bei allen hehren Emanzipationsidealen, die ihr feierlich vorangetragen wurden, von Anfang an eine Chronik der Intrigen, der Rankünen, des Verrats. Der Parteienstreit und die Machtkämpfe innerhalb der Bewegung wuchsen sich zu Kriegen im Krieg aus. Nach der »Mairevolution« von 1810 in Buenos Aires versuchte die provisorische Regierungsjunta die Bewohner des Vizekönigreichs Río de la Plata hinter sich zu einen. Vergeblich. Die Lokalpatrioten verweigerten die Gefolgschaft. Die Junta versuchte, die Provinz von Alto Perú mit Gewalt in den Sezessionsprozeß mit einzubeziehen. Ohne Erfolg. »Auch der Versuch, Paraguay für Buenos Aires zu gewinnen, endete mit einem Mißerfolg (...) Die militärischen Mißerfolge wurden von politischen Schwierigkeiten begleitet. Mehrmals mußte die Regierung in Buenos Aires umgebildet werden, aber es gelang nicht, eine funktionierende Verwaltung aufzubauen, da nach der Absetzung der spanischen Beamten keine geeigneten Kräfte zur Verfügung standen. Die Bürgerschaft war uneinig und zerstritten, und die Grundbesitzeroligarchie stand dem politischen Geschehen teils zurückhaltend, teils ablehnend gegenüber. So begann die Zeit des innenpolitischen Chaos, in der die Regierungen abgesetzt und neu gewählt, wieder umgeformt und erneut gestürzt wurden« (Günter Kahle).

Hinter der unitarischen Fassade der spanischen Kolonialverwaltung hatten sich zu viele Partikularinteressen Raum geschaffen, um nun den einhelligen Übergang der Generalkapitanate zur Eigenstaatlichkeit zu erlauben. Diese Interessen gerieten so heftig miteinander in Konflikt, daß die neuen Staaten vom Moment ihrer Konstituierung an innere Auflösungserscheinungen zeigten. Sie drohten zu zerfallen, bevor sich in ihren Grenzen eigenstaatliches politisches Leben regte. Ein schlimmeres Schicksal ereilte die Staatenbünde. Sie verfielen, kaum daß sie geschaffen waren, der politischen Erosion. Der Regionalismus obsiegte über die nationalstaatliche Einheit. Jetzt rächten sich die Sünden der Vergangenheit. Darunter auch die aus der wirtschaftlichen Not der Krone entstandene Verlegenheit des Königs, in den Verkauf öffentlicher Ämter einwilligen zu müssen. Darunter hatte in der zweiten Hälfte des 17. Jahrhunderts die zentralistische Verwaltung in einem Maße gelitten, daß von einer »Regionalisierung Amerikas« die Rede war.

Nicht nur die Grenzziehungen und die Rivalitäten zwischen den Vizekönigreichen und Generalkapitanaten der Kolonialzeit haben sich als Hypothek für die Geschichte Lateinamerikas erwiesen. Hinzu kommt, daß die Konquistadoren die Umwelt eifersüchtig, jeweils von einem städtischen Kern aus, entwickelt hatten. Wenn eine Stadt als »Vaterland« galt, konnte sich schwerlich das für die Eigenstaatlichkeit der neuen politischen Gebilde in Lateinamerika notwendige Nationalbewußtsein bilden. Einzelne Republiken holten das Manko an Staatlichkeit überhaupt erst im Laufe des 19. Jahrhunderts auf, nach heftigen inneren Zerreißproben zwischen den Partikularinteressen der Städte und Parteien.

Mit der Beendigung der Herrschaft der Krone war 1821 zum Beispiel in Mittelamerika der Integrationsfaktor schlechthin entfallen. Der Lokalismus, der unter den Habsburgern so prächtig hatte gedeihen können, überwucherte die neue Staatlichkeit. Von einem Staat konnte etwa im Falle Nicaraguas keine Rede sein, auch wenn die Verfassung vom 12. September 1838, nach dem Zerfall der kurzlebigen mittelamerikanischen Konföderation, dem »Staat Nicaragua« Souveränität und Unabhängigkeit zuschrieb. Im Grunde rivalisierten unter dem künstlichen Dach einer repräsentativen und republikanischen Regierung, mit einem *Supremo Director*, einem Obersten Direktor, an der Spitze, Stadtstaaten in »feindlicher Koexistenz« um die Vorherrschaft im Lande. Bis zum Ende des 19. Jahrhunderts, als der Diktator José Santos Zelaya mit harter Hand die Zentralgewalt stärkte, bestimmten die Städte León und Granada, beispielhaft für den Zwist der Lokalinteressen in Lateinamerika, das Geschehen. »Die beiden Städte waren wie Substitute eines nichtexistenten Nationalstaats« (Sergio Ramírez). Sie waren gleich alt: beide 1524 gegründet. Und sie hatten denselben Gründungsvater: Hernández de Córdoba. Dennoch waren sie so grundverschieden – Granada, das Handels- und Viehzuchtzentrum am Nordwestufer des Nicaragua-Sees, und León, das Dienstleistungs- und Gewerbezentrum im Nordwesten des »Lago de Managua« –, daß eine bittere, in blutigen Städtefehden ausgetragene Rivalität sie fast das ganze 19. Jahrhundert über entzweite.

Die chronische Feindschaft, verschärft noch durch den sozialen Gegensatz, und die Tatsache, daß in Granada die Aristokraten Nicaraguas residierten, während in León eine fast schon mittelständische Population das Bild beherrschte, erinnerten in ihrer Unnachgiebigkeit an die Machtkämpfe zwischen den norditalienischen Städten im Mittelalter. Dieser Zwist, den Granada und León, zwei der ältesten Städte der Neuen Welt, um die Vorherrschaft in Nicaragua, letztlich um die Hauptstadtwürde, auskämpften, behinderte nicht nur das Entstehen eines starken Nationalstaats, sondern auch die Entwicklung einer starken Bourgeoisie. Beides Voraussetzungen, um der »Entwicklung der Unterentwicklung« Einhalt zu gebieten.

Dabei ging es in dem Streit keineswegs um Prinzipienfragen. Es waren eher materielle Pfründen und Privilegien, in deren Genuß die jeweiligen Stadteliten mit der überragenden Stellung ihrer Stadt in der politischen Landschaft kommen wollten. Auf besondere Weise verquickten sich hier Regional- und Parteiinteressen. Hatten doch in Granada die Konservativen, in León die Liberalen ihren Sitz. Daß die einen, die Konservativen, als bigotte Aristokraten untertänigst zur Kirche standen, während die anderen, die Liberalen, als laizistische Modernisten die Macht des Klerus zu beschneiden suchten, war die augenfälligste Differenz zwischen den Parteien. Sonst unterschieden sich die Kontrahenten nur äußerlich voneinander. Während die Liberalen ein rotes Band am Hut anbrachten, wenn sie gegen die Konservativen zu Felde zogen, gingen diese mit weißen Bändern als Kennzeichen in den Kampf. Diese Farbsymbolik, der ausschließlich die Funktion eines Erkennungszeichens zukam, hat sich bis in die Gegenwart tradiert: zum Beispiel auf den liberal orientierten *Partido Colorado* Uruguays, Sammelbecken der »Roten«, und ihren Gegenspieler, den konservativ ausgerichteten *Partido Nacional*, die »Weißen«.

Von unterschiedlichen Gesinnungen, von unvereinbaren Weltanschauungen gar, wie sie die Auseinandersetzungen in Mitteleuropa vom 19. Jahrhundert bis in die Gegenwart hinein prägten, konnte bei den Liberalen und Konservativen Lateinamerikas kaum die Rede sein. Die Parteien fungierten in erster Linie als Präsidenten-Wahlvereine. Sie dienten den Mitgliedern als Vehikel, um an die ebenso ehrenvollen wie einträglichen Posten an der Spitze der Verwaltung zu gelangen. Konservative wie Liberale drängten mit derselben Habgier an die staatlichen Futtertröge: wo möglich, indem sie die Partei als Instrument des Beutesystems benutzten, wenn nötig, per Staatsstreich, mit Gewalt. Sofern es überhaupt ein politisches Unterscheidungsmerkmal gab, dann, außer dem frömmlichen oder distanzierten Verhältnis zur Kirche, die Präferenz der Konservativen für einen Einheitsstaat und die Vorliebe der Liberalen für eine föderative Struktur.

»Beide Gruppierungen trugen nur wenig zur politischen und sozioökonomischen Entwicklung ihrer Länder bei, sondern betrachteten als Repräsentanten eindeutig klassengebundener Interessen die wirtschaftlichen Reichtümer ihrer Länder weitgehend als ihren Privatbesitz« (Wolf Grabendorff). Oft genug gingen die Kämpfe zwischen Konservativen und Liberalen unmerklich in Privatfehden über und umgekehrt. Nicht selten kämpften die Anführer, unbekümmert um irgendwelche politischen Ziele und Ideale, »auf eigene Rechung«. Unter dem Deckmantel des politischen Richtungsstreits taten sie nichts anderes, als zum eigenen und zum Vorteil ihrer Gefolgschaft zu rauben und zu plündern. Unzählige *facciosos*, Parteigänger, machten Stadt und Land unsicher, lähmten die Wirtschaft und ließen ein Klima allgemeiner Rechtlosigkeit entstehen.

Oft genug begünstigten sie auch eines der endemischen Unruhe und Gewalt. Etwa in Kolumbien, wo die klassischen lateinamerikanischen Parteien, denen erst im 20. Jahrhundert die zweite Generation eher reformistischer und entwicklungsorientierter (Volks) Parteien folgte, 1849 Gestalt angenommen hatten und wo sich dieses Grundmuster Konservativ-Liberal bis in die Gegenwart, bis hin zum Namen, erhalten hat. Die Dauerfehde zwischen Konservativen und Liberalen eskalierte 1899 bis 1901 zum »Krieg der Tausend Tage«, dem blutigsten Bürgerkrieg des 19. und ersten entsetzlichen, mit Guerillamethoden ausgetragenen, Bürgerkrieg des 20. Jahrhunderts. »Der durch die psychologische Kriegführung der Kirche geschürte Haß zwischen den Anhängern der beiden Parteien hat sich seit den blutigen Kämpfen der Jahrhundertwende von Generation zu Generation weitervererbt und noch in der jüngsten Vergangenheit zu den Exzessen der ›violencia‹ geführt« (Klaus Meschkat u.a.).

Am 9. April 1948 wurde Jorge Elicier Gaitán mitten in der belebten Innenstadt von Bogotá hinterrücks ermordet, einer der liberalen Präsidentschaftskandidaten von 1946, ein charismatischer Reformer, der sich wohltuend aus der altgedienten Garde der *políticos*, der Politiker, heraushob, ein Populist und Volkstribun: gleichsam die Inkarnation der Hoffnungen der einfachen Leute und der Armen. Eine Welle der Gewalt brach nach dieser schockierenden Tat los: der brutale Bogotázo, der nicht mehr entlang der Konfliktlinie zwischen Konservativ und Liberal verlief, sondern mit unerhörter Wucht gegen die soziale Ungerechtigkeit ganz allgemein anbrandete. Zehn Jahre lang machte sich in der Violencia die Wut der von den Parteien Belogenen und Betrogenen genauso Luft wie der Haß zwischen den Liberalen und Konservativen selbst. Zweihunderttausend Kolumbianer starben während dieser Orgie der Gewalt. Nach einem Militärputsch einigten sich Konservative und Liberale Ende 1957 auf ein Machtkartell: eine große Koalition, die alle Staatsämter zu gleichen Teilen an die Funktionäre und Anhänger der beiden Parteien vergeben sollte. Im Wechsel sollten jeweils ein Liberaler und ein Konservativer die Schärpe des Präsidenten anlegen dürfen.

Diese Flucht in den formalen Konsens der traditionellen Parteien und in die Quasi-Diktatur nahm sich aus wie der Versuch, die Crux der unvollkommenen Demokratien Lateinamerikas durch einen Kraftakt zu beheben. Daran gewöhnt, der Außenwelt die Fortschritte der Zivilisation abzuschauen, waren die Kreolen nach dem Sieg im Unabhängigkeitskrieg eifrig bestrebt gewesen, das Machtvakuum, das die Spanier und Portugiesen hinterlassen hatten, in Anlehnung an europäische und nordamerikanische Modelle mit Staatsstrukturen zu füllen. Überall entschieden sie sich für die republikanische Regierungsform, einschließlich der Gewaltenteilung. Dabei war der Wunsch der Vater des Gedankens. Verfassungsnorm und Verfassungswirklichkeit klafften auseinander.

»Keinem der jungen Staaten, die zwischen 1804 (Haiti) und 1828 (Uruguay) entstanden, gelang es auf Anhieb, sich eine stabile Regierung zu geben. Zu tief waren die Spuren, die drei Jahrhunderte spanischer und portugiesischer Kolonialherrschaft hinterließen, zu unüberwindlich die ethnischen und sozialen Gegensätze, zu unterschiedlich die wirtschaftlichen und politischen Interessen der Bevölkerung. Lateinamerika erlebte eine *Epoche politischer Wirren*« (Rolf Pflücke). Kaum eine Insel der Ruhe in Lateinamerika. Überall entbrannten heftige Kämpfe um das politische Erbe der Conquista.

Am 1. Juli 1823 hatten Repräsentanten aller zentralamerikanischen Provinzen diese als freie und unabhängige Staaten proklamiert. Zu einer Föderation vereint, sollten sie den notorischen Partikularismus überwinden helfen. Die zentrifugalen Kräfte waren stärker. Kaum waren die Vereinigten Provinzen von Zentralamerika feierlich aus der Taufe gehoben, da brachen die lokalen und regionalen Konflikte auf, fing der Parteienhader an, das politische System zu lähmen und die Union zu untergraben. Folge der Vielzahl von unabhängigen, autonomen Stadtregierungen, in die Mittelamerika nach 1821 zerfallen war. Der Lokalismus der Habsburger, der durch die stärkere Tendenz zum Zentralismus unter der Herrschaft der Bourbonen überwunden schien, lebte wieder auf. Die großen, einflußreichen Familien bestimmten über die Geschicke der Regionen, wie sie es in El Salvador noch heute tun. Jeder Stadtrat regierte selbstherrlich, als gäbe es sonst keinen Souverän. Die wenigsten lokalen Autoritäten kümmerten sich um die politischen Entscheidungen, die in Guatemala-Stadt, der Hauptstadt der Vereinigten Provinzen von Zentralamerika getroffen wurden. »Die künstliche Einheit Zentralamerikas löste sich in die Suche nach Einkünften und Besitztümern auf« (Miles L. Wortman).

Von 1832 an, als Mittelamerika immer tiefer in Anarchie und Bürgerkrieg versank, in Vernichtungsfeldzüge zwischen Liberalen und Konservativen, war der Staatenbund nur noch eine blasse Fiktion. Nach sechs Jahren quälender Agonie, 1838, war die Föderation zerbrochen. Nicaragua, das von da an fast zwanzig Jahre lang unter Bürgerkriegen in Folge litt, hatte sie als erster Staat verlassen. Es hat an Versuchen, sie wieder neu zu konstituieren, bis weit ins 20. Jahrhundert hinein nicht gefehlt. Aber sie waren allesamt vergeblich.

Wohin man vom »Brandherd« Zentralamerika aus nach Süden blickte, überall bot sich das gleiche Bild: Chaos, Anarchie und Bürgerkrieg. Mit Gewalt hatten sich die neuen Republiken von der Kolonialmacht losgerissen. Gewaltsam wurden die Konflikte um die politischen Erstgeburtsrechte zwischen den verschiedenen Fraktionen der Gesellschaft ausgetragen. In Argentinien wüteten nach der

Unabhängigkeitserklärung von 1816 Bürgerkriege zwischen den Föderalisten, vorweg den Gauchos im Binnenland, und den Unitariern, die sich, vom städtischen Bürgertum geführt, in Buenos Aires konzentrierten. Ecuador hatte, nachdem es aus Großkolumbien ausgeschieden und am 17. Mai 1830 zur selbständigen Republik erklärt worden war, unter dem Regime von General Juan José Flores eine einigermaßen ruhige Zeit erlebt. Es war jedoch die Ruhe vor dem Sturm. Nach dem Sturz von Flores fochten die Ecuadorianer 15 Jahre lang um so erbittertere Bürgerkriege aus. In Mexiko herrschten länger als ein halbes Jahrhundert, von 1821 bis 1876, politisches und wirtschaftliches Chaos. Statt die Mexikaner hinter sich zu einen, entzweite Präsident Benito Juárez die Landsleute mit seiner Reformpolitik. Seit Beginn der liberalen Reformära bis aufs Blut gereizt durch den Affront gegen die Kirche, durch die Nationalisierung ihres gewaltigen Reichtums, die Proklamation der Religionsfreiheit und so weiter, suchten die Klerikalen und Zentralisten Hilfe im Ausland, um im Bürgerkrieg bestehen zu können.

Während Paraguay eine relativ ruhige Entwicklung vergönnt war, fochten die Uruguayer ihre Differenzen mit blanker Waffengewalt aus. Die labile, künstlich zusammengehaltene Nation geriet schon durch die einander widerstreitenden Regionalinteressen in Gefahr. Proargentinische und probrasilianische Kräfte drohten in ihrer Affinität zu den Nachbarstaaten die mühsam errungene Unabhängigkeit der *Banda Oriental de Uruguay* wieder aufs Spiel zu setzen. Außerdem machten die »Colorados«, die Vertreter der Handelsinteressen, den »Blancos«, die den Großgrundbesitz repräsentierten, das Leben schwer. Und umgekehrt. Von 1839 an herrschte teils latenter, teils offener Bürgerkrieg.

Daß all diese Kämpfe trotz der Prinzipienlosigkeit der Parteien heftiger als manche ideologischen Kreuzzüge ausgetragen wurden, war dem ungefilterten Einfließen materieller Interessen ins öffentliche Leben zuzuschreiben, Partikularinteressen, die sich oft genug gegenseitig ausschlossen und deshalb mit um so größerer Härte aufeinanderprallten. Die Unterbittlichkeit der Bürgerkriege rührte auch von der Unfähigkeit der Kontrahenten her, zwischen politischem *Gegner* und *Feind* zu unterscheiden. Während das Ideal der repräsentativen Demokratie darin besteht, der Rousseauschen *volonté generale*, dem Gemeinwillen, in parlamentarischen Akten wie Institutionen zum öffentlichen Ausdruck zu verhelfen, verwehrte der Parteienkampf in Lateinamerika vor formaldemokratischer Kulisse selbst der *volonté de tous*, dem Willen aller, die Manifestation. Einzig der politische Wille einiger Stadträte, einiger Familien, Caudillos und Parteiführer offenbarte sich im Schacher um Posten, Einfluß und Herrschaft.

Einübung in die Diktatur

Da die Republiken ihre Freiheit mit Waffengewalt errungen hatten, standen die Inhaber der militärischen Macht hoch im Kurs, als es im 19. Jahrhundert darum ging, die verschiedenen Ressourcen unter die Erben der Kolonialherrschaft zu verteilen. Auf der Hazienda hatte alles auf das Kommando des Patrons gehört. Und der Patron hatte, als Gegenleistung, all denen, die für ihn arbeiteten, existentielle Sicherheit gewährt. Jetzt scharten sich die Vasallen um die Fahnen der Caudillos. Nicht immer ganz freiwillig und kriegsbegeistert, mitunter rekrutierten die konservativen oder liberalen Generale das Fußvolk von der Straße weg. Die landlosen, durch die Wirren der Bürgerkriege entwurzelten Bauern wußten selten, wofür oder wogegen sie eigentlich kämpften. Sie fügten sich in ihr Schicksal, weil sie sonst zwischen die Fronten der marodierenden Armeen geraten oder einfach verhungert wären.

Mit ihrer Doppelmoral der mehr oder weniger gefügigen Gefolgschaft gegenüber, dem Wechselspiel aus patriarchalischer Fürsorge und blanker Repression, präjudizierten die Caudillos die Rolle des Militärs bis ins 20. Jahrhundert. Es fungierte vielfach zugleich als Versorgungsinstitut für arme Bauern- und Landarbeitersöhne und als Schule der Gewalt. In Gestalt ihrer Nationalgarde entwickelten die Somozas in Nicaragua diese Doppelrolle zu einem teuflischen System. Sie traktierten ihre Militärs mit Zuckerbrot und Peitsche, erniedrigten sie während der Ausbildung bis an die Grenze der Selbstverleugnung, um den Sadismus heranzuzüchten, der die Nationalgardisten zu grausamen Folterern werden ließ. Und sie gewährten ihnen soziale Privilegien, um sie zu loyalen, wenn möglich hörigen Befehlsempfängern ihres Patrons, sprich: des Staatschefs, zu machen.

»Eine wichtige Folgeerscheinung der Unabhängigkeitskriege war es, daß ein beträchtlicher Teil der Bevölkerung sich an den Gebrauch der Waffen gewöhnt, wirtschaftlichen Aufstieg durch Eintritt in die Miliz erreicht und Anführer gefunden hatte, die entschlossen waren, keine Änderung dieser Lage zuzulassen (und sich gegenseitig die Macht streitig zu machen). Die Kampfweise hatte sehr persönliche Beziehungen zwischen Vorgesetzten und Untergebenen geschaffen. Jeder Caudillo (Anführer) mußte sich persönlich um die Sicherheit seiner Truppen kümmern, ihre privaten Streitigkeiten schlichten, für den Unterhalt ihrer Familien sorgen. Die Untergebenen waren stolz auf die Heldentaten und den Mut ihrer Anführer, deren Anordnungen sie begeistert befolgten. So entstand der *Caudillismus* in Amerika, inmitten einer Anarchie, die gar nicht so furchtbar war, wie man sie hat hinstellen wollen, weil sie für so viele die gewohnte Lebensform wurde« (Gustavo Beyhaut).

Die mehr oder weniger friedliche Existenz im Bannkreis eines Caudillos, der mit anderen um die Macht rang, wurde zur Lebensform. Das Militär, das sich zu Anfang des 19. Jahrhunderts aus den Resten des Befreiungsheers und den zahlreichen Privatarmeen der Hacendados bildete, stieg aus den Vendettas und politischen Konflikten zu *dem* Machtfaktor in Lateinamerika auf und ist es bis heute geblieben. Das hierarchische Denken, in dem die Kreolen mit Blick auf die spanischen Amtsträger an der Spitze der Kolonialverwaltung erzogen worden waren, bereitete der Psychologie von Befehl und Gehorsam den Boden. Zugleich konterkarierte der ebenfalls während der Kolonialzeit anerzogene iberische Individualismus den sklavischen Untertanengeist, stellte mit Aufständen, Revolten, Staatsstreichen und dergleichen Akte der Umverteilung von Macht, Prestige und Eigentum den Status quo in Frage. Der Umsturz wurde zum alltäglichen Mittel der Politik. Der Ausnahmezustand wurde zur Normalität.

Daß sich diese politische (Un)Kultur einschliff, versetzt mit feudalen Relikten der spanischen Vorzeit, hat nicht nur den Transformationsprozeß behindert, der aus einer Ansammlung von Haziendas einen Nationalstaat formen sollte. Beide, die defizitäre politische Kultur und die rückständige sozialökonomische Entwicklung, gerieten in ein fatales Wechselspiel, bei dem Ursachen und Folgen nicht mehr genau auszumachen waren. Zu einem gewissen Teil ist es der »Kultur« des Personalismus, der Patronage, des Ämtermißbrauchs und der Gewalt zuzuschreiben, daß der Subkontinent bis in die Gegenwart unterentwickelt geblieben ist. Andererseits hatte sich die Unterentwicklung schon zur Zeit der Unabhängigkeitsbewegung so sehr verfestigt, daß sie kaum Chancen für das Aufblühen der Demokratie hätte bieten können. Einer der legendärsten Caudillos Lateinamerikas, der sich zudem am hartnäckigsten mit diktatorischen Mitteln an der Macht gehalten hat (1877–80 und 1884–1911), der Mexikaner Porfirio Díaz, brachte diesen Zusammenhang auf den plausiblen Nenner: »Ich glaube zwar, daß die Demokratie die einzige gerechte und richtige Regierungsform ist, doch sie läßt sich auf diesem unterentwickelten Kontinent nicht verwirklichen.«

Díaz führte anderen künftigen Despoten Lateinamerikas vor, wie man mit harter Hand die Entwicklung vorantreibt, Eisenbahnen und Straßen baut, wie man mit Hilfe von Auslandsinvestitionen die Gesellschaft modernisiert. »Er schuf die ökonomische Infrastruktur für den Export des Kaffees nach Übersee, organisierte das nationale Währungssystem, schuf mit der Nationalbank ein eigenes Finanzsystem, subventionierte die Kaffeeproduktion staatlich, ließ mit privatem und staatlichem Kapital mechanisierte Kaffeeverarbeitungsanlagen bauen und führte dem Kaffeeanbau die für eine Expansion notwendigen neuen Böden und Arbeitskräfte zu« (Wolfgang Dietrich). Er förderte das Bildungswesen, die Infrastruktur und: das Militär.

Das Militär wurde im Laufe des 19. Jahrhunderts, im Gegensatz zu anderen Ländern, wo es die Aufgabe hat, die Sicherheit und Souveränität, auch die Integrität des Staatsgebietes nach außen hin zu garantieren, zur stärksten Macht im Inneren, zum Hüter der Ordnung, zum Hort des Patriotismus. Das Militär verharrte nicht in der Funktion, nur den Status quo im Interesse der Oligarchien zu sichern. Der Brasilianer Getúlio Vargas, der im November 1930 durch einen Staatsstreich an die Macht kam, veränderte mit seiner modernen Sozialpolitik und den energischen Staatsinterventionen zugunsten von Handel und Industrie den Charakter der herkömmlichen Militärdiktatur. Sein Regime wirkte ähnlich dem des Argentiniers Juan Domingo Perón als Entwicklungsdiktatur auf die Geschicke seines Landes ein. Daß sie den Durchbruch zur sozioökonomischen Entwicklung auf breiter Front geschafft hätten, der den unvollkommenen Demokratien versagt geblieben war, kann man dem »Getulismus« und »Peronismus« genausowenig attestieren wie den linksorientierten militärischen Entwicklungsdiktaturen zum Beispiel in Peru. Das Scheitern der Militärs offenbarte, daß Entwicklung nicht auf Kommando zu haben ist, sondern der Voraussetzung der Partizipation bedarf.

Die historischen Vorbilder der Caudillos und Militärdiktatoren machten Schule, bevor mit der nordamerikanischen *Army School of the Americas* in der Kanalzone der Republik Panama eine »Schule für Diktatoren« etabliert war. Fast alle lateinamerikanischen Militärs, die maßgeblich an den Staatsstreichen der sechziger und siebziger Jahre beteiligt waren, hatten in dieser Institution nicht nur das moderne Militärhandwerk gelernt, sondern auch die Counter-Insurgency-Schulung genossen, die nach US-Lehrbüchern für die Unterdrückung revolutionärer Unruhen in einem Lande unabdingbar scheint.

Die USA haben sich mit vielen altgedienten, lamettabehängten Diktatoren Lateinamerikas liiert: mit Nicaraguas Somoza, Kubas Batista und Chiles Pinochet. Sie taten es in der zwiespältigen Gewißheit, daß sie mit einem *son of a bitch* gemeinsame Sache machten, daß es aber *ihr* »Hurensohn« war, der US-Eigentum und US-Bürger in seinem Land vor revolutionären Übergriffen schützte und den *American way of life* zur Staatsphilosophie erhob.

Caudillismus und Putschismus in Lateinamerika haben nicht nur die Nationenbildung und die wirtschaftliche Entwicklung behindert. Sie haben auch die Abhängigkeit von den USA verstärkt. Das Unselige an der Parteienkonstellation mitsamt den Familienclans – zum Beispiel den Chamorros in Nicaragua –, die den Ton angaben, war, daß die Inhaber der Präsidentenwürde die demokratischen Institutionen vollends zur Farce machten, wenn der Aufstieg mit ihrer Hilfe erst geschafft war. Sie gruben sich mit ihren Günstlingen und Verwandten in den begehrten Machtpositionen ein, in dem festen Willen, nicht daraus zu weichen, es sei denn unter militärischem Druck. Sie kehrten mit Blick auf ihre Klientel das zugleich gestrenge wie fürsorgliche Familienoberhaupt heraus, das sie als personifizierten Vater Staat erscheinen ließ. Das mehr oder minder ausgeprägte Charisma sicherte ihnen die Bewunderung der Massen, die ihre Idole, zumal die großen Populisten, mit derselben Hingabe anbeteten wie ihre Heiligen. Der eingefleischte Paternalismus ließ einen Präsidenten lateinamerikanischer Couleur als Patron der Nation erscheinen. Und nach den Phantasien des Machismo verkörperte der

Caudillo, der sich nach oben putschte und mit harter Hand regierte, den starken Mann par excellence.

Kein Wunder, daß bei dieser Konstellation, da sich die Diktatoren die Türklinke des Präsidentenpalastes in die Hand gaben, die Verfassungen nicht das Papier wert waren, auf das sie geschrieben waren. Sie schienen nur dazu da zu sein, um sie nach dem Gusto des jeweiligen Präsidenten in Uniform zurechtzuschneidern. Nicht von ungefähr enthielten etliche lateinamerikanische Verfassungen prohibitive Bestimmungen, die Verwandte des Präsidenten oder Spitzenmilitärs von der direkten Nachfolge im höchsten Staatsamt ausschlossen und ihnen eine Schamfrist oder die Rückkehr in den Zivilstand auferlegten. Aus gutem Grund ließen sie oft keine zweite Amtsperiode des Präsidenten zu. Nichts einfacher, als solche hinderlichen Verfassungsbestimmungen mit Hilfe von Strohmännern als Präsidenten auf Abruf zu umgehen oder sie einfach mit einem Federstrich zu tilgen.

Die Verfassungsväter Lateinamerikas hatten zwar dem »Geist der Gesetze« eines Montesquieu ihre Reverenz erwiesen und die Gewaltenteilung zwischen Legislative, Exekutive und Judikative adaptiert. Die US-Verfassung von 1789 erschien ihnen vorbildlich genug, um Anleihen bei der föderativen Struktur zu machen. Manche Staatengründer vergaßen auch nicht, das System der *checks and balances* zu übernehmen, um die Gewichte zwischen Regierung und Parlament auszutarieren. Andere gingen in ihrer Devotion für das amerikanische Regierungssystem so weit, daß sie den US-Kongreß sogar baulich imitierten und sich ein Mini-Kapitol errichteten, wie es die Kubaner taten. An verfassungstheoretischen Ambitionen, wahre Demokratien zu etablieren, hat es nicht gefehlt.

Überall zeigte es sich jedoch, »daß die ›importierte Legitimität‹ fremder Verfassungsvorbilder von der lateinamerikanischen Wirklichkeit überfordert wurde und wird« (Rolf Pflücke). Der Anspruch der repräsentativen Demokratie scheiterte schon an der Dichotomie der lateinamerikanischen Gesellschaften: an ihrer Zweiteilung in eine schmale Oberschicht und eine breite Mehrheit, die wegen ihres Analphabetismus und wegen ihrer Separation vom Marktgeschehen auch von der Teilhabe am politischen Prozeß ausgeschlossen war und allenfalls bei manipulierten Wahlen als Stimmvieh dienen durfte.

Die Verfassungen sind in Lateinamerika allenthalben auf die akuten Zwecke und Bedürfnisse der jeweiligen Machthaber hin umgeschrieben worden. In den gut anderthalb Jahrhunderten seit der Unabhängigkeitsbewegung fanden in Lateinamerika mehr als zweihundert Verfassungsreformen statt. Eine ansehnliche Zahl bei dreißig Staaten, von denen zudem etliche erst im 20. Jahrhundert, einige erst nach dem Zweiten Weltkrieg entstanden sind. Auf Haiti hat man die Verfassung, um sie paßgerecht zu machen, 23mal revidiert, in Venezuela 22mal und in Bolivien 20mal. Von der verfassungsrechtlichen und -politischen Kontinuität der USA können die Nachbarn im Süden allenfalls träumen, solange die wirtschaftlichen, sozialen und politischen Voraussetzungen dafür fehlen. »Verfassungen wurden immer dazu benutzt, in Wirklichkeit diktatorischen autoritären Regimen den Mantel der Legitimität umzuhängen. Sie waren Fassaden mit demokratischem Anstrich, hinter denen sich ein in der Kolonialzeit tief verwurzelter Autoritarismus verbarg« (Wolf Grabendorff).

Die Korruption, die Patronage, der Nepotismus, der Machtmißbrauch, der Wahlbetrug, die Kontrolle über das Militär und so weiter: all das versetzte die jeweilige Opposition in eine aussichtslose Lage. Sie sah sich auf unabsehbare Zeit von der Macht verbannt. Die legalen Wege zur Rückkehr ins Zentrum der Macht waren verbaut. Blieb nur das Mittel des Staatsstreichs, um die Hindernisse zu beseitigen. Mit einer stupenden Regelmäßigkeit haben die von der Macht Ausgeschlossenen davon Gebrauch gemacht. Seit der kritischen Zeit der Weltwirtschaftskrise hat das lateinamerikanische Militär innerhalb von vierzig Jahren insgesamt fünfzigmal mit Erfolg geputscht. Zwischen 1945 und 1970 waren 62 Regierungsumstürze zu verzeichnen: je sechs in Argentinien und in der Dominikanischen Republik, je fünf in Bolivien und Ecuador und immerhin je vier in Brasilien, Paraguay, Peru, Venezuela, Guatemala und Panama. Die spektakulärsten fanden 1954 in Guatemala, 1959 auf Kuba, 1964 in Brasilien, 1965 in der Dominikanischen Republik, 1973 in Chile, 1976 in Argentinien und 1979 in Nicaragua statt. Umstürze unter verschiedenen Vorzeichen, Militärputsche von rechts und Revolutionen von links, solche, die zur Rettung des Vaterlands vor Volksbewegungen und andere, die zur Beendigung einer Diktatur unternommen wurden. In den sechziger Jahren war die Hoffnung aufgekeimt, das Militär könnte seine politische Rolle ausgespielt und damit die »Institutionalisierung« des Staatsstreichs ein Ende haben.

Zum einen glaubte man, die Professionalisierung des Militärs lasse es obsolet erscheinen, daß es noch zu politischen Zwecken zu mißbrauchen sei. Zum anderen hatte es den Anschein, als würde Washington die vielbeschworene Demokratie in Lateinamerika nicht mehr nur anmahnen, sondern auch befördern, indem es den politischen Ambitionen der Militärs die Sympathien entzog. Ein folgenschwerer Irrtum, wie sich zeigen sollte.

Einladung zur Hegemonie

Seitdem die USA in den Augen der Latinos zum übermächtigen Koloß im Norden geworden waren, hatte sich Washington zum Wächter der Demokratie in Lateinamerika gemacht, vor allem aber zum Hüter der US-Interessen, wenn diese auf dem »Revolutionskontinent«, speziell in den mittelamerikanischen »Revolverrepubliken« Schaden zu nehmen drohten. Die USA regierten sowohl mit militärischen Mitteln als auch mit diplomatischen Methoden in die Politik Lateinamerikas hinein. In der Kanonenboot-Diplomatie, deren sie sich mehr als einmal befleißigten, kombinierten sie beides. Wann immer in einem lateinamerikanischen Land US-Investitionen und US-Bürger aufgrund revolutionärer Wirren in Gefahr gerieten, fuhren US-Kriegsschiffe vor den Küsten auf. Reichte der psychologische Druck dieser Machtdemonstration allein nicht aus, um die Aufständischen zur Räson zu bringen, gingen Marines an Land. Sie hatten die Ordnung im Sinne des nordamerikanischen Business und des *American way of life* wiederherzustellen.

Die Liste der Interventionen, die sich nicht aus Prinzip gegen die Rechtsbrecher, sondern im Sinne der Opportunität gegen die Unruhestifter – ganz unabhängig von ihrer moralischen oder demokratischen Legitimation – richtete, ist lang: Im März 1853 schritten die USA »zum Schutz amerikanischen Lebens und amerikanischer Intreressen« in Nicaragua ein. 1854 kamen wieder amerikanische Truppen ins Land und zerstörten die Stadt San Juan del Norte. 1857 waren sie erneut da. 1894 marschierten in Bluefields an der Atlantikküste Nicaraguas Marineinfanteristen »zum Schutz amerikanischer Interessen« auf. 1912 intervenierten Marines in Nicaragua »zum Schutz amerikanischer Interessen während eines Revolutionsversuchs«, um dann das Land mit einer Unterbrechung von wenigen Monaten bis 1933 besetzt zu halten. Ähnlich das Schicksal Mexikos, das die Vorsehung so weit von Gott und so nah an die USA plaziert hat. Nachdem Mexiko den USA im Friedensvertrag von Guadalupe Hidalgo am 2. Februar 1848 ohnehin schon etwa die Hälfte seines Staatsgebiets hatte überlassen müssen, war das Land immer wieder Ziel amerikanischer Interventionen: 1859, 1866, 1913, 1914–1917, 1918–1919. Gebetsmühlenartig wiederholten amerikanische Außenpolitiker die Formel vom »Schutz amerikanischer Interessen« auch im Falle Kubas, das die *Rough Riders*, die rauhen Reiter Theodore Roosevelts, im spanisch-kubanisch-amerikanischen Krieg von 1898 und die Marines danach zu wiederholten Malen heimsuchten: 1906–1909, 1912, 1917–1922, 1933. Nicht zu vergessen Kolumbien, Honduras, die Dominikanische Republik, Haiti, Panama, Guatemala, Chile und Grenada, die mehr oder weniger direkte Interventionen über sich ergehen lassen mußten, bis hin zu dem Akt des internationalen Faustrechts, den die USA im Dezember 1989 unternahmen, um einen Straftäter von Rang und Namen aus Panama herauszuholen und in ihre Gewalt zu bringen.

Schon im Frühjahr 1904 hatte US-Präsident Theodore Roosevelt die chronischen Wirren und die notorischen Staatsstreiche in Lateinamerika zum Anlaß genommen, die künftige Hegemonie der USA über den Kontinent zu legitimieren. Die »schwachen und chaotischen Völker im Süden«, so hatte er gedroht, könnten die USA eines Tages dazu zwingen, »im Interesse der Ordung und der Zivilisation« Polizeigewalt (*to police*) über sie auszuüben. Im Dezember 1904 bekräftigte der Präsident, der das Banner der Zivilisation vor sich her trug, als wäre es mit den *Stars and Stripes* identisch, der aber im Umgang mit den Lateinamerikanern auch demonstrativ den *big stick*, den großen Knüppel, schwang, diesen Standpunkt, indem er die Monroe-Doktrin um den Anspruch der USA auf die Wahrnehmung einer internationalen Polizeigewalt auf dem Subkontinent ergänzte (Roosevelt-Corollary). Im sogenannten Platt Amendment, einem Zusatz zur kubanischen Verfassung von 1901, hatte sich Washington schon das Recht vorbehalten, jederzeit einschreiten, also in die inneren Verhältnisse Kubas eingreifen zu dürfen, wenn die Chefs im Weißen Haus und im State Department es für unumgänglich hielten.

Es hat unendlicher, leidenschaftlicher Diskussionen auf den panamerikanischen »Gipfeltreffen«, den Internationalen Konferenzen Amerikanischer Staaten, in Havanna (1928), Montevideo (1933) und Buenos Aires (1936) bedurft, um die USA von diesem vermeintlichen Rechtsanspruch abzubringen und auf die internationalen Gepflogenheiten zwischen gleichen und souveränen Staaten einzuschwören. Was aber die USA selbst nach der Unterzeichnung der Charta der Organisation Amerikanischer Staaten (1948) mit ihrem ausdrücklichen, nicht auf militärische Mittel beschränkten Interventionsverbot nicht davon abgehalten hat, sich in die inneren Angelegenheiten Lateinamerikas einzumischen; nicht einmal *short of war*, unterhalb der Schwelle der direkten militärischen Intervention. Die Methode des *low-intensity warfare*, der Kriegführung niedriger Intensität, ist die Fortsetzung der Politik des großen Knüppels mit subtileren, zum Beispiel psychologischen, ökonomischen und sozialen Mitteln.

Die lateinamerikanischen Militärs haben den USA auch den Vorwand für eine andere Form des direkten Einflusses geliefert. Die Machtwechsel per Gewalt und die Mißachtung demokratischer Institutionen stellten es ins Belieben Washingtons, lateinamerikanischen Regierungen die diplomatische Anerkennung zu entziehen, vorzuenthalten oder zu gewähren: je nach ihrem Wohlverhalten gegenüber nordamerikanischen Interessen. Der vermeintliche Idealist im US-Präsidentenamt Woodrow Wilson (1913–1921), der die Welt für die Demokratie reif machen wollte, hatte sich vorgenommen, »den südamerikanischen Republiken beizubringen, wie man anständige Männer wählt« und wie man irregulär ins Amt gekommene Potentaten politisch aushungert und aus dem Präsidentenpalast vertreibt. Wilson machte im Falle Mexikos die Probe aufs Exempel, indem er Victoriano Huerta, der durch einen Meuchelmord ins Amt gekommen war, die diplomatische Anerkennung versagte. Diese Abkehr von der Praxis, die Anerkennung einer Regierung von ihrer faktischen Stärke und ihren Chancen, sich zu halten, abhängig zu machen, weckte große Hoffnungen. Schien es doch so, als kehrte die Moral in die Außenpolitik zurück, die bis an die Grenze des Zynismus der Macht des Faktischen huldigte.

Wer nun aber glaubte, daß die neue Anerkennungspolitik, die in konstitutionalistischer Strenge dem Buchstaben des Gesetzes zu folgen schien, für mehr demokratische Legitimität bei den Adressaten und für weniger US-Interventionen in Lateinamerika bürgte, sah sich bald getäuscht. Bei der wirtschaftlichen und militärischen Potenz der USA war die Anerkennung für jede lateinamerikanische Regierung eine Überlebensfrage, die Nichtanerkennung also ein wirksames politisches Instrument. Je abhängiger ein Land von den Vereinigten Staaten war, etwa die »Bananenrepubliken« mit ihren *one crop*-Ökonomien und ihren vom *American way of life* affizierten Oberschichten, desto eher mußte sich ein Putsch-Präsident bequemen, den gewaltsam besetzten Amtsstuhl zu räumen.

Überdies machten sich die USA anheischig, von hoher demokratischer Warte aus selbstherrlich zu entscheiden, ob ein Machtwechsel das Gütesiegel der Legitimität verdiente oder nicht. Es lag der Mißbrauch nahe, nicht nur die üblichen *golpes*, die Militärputsche, sondern ebenso autochthone Revolutionen durch die Verweigerung der Anerkennung abzuwürgen, selbst wenn sie gegen blutrünstige, aber »legale« Diktaturen obsiegten, mochten diese auch auf Wahlbetrug errichtet sein. Die so moralisch aufgezäumte Anerkennungspolitik mißriet zum plumpen Poker um die Observanz der jeweiligen Regierung im Verhältnis zu den USA: ob sie sich für US-Interessen aufgeschlossen zeigte oder ob ihr der Ruf des Antiamerikanismus vorausging oder, schlimmer noch: der Verdacht des Kommunismus.

Lateinamerika verharrt in der politischen Inferiorität. Allen Aufwallungen des *anti-yanquismo*, des Antiamerikanismus, zum Trotz. Der Hochmut der Latinos über die Unkultur der Nordamerikaner schließt die Bewunderung für den *American way of life* nicht aus. Während sie den US-Imperialismus wortreich geißeln, nehmen sie die Produkte des amerikanischen Kulturimperialismus begierig auf. Die Schwemme der Importe *made in USA* beschränkt sich nicht auf die Insignien des Wohlstands. Sie umfaßt neben dem Technologie- auch den Ideologietransfer. Ein ungezügelter Wirtschaftsliberalismus ist en vogue, der an der Oberfläche der Ökonomien üppige Blüten treibt, darunter aber das Wirtschaftsleben in noch größerem Elend verdorren läßt. Eine neue Missionierung ist im Gange. Nordamerikanische Sekten indoktrinieren die armen Städter und die ausgebeuteten Landbewohner Mittelamerikas. Die Medien tun mit ihrer Wortflut und Bilderschwemme ein übriges, um die Identität der Lateinamerikaner zu verändern, das, was sie im eigenen Bewußtsein von den vielgeschmähten und -bewunderten Nachbarn im Norden unterscheidet.

Die Einladung zur US-Hegemonie über Lateinamerika geht nicht mehr von jenen Caudillos aus, die Züge des präkolumbischen Absolutismus und des mediterranen Paternalismus in sich vereinten. Es scheint, als gehörte die Figur des goldbetreßten Militärdiktators, der, so oder so, dem Einfluß der Vereinigten Staaten in Lateinamerika Tür und Tor geöffnet hat, ins historische Raritätenkabinett. Die achtziger Jahre gehen vielleicht als Jahrzehnt der Demokratie in Lateinamerika in die Geschichte ein. Immerhin haben Chile, Paraguay und Argentinien die Diktaturen überwunden. Allerdings um den Preis makabrer Amnestien für Massenmörder und Folterer in Uniform, die die Kluft zwischen dem Militär und seinen Opfern eher noch vergrößert, als sie mildtätig zu schließen. Der zweite Preis, den sie entrichten müssen, die wirtschaftlichen Roßkuren, mit denen die Demokratisierung einhergeht, treibt einen Großteil der Bevölkerung noch tiefer in die Armut.

Die Demokratisierung ist nicht unwiderruflich. Die Sehnsucht nach dem fürsorglichen »starken Mann« ist nicht ein für allemal gebannt. Die Disposition für autoritäre Strukturen scheint um so größer, als die Lateinamerikaner nach dem Urteil des Peruaners Hernán de Soto in ihrer politischen Kultur noch immer hinter den Postulaten der Unabhängigkeitsbewegung zurückgeblieben sind: »Lateinamerika lebt geistig im Zeitalter des Feudalismus, und die Französische Revolution steht noch aus. Was wir hier haben, ist nichts anderes als eine moderne Form des Merkantilismus.«

AMERICA
T' AMSTERDAM
By Jacob van Meurs,

Panamerikanische Vision

»Wie eine einzige große Republik!«

Die Vision einer irgendwie gearteten Einheit beider Amerika, etwa einer Konföderation des Nordens und des Südens, ist so alt wie die Nachbarschaft der USA und der vom Joch der spanischen Kolonialherrschaft befreiten Länder Lateinamerikas. Die letzten spanischen Verwalter und Soldaten hatten das süd- und mittelamerikanische Festland noch kaum verlassen, da keimten schon Hoffnungen auf eine solche Assoziation auf. Die Divergenz der Interessen und Strukturen dieser ungleichen Nachbarn war und blieb jedoch zu groß, als daß die panamerikanischen Bestrebungen, die den Norden mit einschlossen, über sporadische und sehr begrenzte Zweckbündnisse hätten hinauswachsen können.

Skepsis war geboten. Aus lateinamerikanischer Sicht nahm der unter den Vorzeichen der Monroe-Doktrin und der ökonomischen Übermacht der USA projektierte Panamerikanismus unweigerlich hegemoniale Züge an. Der geographische und wirtschaftsräumliche Konnex beider Amerika mochte noch so evident und unbestreitbar sein: Mentalität, Geschichte, Kultur, Lebensweise und so weiter; der Anglo- und der Lateinamerikaner unterscheiden sich zu sehr, um jemals die für eine politische Union der westlichen Hemisphäre unabdingliche Homogenität zu bieten.

Versuchten die Lateinamerikaner immer wieder, erst einmal die politische und wirtschaftliche Einheit untereinander herzustellen – mit chronischem Mißerfolg –, so trachtete Washington, sich in die labilen Integrationsprozesse auf dem Subkontinent weniger um der frieden- und wohlstandstiftenden Einheit willen als ureigener Interessen wegen einzuschalten. Zum einen beflügelte der Wunsch nach aufnahmefähigen Außenmärkten die panamerikanischen Phantasien der Nordamerikaner. Zum anderen gab die Angst vor der Erosion der Großmacht USA zu derlei politischen Entwürfen Anlaß.

Vor allem die Konfrontation im Kalten Krieg hat Washington bewogen, die von US-Präsident Franklin D. Roosevelt propagierte »gute Nachbarschaft« mit Lateinamerika durch eine internationale Organisation, die OAS, zu überwölben. Marktsuche und Machterhalt: das sind stets, in verschiedenen rhetorischen Variationen, die Grundmotive Washingtons gewesen, lateinamerikanische Integrationsprozesse anzustoßen, zu fördern und nach eigenen Entwicklungsmustern Richtung *American way of life* zu lenken.

Wann immer sich die Lateinamerikaner zusammenzuschließen suchten, taten sie es ihrerseits in dem Bestreben, die Disparitäten auf dem Subkontinent zugunsten gemeinsamer Stärke nach außen, nicht zuletzt den USA gegenüber, zu vermindern. Die Verletzlichkeit gegenüber den Vereinigten Staaten war der größte gemeinsame Nenner, auf den sich die Lateinamerikaner mit ihren Plänen für einen Zusammenschluß im Süden einigen konnten. Alles, was über diese Frontstellung hinausging, die panamerikanische Utopie, war ihnen vom Beginn des 19. Jahrhunderts an als eine Politik verdächtig, die sie »unter den Fittichen des Adlers« vereinen, aber paradoxerweise gerade dadurch schwächen sollte.

Simón Bolívar hatte bald nach der Entscheidungsschlacht von Ayacucho Delegierte aus Kolumbien, Zentralamerika, Peru und Mexiko zu einem ersten panamerikanischen Konvent nach Panama eingeladen. Die Politiker in Washington hatte er bewußt übergangen. Einmal, weil er nicht das Mißtrauen Großbritanniens wecken wollte, aber auch, weil ihm eine begrenzte *latein*amerikanische Konföderation als Defensivbündnis und als Zusammenschluß vorschwebte, der die Befreiung der letzten spanischen Kolonien Kuba und Puerto Rico ins Werk setzen sollte. »Die Amerikaner des Nordens sind für uns Fremdlinge«, schrieb Bolívar 1825: »Deshalb werde ich niemals damit einverstanden sein, sie einzuladen, wenn es gilt, unsere amerikanischen Angelegenheiten zu regeln (...) Ich freue mich sehr, daß die Vereinigten Staaten nicht in die Föderation eintreten.«

Aber Francisco de Paula Santander, der Vizepräsident von Großkolumbien, der in Bolívars, des Präsidenten, Abwesenheit die Amtsgeschäfte führte, lud auf eigene Faust die Vereinigten Staaten zur Teilnahme am Kongreß in Panama ein. Eine Eigenmächtigkeit, die ohne Folgen blieb. Panama lag damals für Washington im doppelten Sinn noch aus der Welt. Sich auf den Weg dorthin zu machen, bedeutete, eine Weltreise anzutreten. Und die USA verfügten, anders als

1889/90, zur Zeit der ersten wirklich panamerikanischen Konferenz, noch nicht über die ökonomische und militärische Potenz, um Lateinamerika nicht nur rhetorisch, sondern auch politisch in ihre Domäne einzubeziehen.

Statt zum Jahrhundertereignis und zum Beginn eines Amerikanischen Staatenbunds zu werden, mißriet der Kontinentale Kongreß, der am 22. Juni 1826 nach langen Präliminarien in einem französischen Kloster in Panama eröffnet wurde, zu einem traurigen Treffen in den Tropen. »Dieser großartige Name für das Treffen von Panama war (...) kaum gerechtfertigt, denn es nahmen daran ganze acht Personen teil, zwei Delegierte aus jeder Republik. Der Delegierte der Vereinigten Staaten erschien erst, als der Kongreß bereits zu Ende war. Auch der Delegierte Boliviens kam zu spät. Als Beobachter waren Vertreter Großbritanniens und der Niederlande anwesend. Weder Chile noch Argentinien hatten Delegierte geschickt. Der Kongreß tagte bis zum 25. Juli. Er beschloß eine Resolution über die ›ewige Konföderation‹ der spanisch-amerikanischen Republiken sowie Verträge über die gegenseitige Verteidigung und das Verbot des Sklavenhandels. Die Beschlüsse des Kongresses wurden jedoch von keiner einzigen Republik, nicht einmal von Großkolumbien ratifiziert« (Josef Lawrezki).

Der Traum des Simón Bolívar von einer Andenkonföderation, die von Bolivien, über Peru bis Großkolumbien reichen und zum Kern eines hispanoamerikanischen Staatenbunds, vielleicht sogar Bundesstaats werden sollte, löste sich in nichts auf. Statt auf das Ziel der Integration hinzusteuern, verlief der politische Prozeß in der umgekehrten Richtung. Wie sich im Inneren der neuen Staaten der Partikularismus in Gestalt lokaler Machtzentren regte, griffen Auflösungserscheinungen zwischen den Republiken um sich. Die Republik »Gran Colombia«, eine Keimzelle des Panamerikanismus, bestand die wenigen Jahre ihrer stolzen Existenz von 1821 (Kongreß von Cúcuta) bis 1830 (Kongreß von Valencia/Venezuela) ohnehin nur auf dem Papier. Der Versuch Bolívars, dieses Staatsgebilde gegen die Rivalitäten seiner Statthalter vor dem Zerfall zu retten, scheiterte. Im Todesjahr des Libertadors, 1830, zerbrach Großkolumbien in die Republiken Ecuador, Venezuela und in die Vereinigten Staaten von Neu-Granada (seit 1861 Kolumbien). Der Befreier kommentierte die verbissene Uneinigkeit der Lateinamerikaner mit einem Satz, der Zeichen tiefer Resignation erkennen ließ: »Amerika zu regieren ist unmöglich. Wer der Unabhängigkeit gedient hat, hat das Meer gepflügt. Das einzige, was man in Amerika tun kann, ist, es zu verlassen.«

Hatte sich Lateinamerika anfangs noch gemäß den Verwaltungsgrenzen des spanischen Kolonialreichs aufgegliedert und damit mancherlei zwischenstaatliche Querelen vermieden, boten sich im 19. Jahrhundert, als der Subkontinent politisch weiter auseinanderfiel, zahllose Anlässe für rabiat ausgetragenes Grenzgezänk. Von Mexiko löste sich die Zentralamerikanische Konföderation, die 1838 selbst wiederum in fünf Kleinstaaten auseinanderbrach. Damit war das Vizekönigreich Neuspanien aufgegliedert. Auch das Vizekönigreich Peru zerfiel, als sich Süd-Peru 1825 zur Republik Bolivien erklärte. Und aus dem Vizekönigreich La Plata gingen die souveränen Staaten Argentinien und Paraguay hervor. Uruguay entstand als Pufferstaat zwischen Argentinien und Brasilien: eine staatliche Existenz, die schon wegen der Genese und der geographischen Situation konfliktträchtig schien.

Das Große Vaterland, das Bolívar aus den politischen Grenzen des spanischen Kolonialreichs hatte herauswachsen sehen wollen, blieb eine Schimäre. Die Zaungäste des lateinamerikanischen Zerfallsprozesses, die Europäer und Nordamerikaner, die ihn entweder mit angerichtet hatten oder davon profitieren wollten, sahen die Kleinstaaterei nicht ungern. Bot ihnen ein balkanisiertes Lateinamerika doch die Chance, nach dem Prinzip des *Divide et impera* an Einfluß zu gewinnen. Als 1879 der Pazifische Krieg ausbrach, den Chile bis 1883 gegen Peru und Bolivien um die Guanolager, vor allem aber um die Salpeterfelder in der Atacamawüste und Tarapacá führte, überschattete schon die internationale Konkurrenz um den Wirtschaftsraum Lateinamerika den inneramerikanischen Konflikt. Die reichen Mineral- und Metallvorkommen Chiles hatten schon zwanzig Jahre vor Beginn des »Salpeterkriegs« ausländische Kapitalgeber angelockt. Mit äußerstem Argwohn beobachteten die Außenpolitiker in Washington, wie sich Chile zum Dorado englischer Geschäftsleute entwickelte, die über den reinen Kommerz hinaus ungeniert politisierten. Sie waren erpicht darauf, daß Chile seine Souveränität auf peruanisches Gebiet ausdehnte, und tatsächlich folgten die englischen Unternehmer den chilenischen Soldaten auf dem Fuß in die eroberten Gebiete, um dort die Regie über die Salpeterproduktion zu übernehmen.

Der US-Außenminister James G. Blaine sah im chilenischen Militär nur den verlängerten Arm der britischen Kapitalinteressen und deutete den Konflikt um die salpeterreichen Provinzen als reinen Stellvertreterkrieg. Paradoxerweise nahm er diesen Krieg zum Anlaß, sich aus Furcht vor dem Überhandnehmen des britischen Einflusses in Südamerika zum Wortführer eines neuen Panamerikanismus aufzuschwingen. Jahrzehntelang waren die Vereinigten Staaten, vom Bürgerkrieg gelähmt und vom anschließenden Wiederaufbau vollständig absorbiert, in der Lateinamerikapolitik auffallend abstinent gewesen. Die für sie unerfreuliche Folge war, daß die britischen Vettern, nachdem sie im Interesse des Freihandels die lateinamerikanischen Unabhängigkeitsbestrebungen nach Kräften gefördert hatten, nun im Handel und Verkehrswesen Südamerikas eindeutig dominierten.

Aus Sorge um die US-Handelsinteressen entdeckte James G. Blaine den Panamerikanismus wieder. Freilich einen Panamerikanismus nordamerikanischer Provenienz, der kein multilaterales Geflecht zwischen allen Staaten gleichermaßen hervorgebracht hat, sondern einzelne Stränge der Abhängigkeit zwischen den USA und den jeweiligen Republiken Mittel- und Südamerikas. Symptomatisch, daß heute jedes lateinamerikanische Land enger mit den USA verbunden ist als mit seinen Nachbarn. Washington sah sich in den vergangenen hundert Jahren nie einem Lateinamerika gegenüber, das seine Interessen nach den Vorstellungen Bolívars »wie eine einzige große Republik« wahrgenommen hätte.

American Commonwealth of Nations: eine negative Utopie

Ende November 1881, als der Salpeterkrieg noch tobte, hatte Blaine die lateinamerikanischen Regierungen zu einer Konferenz nach Washington geladen. Die Politiker beider Amerika sollten fernab der akuten Nachbarschaftsgeplänkel und blutigen Konflikte über Krieg und Frieden debattieren. Aber aus dieser panamerikanischen Initiative wurde nichts. Der Nachfolger Blaines war unhöflich genug, diese Einladung, kaum daß er an der Spitze des State Departments stand, brüsk zu widerrufen. Die Vorstellung, daß die USA Gefahr laufen könnten, die Politik in der westlichen Hemisphäre einer

Gruppe von Nationen zu unterstellen, in der sie gleich den anderen, viel schwächeren, mit nur einer Stimme sollten mit entscheiden dürfen, behagte ihm ganz und gar nicht.

Der Zufall wollte es, daß Blaine Jahre später seinen Nachfolger im Amt des Außenministers ablöste. Nachdem die nordamerikanische Geschäftswelt die Zeit genutzt hatte, auf dem Subkontinent das Terrain für den Vormarsch der US-Industrie zu bereiten, konnte der Außenminister jetzt seine panamerikanische Idee in die Tat umsetzen. Am 18. November 1889 begann die so lange geplante Panamerikanische Konferenz in der gar nicht so »heimlichen« Hauptstadt beider Amerika, in Washington. In mehr oder weniger zähen Verhandlungen zog sich der interamerikanische Dialog zwischen den Vertretern der USA und von 17 lateinamerikanischen Nationen (alle damaligen außer Santo Domingo) bis zum 19. April 1890 hin. In siebzig Sitzungen wurde über die hochfliegenden Pläne der US-Außenpolitiker debattiert, Nord-, Mittel- und Südamerika vor allem wirtschaftlich enger miteinander zu verbinden, wenn nicht gar zu integrieren.

Die Diplomaten aus dem Süden hatten die Warnungen Simón Bolívars vor einer Liaison mit den Nordamerikanern offenbar nicht vergessen. Sie hegten große Vorbehalte gegen den Versuch, ihre Länder einem »American Commonwealth of Nations« einzugliedern, als von den USA dominierte und gegängelte Republiken zweiter Klasse. Sie staunten über die industrielle Entwicklung der Vereinigten Staaten, die sie vor Konferenzbeginn vorgeführt bekamen, als man sie im luxuriösen Pullman-Zug zu den Attraktionen des ökonomischen Geschehens brachte. Einschüchtern und zu politischer Nachgiebigkeit verpflichten ließen sie sich durch diese Demonstration der ökonomischen Stärke nicht. Auch wenn sie sich, »allein gelassen«, in der partikularistischen Tradition der Kolonialzeit stets in den Haaren lagen: in der Konfrontation mit den USA, denen sie sich in Haßliebe verbunden fühlten, verstanden sich die Lateinamerikaner schon aus einer Art gemeinsamem Nationalstolz zu einem Minimalkonsens.

So mochten sie denn um keinen Preis Verzicht auf Souveränitätsrechte üben und sonstige Zugeständnisse einräumen, wie sie ihnen die Gründung einer gesamtamerikanischen Zollunion abgenötigt hätte. Auch aus der von Washington vorgeschlagenen Währungsunion wurde wegen der ablehnenden Haltung der Lateinamerikaner nichts. Scharfsichtig wie kaum ein anderer hatte der Delegierte Uruguays, der kubanische Dichter José Martí, erkannt, daß sich die Lateinamerikaner in einer solchen Wirtschaftsgemeinschaft als die schwächeren Partner dem Diktat des Stärkeren, der USA, aussetzen würden. Wie Simón Bolívar vor ihm und der nicaraguanische Freiheitskämpfer Augusto César Sandino nach ihm gab er der exklusiven Einheit Spanisch-Amerikas den Vorzug. Mit der Perspektive, »unser Amerika«, dasjenige der Lateinamerikaner, zu einem Staatenbund zu integrieren, der den landwirtschaftlich, industriell und militärisch aufstrebenden USA würde Widerpart bieten können, weitete er den oft so egoistischen, zerfahrenen Nationalismus zu einem Kosmopolitismus eigener Art: zum Hispanoamerikanismus.

Er prophezeite: »Die Völker Amerikas werden um so freier und wohlhabender, je weiter sie sich von den Vereinigten Staaten entfernen.« Der Gefahr, von der *raza anglo-sajona*, den Angloamerikanern, unterjocht zu werden, konnte die *raza latina*, konnten die Lateinamerikaner nach Ansicht Martís nur begegnen, indem sie sich im Bewußtsein ihrer gemeinsamen hispanoamerikanischen Wurzeln zusammenschlossen. Die Wirklichkeit Lateinamerikas ist hinter diesem Wunschtraum weit zurückgeblieben. Im Gegensatz zu der immer wieder beschworenen Einheit eines demokratischen »Vaterlands Amerika« bietet sich ein konfuses Bild: »Ein Mosaik von rückständig gehaltenen Ländern, unterdrückt von despotischen, im Überfluß lebenden Eliten, die dem ehemaligen kreolischen Kazikentum entstammen, von alten und neuen Oligarchien, die bekanntermaßen die treuesten und zuverlässigsten Statthalter dieses ganzen neokolonialen Chaos sind« (Augusto Roa Bastos).

Mit dem *intra*amerikanischen Zusammenschluß als Gegengewicht zu den USA oder als Voraussetzung für die *inter*amerikanische Integration ist man über immer neue Anfänge nie so recht hinausgekommen. Statt sich gemeinsam der Übermacht der USA und der Subordination unter deren Interessen zu erwehren, haben sich die lateinamerikanischen Staaten jeder für sich doch bis an die Grenze gelegentlichen Souveränitätsverzichts in die panamerikanische Konstruktion der Vereinigten Staaten eingefügt.

Das einzige handgreifliche Ergebnis, das bei der ersten Panamerikanischen Konferenz in Washington herausgekommen war, die Errichtung eines Handelsbüros, markierte den Beginn einer zwiespältigen Allianz beider Amerika. Vordergründig schien dieser Akt unverbindlich genug zu sein, um den Beteiligten die Unabhängigkeit und Souveränität zu lassen. Auf derselben Ebene lag die Gründung der International Union of American Republics am 14. April 1890, ein Datum, das später als *Pan American Day*, als Geburtstag des interamerikanischen Systems, gefeiert wurde. Tatsächlich band die Pan American Union, die 1910 aus dem Bureau of American Republics hervorging, die Länder Lateinamerikas stärker an die USA, als ihnen lieb sein konnte und als es ihrer wirtschaftlichen Entwicklung guttat.

Als der Welthandel nach der Weltwirtschaftskrise dramatisch schrumpfte und auch Mitte der dreißiger Jahre noch nicht abzusehen war, wo die US-Industrie ihre Überschüsse loswerden könnte, stellte sich prompt die traumatische Angst vor einer sozioökonomischen Zerreißprobe ein. Wieder lautete das Rezept, das diese Sorge beschwichtigen sollte: Export der Probleme mitsamt den Produkten *made in USA*. Franklin D. Roosevelts Außenminister Cordell Hull verdammte das ökonomische Erzübel seiner Zeit, den Protektionismus, der den Handel drosselte, die Wirtschaft abzuwürgen, den Lebensstandard zu senken und am Ende gar das *free enterprise* unter staatlichen Kontrollen zu ersticken drohte, in Grund und Boden. Als eingefleischter Liberaler entwarf er ein Konzept des Freihandels, das sich ausnahm wie eine abgerundete Handelsphilosophie und in der Tendenz der von den USA seit gut drei Jahrzehnten propagierten »Politik der offenen Tür« glich. Es entsprach der ökonomischen Mentalität der Nordamerikaner – die im Notfall durchaus selbst dem Protektionismus huldigten –, in der Möglichkeit zur wirtschaftlichen Expansion eine Prämisse des Friedens, in der Verweigerung des Freihandels eine Konfliktursache, wenn nicht gar eine potentielle Kriegsgefahr zu sehen.

Daher verfochten Politiker wie Cordell Hull ihre Freihandelsphilosophie mit ideologischer Vehemenz auch und gerade mit Blick auf Lateinamerika. Der Idealfall wäre nach dem katastrophalen weltwirtschaftlichen Einbruch von 1929 für Washington ein panamerikanischer Konsens über die »offenen Türen« in der Region gewesen. Doch die Lateinamerikaner als die ersten Adressaten der Botschaft Hulls zierten sich, diesem Konzept begeistert zuzustimmen. Wohl, weil sie aus Erfahrung wußten, daß den amerikanischen Waren und Dollars die amerikanische Flagge folgen würde. Bei der

Ungleichheit beider Amerika, die seit den Tagen der Hochindustrialisierung der USA Ende des 19. Jahrhunderts eher noch krassere Formen angenommen hatte, war den Lateinamerikanern der große panamerikanische Wurf in der Handelspolitik suspekt.

Als im Frühjahr 1935 in Buenos Aires die Panamerikanische Wirtschaftskonferenz mit einem großen Aufgebot an Handelspolitikern und Experten aus allen 21 amerikanischen Republiken tagte, kam dabei nicht viel mehr heraus als Stapel bedruckten Papiers. Es blieb bei Resolutionen über den Kampf gegen den Schmuggel, über die Schaffung eines Panamerikanischen Touristenpasses, über die einheitliche Klassifizierung von Handelswaren, über Kuhpocken-Impfung, über landwirtschaftliche Attachés in diplomatischen Missionen und über den Pan American Highway. Bis heute ist die *Panamericana*, eine Allwetterstraße, die das Straßennetz der USA und Kanadas mit den festländischen Staaten Lateinamerikas verbindet, ein Symbol für den Panamerikanismus à la USA. Während sie in Nordamerika mit dem Straßensystem verflochten ist und ein rasches Fortkommen von Ort zu Ort erlaubt, windet sie sich holprig durch Zentralamerika, verläuft in Panama und Kolumbien zwischendurch »im Sande« und endet in Puerto Montt (Chile) und Ushuaia (Argentinien), ohne in den Subkontinent hinein auszufächern.

Da das in sich heterogene Lateinamerika nicht als Wirtschaftseinheit, sondern Staat für Staat mit den USA verflochten war, mußte Washington den lateinamerikanischen Staaten die Öffnung der jeweiligen Märkte einzeln abhandeln. Das geschah auf der Basis wechselseitiger Handelsverträge, die sich als die eigentliche Substanz der von Roosevelt nach all den amerikanisch-amerikanischen Zerwürfnissen der Vergangenheit verkündeten »Politik der guten Nachbarschaft« mit den Anrainern im Süden erweisen sollten. Die Gewinner der neuen Handelspolitik waren natürlich die USA, als solche weist sie die Handelsbilanz dieser Jahre aus. Entgegen den Beteuerungen ihrer Außenpolitiker, die das Motto »Gleiche unter Gleichen« strapazierten, standen dem Wirtschaftsriesen USA in Lateinamerika ökonomische Zwerge gegenüber, die sich von 1938 an mit einer passiven Handelsbilanz abfinden mußten. Schwerer noch wog das ständige Handikap der Industrie, die sich unter dem Druck der freihändlerisch über Lateinamerika ausgeschütteten Fertigwaren aus den USA nicht entwickeln konnte.

Wirtschaftlich im Schlepptau der USA, vermochten sich die Staaten

Lateinamerikas nicht dem eigenwilligen Panamerikanismus Washingtons zu versagen, der das Verhältnis beider Amerika zueinander zwischen 1936 und 1975, im Grunde sogar darüber hinaus bestimmte. Ganz im Geiste Monroes zielte dieser Panamerikanismus nur auf die »Abwehr hemisphärenfremder Kräfte und Ideologien« (Ulrich Zelinsky) ab: erst des Faschismus, dann des Kommunismus, vor allem seiner tropischen Spielart, des Castroismus. Nach der Devise »Einer für alle, alle für einen« versicherten sich die amerikanischen Staaten im Norden und im Süden ihrer wechselseitigen Solidarität gegen den Faschismus. Einen förmlichen Defensivpakt, der die *Pax Americana* in der westlichen Hemisphäre garantieren sollte, hoben sie erst nach dem Zweiten Weltkrieg unter den Vorzeichen des Kalten Kriegs in Gestalt des Rio-Vertrags von 1947 aus der Taufe. Ein Jahr später rückten sie auch politisch im antikommunistischen Einverständnis enger zusammen, als sie die Organisation Amerikanischer Staaten, (OAS), Nachfolgerin der Pan American Union, gründeten.

Ost-West-Konflikt / Nord-Süd-Konflikt

Als die USA und die lateinamerikanischen Länder diese »regionale Mehrzweckorganisation« installierten, geschah dies nicht primär im Interesse interamerikanischer Harmonie und Entwicklung. Die Organisation war, in Kombination mit dem militärischen Pakt von Rio, vielmehr als eine Art internationaler Ordnungs- und Polizeimacht dazu ausersehen, den Kommunismus aus Lateinamerika herauszuhalten und Revolutionen im Inneren zu ersticken. Ähnlich wie John F. Kennedys Allianz für den Fortschritt von 1961, die nur dem Etikett nach den Norden und Süden zu einem interamerikanischen Kraftakt *für* die Überwindung der Unterentwicklung vereinen sollte. In Wirklichkeit ging es dabei um eine Abwehrfront *gegen* Fidel Castro und seine »fünfte Kolonne«, die man an allen Ecken und Enden des Subkontinents die Botschaft des Marxismus-Leninismus verbreiten und das Feuer der Revolution entfachen sah.

Der Ost-West-Konflikt überlagerte den Nord-Süd-Konflikt zum Nachteil Lateinamerikas, dessen Entwicklungsbedürfnisse hinter der Funktion zurücktraten, Bollwerk gegen den Kommunismus sein zu müssen. Das holzschnittartige Weltbild zur Zeit des Kalten Kriegs verstellte mit seinem Schwarzweißraster den Blick auf die vielgestaltige Wirklichkeit Lateinamerikas. Die Verschwörungstheorie, die im Osten wie im Westen die politische Wahrnehmung trübte, verbuchte jeglichen Protest und Aufruhr gegen die Unterentwicklung und strukturelle Gewalt in Lateinamerika als ferngesteuerte Machinationen Moskaus. Der Vorwurf, das Geschäft des Kremls zu betreiben, inkriminierte alle Kritiker des Elends. Nach der Psychopathologie des Antikommunismus erregte jede gründlichere soziale Veränderung Verdacht. Ruhe und Ordnung zu wahren, galt als höchste Norm, selbst dann, wenn die trügerische Stabilität mit der Gewaltherrschaft der Militärs erkauft war, die dem Credo der freien Welt auf geradezu obszöne Weise widersprach. Der Zweck heiligte die Mittel – wie bei den Spaniern vierhundert Jahre zuvor. Wieder ließ der Glaubenseifer, mit der ein Kreuzzug wider das Böse ausgefochten wurde, die Opfer als läßliche Tribute an die Prinzipientreue erscheinen.

Die Lateinamerikaner wurden zu Objekten einer Missionierung. Diesmal einer doppelten, »teufelsaustreibenden« und zugleich »zivilisierenden«. Sie wurden mit dem Geist der Marktwirtschaft und des *American way of life* geimpft, um gegen die Anfechtung des ewiggestrigen Kommunismus gefeit zu sein. Wieder stülpte, wie einst Spanien, die ideologische Vormacht den Lateinamerikanern Stereotypen über, die das Autochthone, die eigene Geschichte und die eigenen Bedürfnisse, verdeckten. Genausowenig wie die Spanier vermochten ihre Erben in Lateinamerika, die Nordamerikaner, das je Eigene im anderen zu sehen. Die Einsicht, daß Revolutionen in der Karibik und in Zentralamerika aus originären sozialen Konflikten heraus entstanden und nicht im Auftrag Moskaus, war ihnen durch die West-Ost-Optik verwehrt. Sie sahen weder Kuba noch Nicaragua oder El Salvador in ihren inneren Widersprüchen, sie nahmen diese Länder nur als Brückenköpfe des Kremls wahr.

Die Organisation Amerikanischer Staaten mißriet während der ersten Nachkriegsjahre im doppelten Sinne zum Instrument der Außenpolitik der USA. Sie hatte das Terrain kommunismusfrei zu halten und für ein friedlich-freundliches Investitionsklima zu sorgen. Überdies bot sie den Rahmen, in dem sich die Gefolgschaft der USA für die Instrumentalisierung der Vereinten Nationen sammelte. Mit dem *latin block* im Rücken, den die USA mit generöser

Militärhilfe den Zielen ihrer Außenpolitik noch gewogener machten, konnte Washington in der UNO widerstreitende Interessen mit einer »Dampfwalzentaktik« übergehen. Immerhin waren von den 49 Gründungsmitgliedern der Vereinten Nationen mehr als ein Drittel, nämlich zwanzig, lateinamerikanische Staaten. In der Hochzeit des Kalten Kriegs, in den Jahren 1946 bis 1953, nahm die Vollversammlung der Vereinten Nationen insgesamt mehr als 800 Entschließungen an. In nur drei Prozent der Fälle gegen die erklärten Interessen der USA und das auch nur zu minder wichtigen Themen, bei denen keine vitalen Interessen der USA auf dem Spiel standen.

Wie einseitig die Vereinigten Staaten die politische Organisation beider Amerika für ihre Ziele vereinnahmten, bewies der Umgang mit dem Kuba Fidel Castros. Washington mißbrauchte die OAS dazu, Kuba unter Mißachtung des Völkerrechts von der Außenwelt zu isolieren. Bei der Konsultativversammlung der OAS-Außenminister im uruguayischen Seebad Punta del Este im Januar 1962 beschränkte sich US-Außenminister Dean Rusk nicht darauf, Fidel Castro als »Agenten Moskaus« zu beschimpfen. Er ließ den heftigen Tiraden auch Taten folgen. Er brachte die lateinamerikanischen Länder dazu, unter der Ägide Washingtons den kommunistischen »Infektionsherd« einzudämmen. Sie erklärten den Kommunismus für unvereinbar mit den panamerikanischen Normen und schlossen Kuba wegen dieser Inkompatibilität »von der Teilnahme am interamerikanischen System« aus. Im Frühjahr 1964 bewogen die US-Außenpolitiker ihre Kollegen mit mehr oder weniger sanftem Druck, eine totale Blockade über die vielgeschmähte »rote Insel« zu verhängen.

Daß die Lateinamerikaner damit zugleich ein Entwicklungsmodell tabuisierten und sich, allem Nationalstolz zum Hohn, die Souveränität abkaufen ließen, dämmerte den Politikern im Süden erst Jahre später, nachdem sich die OAS noch einmal zum Instrument der US-Außenpolitik hatte degradieren lassen. Nach der Invasion in der Dominikanischen Republik färbte Washington 1965 seine Besatzungstruppen mit Hilfe einiger von der OAS abgestellter Soldaten zu einer interamerikanischen Streitmacht um.

Im gleichen Maße, wie sich das politische Klima dank dem »Tauwetter« gegen Ende des Kalten Kriegs entspannte, mehrten sich in Lateinamerika die Stimmen, die die Hörigkeit der OAS gegenüber den Vereinigten Staaten kritisierten. Sie drangen darauf, in der interamerikanischen Arbeitsteilung die Strukturen der Ungleichheit und Ungerechtigkeit zu überwinden. Mit griffigen rhetorischen Formeln wie dem Neuen Dialog, den die USA der OAS 1974 anboten, war es nicht mehr getan. Als die OAS es 1975 ihren Mitgliedern freistellte, die Blockade gegen Kuba abzubrechen und wieder normale Beziehungen zu Havanna aufzunehmen, kam dieser Beschluß nicht nur einem Affront gegen die Hegemonialmacht USA gleich, sondern, umgekehrt, auch einem Akt der Emanzipation von der unseligen Vormundschaft. Die Konflikte um die Malvinas/Falklands und um Zentralamerika haben das Verhältnis zwischen den USA und Lateinamerika weiter getrübt und die beiden Amerika noch mehr auseinanderrücken lassen.

»Der alte *Panamerikanismus* unter der Vormundschaft der Vereinigten Staaten, dessen Hauptorgan die Organisation Amerikanischer Staaten (OAS) ist, hat nach dem Falklandkrieg einen harten Schlag erlitten, als sich herausstellte, daß der Interamerikanische Verteidigungspakt (TIAR) nicht dazu diente, die Staaten des lateinamerikanischen Kontinents vor eventuellen Übergriffen ausländischer Mächte zu schützen, sondern sich einzig und allein der Strategie einer Ost-West-Konfrontation unter den völlig paranoiden Vorstellungen aus den Tagen des ›Kalten Kriegs‹ verschrieben hatte. Diese Vorstellungen sind heutzutage aus dem Diskurs der lateinamerikanischen Politiker weitgehend verschwunden. (...) Ein Organismus wie die Contadora-Gruppe und ihre Erweiterung zur Gruppe der Acht sind erste Anzeichen einer neuen *lateinamerikanischen* Diplomatie, die noch in ihren Anfängen steht und daher vielen Widrigkeiten und Rückschlägen unterworfen ist. Sogar die alte OAS, die Anfang der sechziger Jahre Kuba aus der lateinamerikanischen Gemeinschaft ausschloß und kurz darauf ihren Segen zur US-Intervention in der Dominikanischen Republik gab, läßt in ihren Debatten und Abstimmungen ein neues, deutlich gegen interventionistische Projekte gerichtetes Kräfteverhältnis erkennen« (Miguel Bonasso). Es ist ein beschwerlicher Emanzipationsprozeß, gleichermaßen behindert durch die große wirtschaftliche Abhängigkeit von den USA und die »angeborene« Uneinigkeit der lateinamerikanischen Staaten untereinander.

Beide, die OAS und Kennedys Allianz für den Fortschritt von 1961, die, versehen mit mehreren Milliarden Dollar Entwicklungshilfe, der umstürzlerischen Sozialrevolution die »friedliche Revolution der Hoffnung« entgegensetzen sollte, haben zeitweilig ihre Funktion im Sinne Washingtons erfüllt. Sie haben dazu gedient, Kuba unter Quarantäne zu halten und den vielfach beschworenen Export der Revolution in andere Regionen Lateinamerikas zu unterbinden. Sie mußten aber am Ende scheitern, weil sie zu offenkundig die Interessen Lateinamerikas den politischen Zielen Washingtons unterordneten. Entgegen den sozialpolitischen Versprechen Kennedys, der neben der dringend notwendigen Agrarreform auch einen Wandel im Bildungs-, Gesundheitswesen und so weiter verhieß, blieb der sozioökonomische Status quo in den Ländern der Allianz für den Fortschritt erhalten und damit die soziale Ungerechtigkeit. Da die Allianz profundere gesellschaftliche Veränderungen verhindern, nicht aber bewirken sollte, versickerten und versandeten die spärlichen Reformimpulse an der Oberfläche, ohne an die Wurzeln der sozialen Übel vorzudringen. Anlässe für Hungerunruhen, Proteste und Revolutionen gab es weiterhin genug.

Die pathetisch verkündete Allianz für den Fortschritt verkümmerte zu einer traurigen Koalition für den Stillstand. Die Agrarreform fand nur auf dem Papier statt. Und das Wenige, was man den Armen Lateinamerikas an sozialpolitischer Kosmetik angedeihen ließ, war zum Mißerfolg verurteilt. Den einzigen meßbaren Erfolg der Allianz verbuchten die Investoren, die bis 1969 Transaktionen von zwei Milliarden Dollar zwischen den USA und Lateinamerika tätigten. Der Elan solcher interamerikanischen Entwicklungsprogramme wie etwa auch Ronald Reagans Caribbean Basin Initiative (CBI) von 1983 verpuffte strohfeuerartig, wenn der akute Anlaß dafür entfiel und sich die Außenpolitik Washingtons, wie es schien, gefahrlos wieder anderen politischen Brandherden und Interessensphären zuwenden konnte.

Das beweist, wie wenig Lateinamerika *an sich* im weltpolitischen Kalkül der USA eine Rolle spielte und wie sehr es zur bloßen Manövriermasse geworden ist. Der Allianz für den Fortschritt wurde binnen weniger Jahre ein Begräbnis zweiter Klasse zuteil. Auch die Caribbean Basin Initiative, die den karibischen Ländern zur Prophylaxe gegen die Infektionsgefahr, die von einem »zweiten Nicaragua« oder einem »dritten Kuba« drohte, einen leichteren Zugang zum US-Markt und damit bessere Entwicklungschancen bieten sollte, ist sanft entschlafen. Und die Organisation Amerikanischer

Staaten ist nach Ansicht des früheren Botschafters bei dieser Organisation, Sol M. Linowitz, »in jüngster Zeit in Angelegenheiten der Hemisphäre fast irrelevant« geworden, also praktisch tot.

Der Panamerikanismus à la USA hat nicht mehr die Zugkraft wie zur Hochzeit des Kalten Kriegs. Es scheint so, als verspürten die Lateinamerikaner die alte »kollektive Sehnsucht« nach einem »Amerika«, wie Simón Bolívar es sich erträumt hatte: einig, aber ohne die USA. Sie wollen ihre sprichwörtliche Generosität nach dem Motto: *Mi casa es su casa*, »Mein Haus ist dein Haus«, nicht mehr als Einladung an die Nordamerikaner verstanden wissen, sich südlich des Río Grande wie Herren im Haus zu fühlen. Als sie 1975 das Lateinamerikanische Wirtschaftssystem (SELA) gründeten, eines der erfolgreichsten Integrationsmodelle, setzten sie Zeichen in diesem Sinne. Sie schlossen Kuba ein und die Vereinigten Staaten aus. Daß nicht alle Lateinamerikaner unisono in den Chor einstimmen, der die ungeschmälerte Souveränität für die Länder des Kontinents zurückverlangt, steht auf einem anderen Blatt.

Vergessenes Lateinamerika – verlorenes Jahrzehnt

In den Beziehungen zwischen den beiden Amerikas herrscht wenig Stetigkeit. Es hat den Anschein, als entspräche das Auf und Ab in dieser *special relationship*, in diesem besonderen, aber ebenso sonderbaren Verhältnis, den kurzen Wellen der Konjunktur. Der Grad der guten Nachbarschaft richtet sich offenkundig nach den akuten wirtschaftlichen Interessen und strategischen Sorgen der USA. Wie intensiv sie um die Gunst der Lateinamerikaner werben, richtet sich nach dem Kalkül des Augenblicks. Wann immer sich US-Präsidenten aufgemacht haben, ihren »Hinterhof« zu inspizieren und die lateinamerikanischen Präsidenten mit ihrer Visite zu beglücken, taten sie es nicht aus bloßer Sympathie für die Nachbarrepubliken. Von Herbert Hoover, der als designierter Präsident Ende 1928 im Zeichen der Nicaragua-Krise und der Rezession den Kontinent durcheilte, bis zu George Bush, der im Sommer 1990 diesem Beispiel im Interesse eines amerikanischen Wirtschaftsblocks in Konkurrenz zu Japan und der Europäischen Gemeinschaft folgte, taten es alle aus nationalem Egoismus. Sie kamen, weil sie die Lateinamerikaner

I. ANTILLE
HISPANIOLA
CUBA
I. S. DOMINGO
Porto Rico
Jamaica
D E L
MAR DEL NORT
Martinique
I. ANTILLE
La Trinita I.
G. du Orinoque
C. de la Vella
Venezuela
Cartagena
Golfo Darien
Bello
Panama
S. Marta
Maracaibo
Vacaracas
Galibia
NOVA ANDALUSIA
Aromaja
Suriname
Caribes
Sebay
I. et Rio de la Cayene
C. et R. Amazones
TERRA FERMA
Gotoguanea
Urraba
GUIANA
R. Granada
PARIA
Cataparato
Popajan
Guadalajara
Madrigal
DORADE
Pirionaux
Para o Belem
Maragnan
Siara Cap.
Macapa
Guacares
COROPA
Toupinambas
Quito
Avila
Quixos
Omaria
Aparia
Tecunes
Jamnes
Aguares
Apanta
C. DE PARA
C. DE MARAGAN
Camussi
Tabaxares
Siara
Tiguares
Kitaroy
Tapuyas
Pacamor
Valladolid
Cacygares
Cayanes
Guayazis
MATAYA TAPAYSA
Curares
Guarinumes
Paranaiba
Aramares
Garanaques
REGIO AMAZONUM
AMERICA
Pepunacas
Abacaris
Oraguana-gues
Gunnans
Burais
Panovis
Tapoyes
Pernambouc
Parayba
PARANAMBUC
Olinda
Los Reyes
PERU
Guamanga
Vilcababa
Mardiony
Syams
Nation de Tapoyes
Lima
Laguna de los Xarayes
BRASILIA
Cusco
Arequipa
Cayenes
C. S. Nicola
C. S. Laurent
P. d'Arquipa
Campopalla
P. d'Arica
Arica
Kikaik
C. de Tacama
P. de Morro Moreno
Potosi
Tamoyes
Vayana
Wasons
Tucuivis
Guayare
Aymures
Tupinabees
Lopos o Biheros
Maibuci
Tupinambas
Xaquesses
C. DE TODOS LOS SANCTOS
Rio Real
S. Salvador
S. Antonio
Baja de Todos Sanc
C. Sugariba
Rio dos Ilheos
de S. Giorgio
Porto Seguro
C. DE PORTO SEGURO
MERIDIONALIS
SIERRA
Guaxarapos
Paraguas
ONTIVEROS
GUAIRA
Tapuyas
Spirito Santo
R. de Paraiba
C. de S. Thome
S. Salvador
I. de S. Anna
S. Sebastian
Cabo Frio
I. Acemcaor
PARAGUAY
S. Ambregio
I. S. Felix
Atacama
Copiapo
Colchaqui
R. e P. de Guasco
Coquimbo
Lamari R.
Chuapa R.
Tucuman
S. Jago
C. Rioja
Yaperues
S. Estevan
Ampones
Miraflores
Concepcion
Chimenei
Mepenes
Assumption
Piratininga
CAPIT. DE RIO JANEYRO
S. Paul
S. Vincent
Cananea
S. Michel
Lago de Parnagua
Rio S. Francisco
Rio Tabuca
Cordoba
C. S. Fe
Santo Charuas
C. dels Corrientes
S. Joseph
S. Thome
RIO DELL URAGUAY
CHILI
Conception
S. Maria
Imperial
C. S. Juan della Frontera
C. Mendoza
Juries
Quirandies
Buenos Ayres
Guanoas
S. D. Soriano
M. Video
I. S. Catarina
I. de Avoredo
Porto S. Pedro
o Rio Grande de Lagoa
Rio et Banc de Marmanza
C. S. Maria
Rio Paraguay o della Plata
Cabo S. Antonio
Baya et Rio S. Anna
Costa deserta
Punta de Tierra Lana
Baya de S. Mathias sin fondo
C. de S. Elena
Baya de los Camarones
Spiring Baye
Baya de S. Julian
C. de la Barreras
C. Virgines
Estrecho de Magellan
C. de S. Sebastian
Fret de Lemair
I. des Etats
I. d'Anycan detecta Anno 1707
Carelmapo
Castro
Chili
Corso
Terra del Fuego o Magellanica
PATAGONES
TERRA MAGELLANICA
Desaguadero
Nombre de Jesus
C. Horn
MARE DI PARAGUAY
MAGELLANICUM MARE

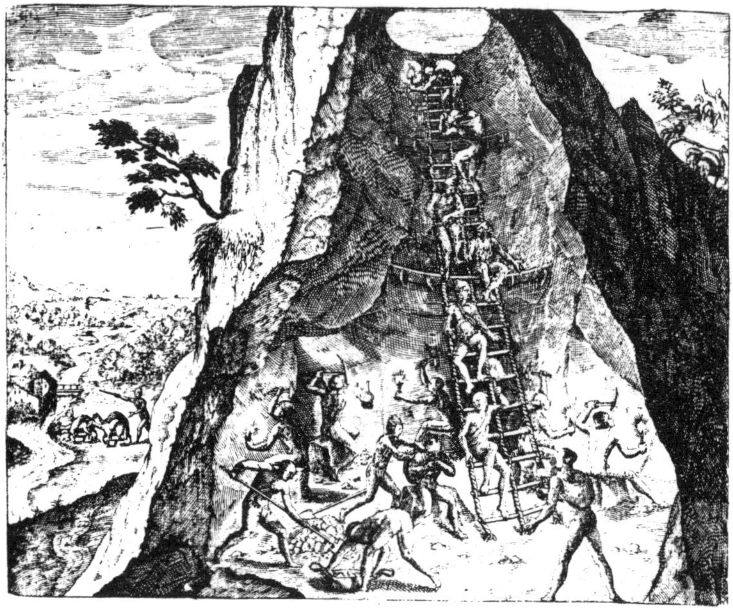

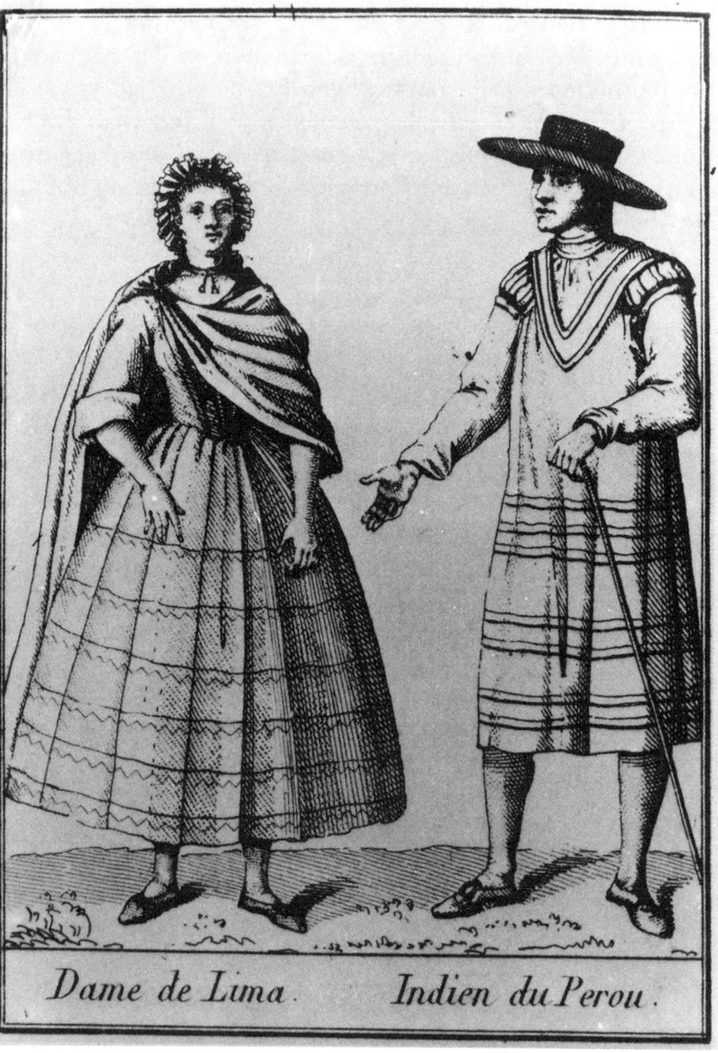

brauchten. In normalen Zeiten übersahen sie die Nachbarn im Süden geflissentlich und ließen den Dingen ihren Lauf – der Entwicklung der Unterentwicklung und den Diktaturen von ihren Gnaden gleichermaßen.

In den fünfziger Jahren war die Weltmacht USA zu sehr auf Kriegsschauplätzen und Schauplätzen des Kalten Kriegs involviert, um sich der Sorgen und Nöte der Nachbarn im Süden zu erinnern. Als sich die Nordamerikaner dann 1960 auf das »vergessene Lateinamerika« besannen, entsprang dieses Interesse keineswegs einem ökonomischen und politischen Altruismus Washingtons. Nach dem Ende der fetten Jahre, die dem Korea-Boom zu verdanken gewesen waren, ließ eine bedrohliche Rezession die Unternehmer und Politiker nach neuen Märkten im Süden Ausschau halten. Ihr Interesse galt Verbrauchermärkten für industrielle Massenprodukte. Die aber mußten erst geschaffen werden auf einem Kontinent, wo die meisten Bauern und Landarbeiter fernab des Marktgeschehens lebten. Das Zauberwort, das der neuerlichen Expansion des nordamerikanischen Business Tür und Tor zu öffnen versprach, hieß: Integration. Washington förderte diesen Prozeß, ohne der Vorliebe für bilaterale Beziehungen zu den einzelnen Ländern Lateinamerikas, die das Geschäft im doppelten Wortsinn erleichterten, zu entsagen. Es kam nur auf den Grad und die Art der Integration an. Dann ließ sich selbst Unvereinbares in Einklang miteinander bringen.

Wenn die Lateinamerikaner, zumal die Wirtschaftstheoretiker, an Integration im Süden dachten, schwebte ihnen als Methode oder Ziel vor: eine angepaßte, gebremste Industrialisierung, ein gewisses Maß an Protektionismus, der die heimische Industrie davor bewahrte, von der Wirtschaftsoffensive aus dem Norden überrollt zu werden, und ein Minimum an Koordination, vielleicht auch Planung, um die Entwicklung in geordnete Bahnen zu lenken und nicht dem Wildwuchs des Markts zu überlassen. Die Politik Washingtons setzte sich rüde über dieses Entwicklungskonzept hinweg. *Free enterprise* und *free trade*, freies Unternehmertum und Freihandel, sollten unter dem Gütesiegel *made in USA* Trumpf sein in den Beziehungen Vereinigte Staaten – (Vereinigtes) Lateinamerika.

Nicht zuletzt daran scheiterten der Gemeinsame Mittelamerikanische Markt (MCCA/CACM, gegründet 1960) wie die Lateinamerikanische Freihandelszone (ALALC/LAFTA, gegründet 1960). Ersterer auch deshalb, weil in den armen Ländern Mittelamerikas für einen Verbrauchermarkt mit hochwertigen Konsumgütern die zahlungskräftigen Käufer fehlten. Kein Gedanke daran, daß die Bauern im Hinterland Guatemalas oder Nicaraguas, die hart an der Armutsgrenze existierten, teure Produkte wie Fernsehgeräte, Waschmaschinen, Kühlschränke und dergleichen Accessoires der Wohlstandsgesellschaft hätten erstehen können. Die Lateinamerikanische Freihandelszone ging nach der Euphorie der ersten Stunde in chronische Stagnation mit deutlichen Auflösungserscheinungen über, weil die in ihren partikularen Interessen befangenen Mitglieder der weiteren Einbindung in den Weltmarkt vor der regionalen Integration den Vorzug gaben. Während die wirtschaftlich stärkeren, großen Mitgliedsländer in der Freihandelszone nur ein Mittel zur Ausweitung des Handels sahen, erhofften sich die kleineren von diesem Zusammenschluß Impulse für die ökonomische Entwicklung. Sie schlossen nach 1967 subregionale Pakte mit diesem Ziel: den Andenpakt, den La-Plata-Becken-Vertrag und den Amazonasvertrag. Aus der 1965 gegründeten Caribbean Free Trade Area (CARIFTA) entstand 1974 die Carribean Community (CARICOM).

An wohltönender Rhetorik, an Beschwörungen der lateinamerikanischen Gemeinsamkeiten hat es in den Geburtsstunden all dieser Initiativen und Allianzen nicht gefehlt. Auch nicht an Visionen, die dahinter schon die Konturen eines *patria grande*, eines großen, einigen Vaterlands Lateinamerika aufscheinen ließen. Sie sind indessen schnell verblaßt. Selbst die bescheidenen Ziele blieben unerreichbar. Es gelang nicht, den intraregionalen Handel durch eine Politik der Liberalisierung, Zollabbau vor allem, auszuweiten und damit die Entwicklung zu beleben. Bezeichnend, daß der Anteil des ALALC-Handels am Gesamtaußenhandel der Mitgliedstaaten von etwa zehn Prozent, die er in den Jahren 1946 bis 1953, also lange vor der Gründung der Freihandelszone, schon erreicht hatte, auf durchschnittlich 8,5 Prozent in den Jahren 1961 bis 1963 zurückging.

Es blieb, wie es war. Der Weltmarkt behielt Vorrang. Die Argentinier und Brasilianer exportierten ihre Produkte lieber nach Japan und nach Europa, vor allem aber in die USA, statt Brasilien oder Argentinien zu beliefern. Schon bei der Jahreskonferenz der Freihandelszone im Herbst 1963 war die Enttäuschung groß. 1969 kam der Integrationsprozeß zum Stillstand. Man taufte das Unternehmen 1980 in ALADI (Lateinamerikanische Integrationsvereinigung) um. Wegen der Geburtsfehler verbesserten sich die Erfolgsaussichten trotzdem nicht. Die Initiative zur Liberalisierung des Handels, zur Integration und Entwicklung blieb den Privatunternehmen überlassen. Die Politik gab nur die Staffage dafür her. Und nach dem sozialdarwinistischen Prinzip, wonach der Stärkere überlebt, war es vorwiegend die ausländische Industrie, die die Vorteile des gemeinsamen Marktes zu nutzen wußte, während lateinamerikanische Unternehmen sich der Konkurrenz aus dem Norden nicht gewachsen zeigten und in nicht geringer Zahl in den Ruin getrieben wurden.

Hatten die sechziger und siebziger Jahre den Ländern Lateinamerikas ein einigermaßen ergiebiges Wirtschaftswachstum gebracht, so erwiesen sich die achtziger für den Subkontinent als »verlorenes Jahrzehnt«. Sie waren von Konflikten mit den USA geprägt, weniger von Zusammenarbeit. Lateinamerika ist so tief in die Schuldenfalle geraten, daß für Zinsen und Tilgung mehr Kapital nach Norden abfließt, als an Krediten und Entwicklungshilfe von dort hereinkommt. Der »geplünderte Kontinent«, an dem sich erst die Spanier und Portugiesen gütlich getan hatten, danach die Engländer und Nordamerikaner, wirft nach wie vor Gewinne ab. Der internationale Verteilungskrieg geht weiter. Noch halten die Bataillone des Stärkeren, die internationalen Finanzinstitutionen und die Washington gefälligen lateinamerikanischen Regierungen, die Heerscharen der Schwachen trotz mancher Eruptionen in Venezuela und anderswo in Schach.

Überdies haben die zentralamerikanischen Kriege, die Handelsdispute und die Antidrogenkampagnen die Beziehungen zwischen den USA und Lateinamerika getrübt. US-Präsident George Bush fühlte sich deshalb bemüßigt, ein neues Libretto für das amerikanisch-amerikanische Verhältnis zu schreiben. Die »Initiative für die Amerikas«, die dabei herausgekommen ist (27. Juni 1990), der Plan einer gesamtamerikanischen Freihandelszone von Alaska bis Feuerland, rekapituliert jedoch nur aus altbekannten Motiven und in abgestandenen Formen, was sich als untaugliches Modell erwiesen hat. In einem lapidaren Satz teilte Präsident Bush den »guten Nachbarn« im Süden mit, was Washington von dieser Freihandelszone erwartet: »Neue Märkte für US-Produkte und mehr Arbeit für nordamerikanische Arbeiter.«

Die Zeiten haben sich geändert. Ein Wandel in der Rollenverteilung zwischen den ungleichen Nachbarn ist dagegen ausgeblieben. Hundert Jahre nach der Panamerikanischen Konferenz von Washington scheint es für viele Lateinamerikaner an der Zeit zu sein, sich José Martís Prophetie von jenem Wohlstand und jener Freiheit zu entsinnen, die einzig und allein in bewußter Distanz zu den Vereinigten Staaten zu erlangen sind. Lateinamerika droht unter der Last von fast einer halben Billion Dollar Schulden zu ersticken. Die neoliberale, von Washington verordnete Gewaltkur, die den Markt ohne Rücksicht auf soziale Verluste alles steuern läßt, therapiert zur Unterernährung und zum Tode vieler hin. Neunzig Millionen Lateinamerikaner vegetieren unter erbärmlichsten Bedingungen. Zweihundert Millionen Menschen leben in Armut. Mehr als ein Drittel der städtischen und fast zwei Drittel der ländlichen Bevölkerung erreichen mit ihrer Hände Arbeit nicht einmal das Existenzminimum. Was sie auf den Plantagen, in den Fabriken oder in der Schattenwirtschaft auf den Straßen verdienen, ist zuviel zum Sterben und zuwenig zum Leben. Die Armen werden ärmer, wenn es denn überhaupt noch einen Komparativ des Elends gibt. Und die wenigen Reichen, denen der manchesterliche Wirtschaftsliberalismus mit seinen rauhen Marktmethoden Unsummen von Dollars einträgt, schaffen diese aus Angst vor Inflation, Revolution und dergleichen »Naturereignissen« schleunigst außer Landes. Sie verhalten sich wie ihre Vorfahren, die spanischen Beutekapitalisten, die soviel wie möglich aus dem Land herausholten und sowenig wie möglich in Lateinamerika investierten. Die Kapitalflucht macht die Länder ärmer. Und wie in einem monotonen Teufelskreis trägt das Geschehen am Weltmarkt weiter dazu bei. Die Rohstoffpreise, vor allem bei Kaffee, Weizen und Sojabohnen, fallen unaufhaltsam. Die *terms of trade*, das Verhältnis der Ausfuhr- zu den Einfuhrpreisen, verschlechtern sich beständig zum Nachteil der Länder Lateinamerikas. Sie müssen Rohstoffe in immer größeren Mengen liefern, um dasselbe Quantum an Devisen oder Industriegütern zu erlösen. Die Folge ist, daß die Rohstoffpreise weiter sinken, wenn denn die Mächtigen, die Wirtschaftsbosse, Börsengewaltigen oder Außenhandelspolitiker nicht anderweitig dafür sorgen, indem sie zum Beispiel aus ihren strategischen Reserven Rohstoffe auf den Weltmarkt werfen.

Angesichts dieser Verhältnisse auf dem Weltmarkt und bei einem Schuldenstand von 450 Milliarden Dollar (Frühjahr 1991) stehen die

Chancen Lateinamerikas schlecht, endlich das wiederzugewinnen, was dem Kontinent seit den Tagen des Kolumbus verlorengegangen ist: die Verfügungsgewalt über die eigenen Ressourcen und die politische Souveränität. Von den Aussichten auf eine eigenständige Entwicklung ganz zu schweigen. Daß die vielbeschworene »Dissoziation«, die Abkopplung vom Weltmarkt, nicht des Rätsels Lösung sein kann, hat sich längst herumgesprochen. »Wir LateinamerikanerInnen müssen nach einer ökonomischen Alternative suchen«, mahnt der mexikanische Oppositionspolitiker Heberto Castillo, »die es uns gestattet, den Millionen Arbeitslosen, die in unseren Ländern leben, Arbeit zu geben. Vaterland ist das Territorium, wo es Arbeit gibt. Ohne Arbeit hat ein Mensch keine Möglichkeit, in Würde zu leben. Lateinamerika braucht Regierungen, die die natürlichen Reichtümer ihrer Länder verteidigen, damit seine Bewohner damit arbeiten. Die Modernität der ›entwickelten‹ Nationen erfordert den größtmöglichen Einsatz automatisierter Industrieanlagen, das heißt den möglichst geringen Einsatz menschlicher Arbeitskraft. Darin liegt der Hauptwiderspruch zwischen der Modernität dort und unserer Modernität. Wir hier brauchen Beschäftigung für die Arbeitslosen. Was wir produzieren müssen, sind produktive bezahlte Arbeitsstellen. Das ist die Herausforderung für die Bewohner der ›Dritten Welt‹. Es geht nicht darum, mit der Ersten Welt zu konkurrieren, sondern Armut und Ausgeliefertsein zu überwinden. Und zwar durch Arbeit, das Hauptprodukt, das unsere Nationen brauchen. Untereinander müssen wir uns integrieren, nicht mit den USA.«

Oceanica Classis

fernada
hyspana
Isabella
Salvatorie
Conceptoris
marie

Insula hyspa na

Insula hyspana

Nachwort

Der kranke Kontinent

In einer Zeit, da die Informations- und Verkehrssysteme die Welt zu einem *global village*, einem Weltdorf, zusammenschrumpfen lassen, ist es müßig, quasi rückwärtsgewandten Utopien nachzuhängen: der Vorstellung etwa, ein Teil der Neuen Welt, Lateinamerika, könnte sich zugunsten einer eigenständigen Entwicklung bis zu einem gewissen Grad von der Alten Welt abkoppeln, vielleicht sogar ein Eigenleben führen. Dennoch scheint es legitim, die Usurpation der Neuen durch die Alte Welt noch einmal mit den Augen der Besiegten zu betrachten, sich geschichtliche Alternativen auszumalen.

Was wäre zum Beispiel gewesen, wenn Kolumbus nicht über den amerikanischen Kontinent, der da im Wege lag, »gestolpert« und gleich im Reich des Großkhans gelandet wäre? Kein Zweifel, daß er mit seinem kümmerlichen, von den Entbehrungen auf See ausgezehrten und psychisch erschöpften Haufen von Seefahrern devot das Knie hätte beugen und einschmeichelnde Begrüßungsformeln hätte murmeln müssen angesichts der lanzenstarrenden Wand von grimmigen Reitern im Rücken des Mongolenherrschers. Mit seinem Missionsdrang wäre er an der Vitalität der Entdeckten schroff abgeprallt. Vielleicht hätte er nicht einmal geschäftlich mit seiner Firma »Empresa de las Indias« reüssiert und froh sein müssen, mit dem Leben aus dieser Konfrontation der Alten mit der noch älteren Welt davonzukommen. Vorstellbar auch, daß er mit seinen Männern jenes Schicksal erlitten hätte, das er den Indios, die gar keine waren, bereitete: belehrt, gestraft, verfolgt, einer Art Gehirnwäsche unterzogen, wie Zootiere ausgestellt, versklavt oder bei lebendigem Leib verbrannt zu werden.

Derlei Phantasien mögen die Opfer einen Moment lang für die Untaten der Sieger der Entdeckungsgeschichte entschädigen. An den Tatsachen ändern sie nichts. Und wenn Kolumbus das große Abenteuer mißlungen wäre, hätten es andere versucht. Wissenschafts- und wirtschaftsgeschichtlich lag dieses Unternehmen zu sehr in der Luft, um von der Fortune oder dem Scheitern eines einzigen abzuhängen. Nach dem damaligen Stand der Entwicklung in der Kosmographie, der Nautik, dem Schiffbau, der Exportwirtschaft und so weiter wäre auch ohne Kolumbus den »Amerikanern« die leidvolle Begegnung mit der »zerstörerischen Zivilisation« (José Martí) der Spanier nur für einige Jahre, allenfalls Jahrzehnte erspart geblieben.

Genauer betrachtet kam Kolumbus viel zu spät, um sich den Titel des Entdeckers anzuheften, ohne schamrot zu werden. Wie neuere archäologische Forschungen ergeben haben, ist der amerikanische Kontinent seit mindestens 36000 Jahren bewohnt gewesen. Bisher war man davon ausgegangen, daß die »ersten Einwanderer« Amerikas vor 15000 Jahren über eine damals vorhandene Landbrücke zwischen Asien und Alaska herübergekommen waren. Und ein halbes Jahrtausend vor Kolumbus, im Jahr 991, soll es den Wikingerhäuptling Leif Eriksson von Grönland aus an die Ostküste Amerikas, vielleicht Neuenglands, vielleicht auch Kanadas, verschlagen haben, die er »Weinland« nannte, nach den traubenähnlichen Beeren, die er fand. Plausibel, daß Kolumbus in skandinavischen Lexika als »Wiederentdecker Amerikas« bezeichnet wird, nicht als »Entdecker«. Kolumbus kam fünfhundert Jahre zu spät. Und er kam fünfhundert Jahre zu früh, wenn man an die Folgen denkt. Besser, Lateinamerika wäre von der europäischen Zivilisation fürs erste unberührt und von dem Gewaltakt der Conquista verschont geblieben. »Gott war auf Erden vor zweitausend Jahren und erlöste alle Menschen. Er vergaß die Indianer«, schrieb B. Traven in seinem Buch *Rebellion der Gehenkten*. Kolumbus und die Konquistadoren waren nicht die geeigneten »Werkzeuge« göttlicher Vorsehung, um diesen Sündenfall des Vergessens ungeschehen zu machen. Die Entdeckten blieben aller vordergründigen Sorge um ihr Seelenheil zum Trotz Vergessene. Und sie sind es heute noch. Vergessen um der politischen Machtansprüche und wirtschaftlichen Gewinne willen. Vergessen in ihrem chronischen Elend.

Lateinamerika ist ein »kranker Kontinent« im doppelten Sinn des

Wortes, dem medizinischen wie auch dem sozialen Befund nach. Die Hinterlassenschaften der Kolonialgesellschaften, die Verhältnisse, wie sie heute sind, machen die Lateinamerikaner krank. Sie werden krank, weil sie arm sind. Die »letzte Sumpfblüte im Zeitalter der Epidemien«, die Cholera, grassiert in Lateinamerika hundert Jahre nachdem sie in Europa ausgerottet war: Indiz einer Unterentwicklung, die sich eher verfestigt, als zu weichen.

Die Landflucht hat in Peru wie in anderen Ländern Lateinamerikas dazu geführt, daß zwei Drittel der Bevölkerung in den Großstädten, in deren unwirtlichem Bannkreis leben. Obwohl die Küstenstädte in Peru in den vergangenen zwei Jahrzehnten aus allen Nähten platzten, geschah nichts für die Trinkwasserversorgung, die Kanalisation und Müllabfuhr. Die Leitungssysteme verrotteten. Abwasser und Trinkwasser mischen sich: ideale Bedingungen für die *Vibrio cholerae*-Mikroben. Mit den Fäkalien der Erkrankten gelangen die Erreger der oft genug tödlichen Darminfektion in die primitive Trinkwasserversorgung der *favelas*, der Slums am Rande der Großstadt-Moloche. Das rudimentäre oder überalterte Wassersystem erweist sich als »Giftsystem« wie Anno 1892 in Hamburg. Mit dem Kurieren an Symptomen wird es nicht getan sein. Die Seuche der Armen wird nur durch den Kampf gegen die Armut zu beheben sein. Aber die Zeichen für eine solche Offensive gegen Arbeitslosigkeit, Wohnungsnot, Hunger und Umweltschäden stehen schlecht. Selbst vom sozioökonomischen Status quo können die Lateinamerikaner nur träumen. Eine »phantastische Verarmung« ist zu beklagen: eine private und öffentliche gleichermaßen, die, wie es scheint, strudelnd in den Abgrund führt. In ihrem ersten Armutsbericht nach zwanzig Jahren teilte die Wirtschaftskommission der Vereinten Nationen für Lateinamerika und die Karibik (ECLA/CEPAL) im Sommer 1990 mit: Etwa 183 von 448 Millionen Latinos lebten in Armut, die Hälfte davon in so *extremer Armut*, daß sie sich nicht einmal ausreichend ernähren konnten. Die Kindersterblichkeit betrug 1990 in Lateinamerika 48 pro 1000 Lebendgeburten im Unterschied zu nur 8 in Nordamerika. Die durchschnittliche Lebenserwartung belief sich auf 68 Jahre im Unterschied zu 76 Jahren in den USA und Kanada. In manchen Ländern wie Guatemala, das in der Armutsliste der UN-Behörde an der Spitze stand, oder Haiti konnte gerade die Hälfte der Bevölkerung lesen und schreiben. Nur etwa die Hälfte der Bevölkerung hatte in Haiti, El Salvador, Guatemala und Mexiko Zugang zu Gesundheitsdiensten. Die Folgen der wirtschaftlich mageren achtziger Jahre für die Lateinamerikaner sind dramatisch.

Katastrophal wirkt sich auch das ideelle Importgut Wirtschaftsliberalismus aus. Es ist in Lateinamerika Mode geworden, die Türen zu den Industriegesellschaften des Nordens hin sperrangelweit zu öffnen, um den Wind der Konkurrenz hereinzulassen. Man läßt dem Spiel der Marktkräfte freien Lauf, um die Wirtschaft zu sanieren. Die einstigen Preiskontrollen und der eigentlich nötige Protektionismus für die einheimische Industrie sind tabu. Billige Massenware strömt ins Land. Die lokalen Produzenten bleiben auf der Strecke. Das Credo des Wirtschaftsliberalismus bestimmt die Eliten, den Staat aus der Ökonomie herauszuhalten und auf die Verwaltung der sozialen Kosten dieser Roßkur zu beschränken. Unter dem Diktat der internationalen Finanzinstitutionen Währungsfonds und Weltbank vergrößern sie das Elend um immer neuer Kredite willen. Neue Dollars rollen nur, wenn der öffentliche Dienst mit der Folge höherer Arbeitslosigkeit radikal reduziert und wenn Subventionen für Nahrungsmittel ohne Rücksicht auf die ohnehin prekäre Ernährungssituation der vergessenen Hälfte der Lateinamerikaner gestrichen werden.

Die manchesterlich-liberale Sanierungspolitik hat in Brasilien, Argentinien, Peru und anderswo soziale »Flurschäden« hinterlassen, Hunger, Unwissenheit und Wohnungselend, die dem *Vibrio cholerae* ideale Nährböden bieten, um die Bewohner des kranken Kontinents krank zu machen. In Zeiten der größten Not haben Marienstatuen in Peru geweint. Aber die Tränen, die sie vergossen, waren unecht. Der Geheimdienst hatte bei dem »Wunder« seine Hand im Spiel. Die Mutter Gottes sollte den aufkeimenden Zorn der Gepeinigten beschwichtigen. Man vertröstete die Armen, wie gehabt, aufs Jenseits. Hienieden haben sie stillzuhalten und sich der Macht des Faktischen zu fügen: der Tatsache vor allem, daß der Reichtum Lateinamerikas, der ihr Los verbessern könnte, zu den Reichen abfließt. Die Länder südlich des Río Grande haben in den vergangenen neun Jahren netto 220 Milliarden Dollar in die Industriestaaten im Norden transferiert. »Entwicklungshilfe« der Armen für die Reichen. Fast so wie zur Zeit der Conquista und der spanischen Kolonialherrschaft. Einzig mit dem Unterschied, daß der Reichtum dem Norden nicht mehr durch den Flaschenhals

Sevilla, sondern durch diverse Kanäle, durch die Häuserschlucht von Wallstreet, die Finanzmeile Londons oder die Bankenmetropole Frankfurt, zufließt.

Aus Anlaß der Fünfhundertjahrfeier der Entdeckung Amerikas hat der katholische Befreiungstheologe Gustavo Gutiérrez gefordert, Lateinamerika die aufgehäuften Riesenschulden zu erlassen. Allein schon wegen des Goldes, das die Europäer während der Kolonialzeit gestohlen haben, hat der Subkontinent ein historisches Recht darauf. Und ein moralisches dazu: weil die Bevölkerung der reichen Industrienationen das Gold und Geld aus Lateinamerika nicht zum Leben braucht, während die ausgehungerten Lateinamerikaner existentiell darauf angewiesen sind.

Auswahlbibliographie

Die Schriften über das Leben und das »Werk« des Christoph Kolumbus sind Legion. Der Vielzahl entspricht eine Vielfalt der Erkenntnisinteressen, Betrachtungsweisen und Urteile der Autoren. Ein »Mensch in seinem Widerspruch«, wie ihn Kolumbus auf geradezu klassische Weise verkörperte, ließ sich auf vielerlei, auch auf höchst gegensätzliche Weise porträtieren: heroisierend, schönfärberisch und kritisch-dekuvrierend. Die Kolumbus-Literatur summierte sich im Laufe der Jahrhunderte auf etwa 4000 Titel.

Den Anfang machte kein Geringerer als der jüngere, uneheliche Sohn Fernando, geboren 1488, der in seiner *Vida del Almirante* (*Leben und Abenteuer des Admirals Christoph Kolumbus, beschrieben von seinem Sohn Ferdinand*) aus kindlicher Devotion und mit Blick auf den Rechtsstreit, den die Nachkommen des Admirals mit der Krone um die in Santafé verliehenen erblichen Privilegien führten, ein geschöntes Bild des Vaters zeichnet. Als zeitgenössische Quelle ist diese Biographie trotzdem von unschätzbarem Wert.

Woher Kolumbus stammte, wann er geboren ist, wo er in Amerika an Land ging: diese und andere Fragen haben die Kolumbus-Biographen immer wieder beschäftigt und mitunter zu höchst eigenwilligen historiographischen Konstruktionen mit dem Ziel verleitet, die Widersprüche im Leben des Admirals zugunsten eines stimmigen Bildes zu glätten. So unternimmt der spanische Schriftsteller Salvador de Madariaga in seiner mehrhundertseitigen Biographie *Vida del Muy Magnífico Señor Don Cristóbal Colón*, Madrid 1940 (deutsch: *Kolumbus*, Stuttgart 1951) den Versuch, den Entdecker Amerikas auch von seiner Herkunft her für Spanien zu reklamieren, indem er ihn als Nachfahre einer im 14. Jahrhundert aus Spanien nach Italien ausgewanderten Familie von *conversos*, zum Christentum konvertierter Juden, darstellt.

Zu den Klassikern unter den Kolumbus-Biographen gehört Samuel Eliot Morison, ein »Kollege« des Kolumbus, leibhaftiger Admiral, der Ende der dreißiger Jahre mit einer professionellen Beharrlichkeit, die fast ans Monomane grenzte, die Entdeckungsfahrt des Kolumbus rekonstruierte (*Admiral of the Ocean Sea*, Boston 1942) und definitiv erklärte, daß dieser in Watling Island gelandet sei. Inzwischen hat ein Team um Joseph Jugde, Senior Associate Editor der Zeitschrift NATIONAL GEOGRAPHIC (Vol. 170, No. 5, November 1986), in akribischer, computergestützter Kleinarbeit herausgefunden, daß Kolumbus am 12. Oktober 1492 auf der Bahama-Insel Samana Cay gelandet ist. Nachdem so mancher Streit um des Kaisers Bart im Falle Kolumbus obsolet geworden ist, widmen sich die Biographen wie der italienische Journalist Gianni Granzotto (*Christoph Kolumbus. Eine Biographie*, Reinbek bei Hamburg 1988) intensiver den ideen- und sozialgeschichtlichen Zusammenhängen, die erklären, warum der Genueser so hartnäckig seinen Plan verfocht, den Osten, Asien, auf Westkurs anzusteuern. Ein Beispiel popularisierter Wissenschaft ist die Biographie von S. Fischer-Fabian, *Um Gott und Gold. Columbus entdeckt eine neue Welt*, Bergisch-Gladbach 1991, die freilich der Leselust und Spannung halber ganz ereignisgeschichtlich angelegt ist und die sozioökonomischen Hintergründe nur gelegentlich erahnen läßt. Stephen Marlowe, *Die Memoiren des Christoph Kolumbus*, Reinbek bei Hamburg 1990, ist zwar ein Roman, der jedoch die Wirklichkeit mit der Fiktion, die Fakten mit den Träumen so eng verwoben erscheinen läßt, daß sich daraus ein durchaus realistisches und zugleich kritisches Bild des vielgerühmten und -geschmähten Christoph Kolumbus ergibt.

Zum eigenen Ruhm, aber gewiß auch aus »wissenschaftlichem« Interesse hat der »Admiral des Ozeanischen Meers« seine erste Entdeckungsreise für die Nachwelt protokolliert. Christoph Kolumbus, *Schiffstagebuch*, Köln 1989, mit einem Nachwort von Jürgen Hell, und *Christoph Kolumbus*, *Bordbuch*, Frankfurt am Main 1981, mit einem Nachwort von Frauke Gewecke, zeichnet in diesem weltgeschichtlich bedeutsam gewordenen Dokument den Verlauf der ersten Reise in allen Einzelheiten nach, vom Tag des Aufbruchs am 3. August 1492 bis zur Rückkehr am 15. März 1493. Der Entdecker notiert mit dem Fingerspitzengefühl dessen, der weiß, was er dem erstaunten Publikum zu Hause, vor allem den Gönnern und Geldgebern schuldig ist, wie er die erste Begegnung mit der Neuen Welt erlebte und mit welchen Augen er deren Flora, Fauna und exotische Bewohner sah. Auch wenn das Original des Bordbuchs verlorenging und es sich bei diesem Dokument nur um eine Kompilation aus der Feder des Bartolomé de Las Casas handelt, mindert diese Tatsache doch keineswegs den Quellenwert.

Zu den bedeutendsten Augenzeugen und Chronisten der Conquista gehörte Las Casas. Er hat in seinem *Bericht von der Verwüstung der Westindischen Länder*, herausgegeben von Hans Magnus Enzensberger, Frankfurt am Main 1981, die Greueltaten der Spanier so wortreich gegeißelt, daß den Endeckern und Eroberern fortan das Odium der »schwarzen Legende« anhing. Daß Las Casas die Wirklichkeit der Conquista hier und da bewußt ins Monströse überzeichnet hat, mag aus der Intention heraus geschehen sein, die Gemüter aufzurütteln. Es hat andererseits auch nicht an Chronisten gefehlt, die sich gleichsam als Hofberichterstatter fühlten und die Conquista als gottgefälliges Unternehmen und menschenfreundliches Werk beschrieben, wie: Bernal Díaz del Castillo, *Geschichte der Eroberung von Mexiko*, Frankfurt am Main 1988. Zu den umfänglichsten und wichtigsten Quellen für die Konsolidierungsphase der spanischen Kolonialherrschaft gehört das mehrbändige Werk des 1532 zum offiziellen Historiographen für Amerika ernannten: Gonzalo Fernández de Oviedo y Valdés, *Historia General y Natural de Las Indias*, Madrid 1959, zugleich eine detaillierte Chronik und eine umfängliche Naturbeschreibung, in der sich mit den empirischen Beobachtungen vielfach noch mythische Vorstellungen mischen.

Einen kursorischen geschichtlichen Überblick über das Spanien, das Kolumbus und die Conquista hervorgebracht hat, gibt: Hartmut Heine, *Geschichte Spaniens in der frühen Neuzeit 1400–1800*, München 1984. Noch kompakter: Pierre Vilar, *Spanien. Das Land und seine Geschichte von den Anfängen bis zur Gegenwart*, Berlin 1990. Ein Band, der eine anschauliche, lebendige Fülle von Daten, Fakten, Zusammenhängen und Erkenntnissen aus der Mentalitäts- und Alltagsgeschichte enthält, der zum Beispiel Aufschluß über die Lebenswelt der Hidalgos, über Handel und Wandel in Sevilla oder die Probleme der Agrargesellschaft gibt, ist: Marcelin Defourneaux, *Spanien im Goldenen Zeitalter. Kultur und Gesellschaft einer Weltmacht*, Stuttgart 1986. Wichtige Beiträge über das präkolumbische Amerika, über »Die Iberische Halbinsel im 15. Jahrhundert«, die

Conquista und die Kolonialherrschaft enthält der Katalog zu einer Ausstellung des MUSEO DE AMÉRICA: *Spanien in der Neuen Welt. Gold und Macht*, Wien 1986. Zu den Mongraphien, die am faktenreichsten die Geschichte Lateinamerikas Revue passieren lassen, mit einem starken, löblichen Akzent auf den demographischen, sozialen, wirtschaftlichen, religiösen und kulturellen Zusammenhängen, gehört: RICHARD KONETZKE, *Süd- und Mittelamerika I, Die Indianerkulturen Altamerikas und die spanisch-portugiesische Kolonialherrschaft*, Fischer Weltgeschichte Bd. 22, Frankfurt am Main 1965. Für die Moderne, historiographisch ähnlich konzipiert, bietet ein politik-, sozial- und wirtschaftsgeschichtliches Panorama Lateinamerikas im 19. und 20. Jahrhundert: GUSTAVO BEYHAUT, *Süd- und Mittelamerika II. Von der Unabhängigkeit bis zur Krise der Gegenwart*, Fischer Weltgeschichte Bd. 23, Frankfurt am Main 1965. Da die Lateinamerikanistik in der Bundesrepublik im Vergleich zu den Vereinigten Staten einigermaßen unterentwickelt ist, müssen diese Übersichts-Monographien als durchaus ansehnlicher Ersatz für eine Fülle von Einzelstudien dienen wie etwa: MILES L. WORTMAN, *Government and Society in Central America, 1680–1840*, New York 1982, oder: RALPH LEE WOODWARD, JR., *Central America. A Nation Divided*, New York/Oxford [2]1985.

Welches Bild sich die Europäer von Amerika machten, davon zeugt eine Fülle von zeitgenössischen Briefen, Reiseberichten und Chroniken von Seefahrern, Eroberern, Siedlern, Missionaren und Abenteurern. Desgleichen Werke von Autoren, die ihre Kenntnisse aus zweiter Hand hatten und das, was sie vom Hörensagen wußten, mit den Stereotypen ihrer eurozentrischen Weltsicht zu einem eigentümlichen, oftmals zu einem Zerrbild der Neuen Welt verformten. Wie wenig generell die Befunde über die amerikanische Umwelt, vor allem aber über die Natur der Amerikaner, »das Andersartige und Fremde in seiner spezifischen Ausprägung und Wertigkeit« erkennen ließen, beschreibt: FRAUKE GEWECKE, *Wie die neue Welt in die alte kam*, Stuttgart 1986. Die Wahrnehmung der Indianer durch die Spanier: das ist das Hauptthema von TZVETAN TODOROV, *Die Eroberung Amerikas. Das Problem des Anderen*, Frankfurt am Main 1985. Von den Motiven des Kolumbus über die Gründe für den schnellen siegreichen Vormarsch der Conquista bis hin zu dem Gelehrtenstreit über die Natur und die Rechte der Indianer beschreibt der Ethnologe die Eroberung, vor allem aber die Rezeption der Neuen durch die Alte Welt. Was an der subtilen Exegese von Texten der Conquista und der luziden Sozialpsychologie der Eroberung indes erstaunt, ist das Maß, in dem Todorov Kolumbus Idealismus attestiert, daß ihm die Verbreitung des Christentums mehr als das Gold am Herzen gelegen habe. Erstaunlich auch, wenn Todorov den Akt des Entdeckens als »intransitive Handlung« deklariert, gerade so, als habe bei dem großen Abenteuer des Kolumbus die wissenschaftliche Neugier, etwa die reine Freude an der Natur, materielle Motive und Ziele überwogen.

Mit großer Emphase, aus der Sicht des betroffenen Lateinamerikaners beschreibt der Uruguayer EDUARDO GALENAO, *Die offenen Adern Lateinamerikas*, Wuppertal ²1981 (auch neuere Auflagen) am Beispiel von Gold, Silber, Zucker, Kupfer etc. die Ausplünderung des Kontinents. Für ihn ist die Unterentwicklung Lateinamerikas eine Folge der Entwicklung anderer, nicht zuletzt der USA, gewesen. Paradox, aber nichtsdestoweniger treffend sein Fazit, daß die Lateinamerikaner wegen des Reichtums, der in ihrem Boden steckt, zur Armut verurteilt wurden. Galenao präsentiert eine Fülle von Tatsachen, Daten und Zahlen, ohne in die leidige Faktenhuberei zu verfallen. Sein bildhaft-praller Stil, der trotz der sachlichen Dichte der Monographie essayistische Leichtigkeit verleiht, weckt über die solide Information hinaus Empathien zugunsten Lateinamerikas und der Latinos. Die Geschichte der »zweiten Conquista«, das geopolitische, militärstrategische und nicht zuletzt ökonomische Vordringen der USA auf dem Subkontinent seit der Formulierung der Monroe-Doktrin 1823, vor allem aber seit dem Ende der spanischen Kolonialherrschaft 1898, beschreibt der Autor dieses Buches: FRANK NIESS, *Der Koloß im Norden. Geschichte der Lateinamerikapolitik der USA*, Köln ²1986. Daraus wird die Kontinuität der »Entwicklung der Unterentwicklung« ersichtlich.

Zu einer Entdeckungsfahrt zwischen Alter und Neuer Welt, hin und zurück gewissermaßen, laden die Autoren der Anthologie: BRUNI HÖFER, HEINZ DIETERICH, KLAUS MEYER, *Das Fünfhundertjährige Reich. Emanzipation und lateinamerikanische Identität: 1492–1992*, o. O. 1990, ein. Die Forschungsreise in die Historie soll die Geschichtsmythen enthüllen helfen, die hierzulande noch immer das Bild vom Kolonialismus und vom Verhältnis zwischen Erster und Dritter Welt bestimmen. Besonders bemerkenswert der Beitrag von Jan Ph. Reemtsma über Cortés und andere Konquistadoren, der, ähnlich wie Todorov, den schnellen Erfolg der Spanier, den Eilmarsch der Conquista, mit ungleichen anthropologischen und sozialpsychischen Dispositionen in der Alten und Neuen Welt erklärt. Die Lateinamerikaner und Europäer, die zu dem Band: Heinz Dieterich (Hrsg.), *Die Neuentdeckung Amerikas*, Göttingen 1990, beigetragen haben, wollen die Geschichte von der Ankunft der Europäer in Amerika neu gelesen wissen. Sie räsonieren nicht nur über das »unheilvolle, unselige Datum« 1492 (Fidel Castro), sondern zeichnen in kräftig-polemischen Strichen nach, daß die Entdeckung und Begegnung in Wirklichkeit nichts anderes als Invasion und Plünderung gewesen sind (Domitila Barrios). Die Unterentwicklung Lateinamerikas, die Zerbrechlichkeit der dortigen Demokratie und die Unfähigkeit, den »balkanisierten« Kontinent zu einem »América, la Patria Grande« zu vereinen: diese Misere wurzelt nach dem einhelligen Urteil der Autoren in der Ideologie, der wirtschaftlichen Habgier und der Machtpolitik der Spanier seit den Tagen des Kolumbus.